厦门大学法学院公法系列
总主编：朱福惠

宪法实施专题研究

朱福惠 ◎ 主编

撰稿人：（按撰写章节顺序）
朱福惠　肖琼露　杨立云　李秋成
龚进之　潘新美　周民钦

厦门大学出版社　国家一级出版社
XIAMEN UNIVERSITY PRESS　全国百佳图书出版单位

图书在版编目(CIP)数据

宪法实施专题研究/朱福惠主编. —厦门:厦门大学出版社,2017.3
(厦门大学法学院公法系列)
ISBN 978-7-5615-6401-1

Ⅰ.①宪… Ⅱ.①朱… Ⅲ.①宪法-研究-中国 Ⅳ.①D921.04

中国版本图书馆 CIP 数据核字(2016)第 320063 号

出 版 人	蒋东明
责任编辑	甘世恒
封面设计	张雨秋
责任印制	许克华

出版发行 厦门大学出版社

社　　址	厦门市软件园二期望海路 39 路
邮政编码	361008
总 编 办	0592-2182177 0592-2181406(传真)
营销中心	0592-2184458 0592-2181365
网　　址	http://www.xmupress.com
邮　　箱	xmupress@126.com
印　　刷	厦门市金玺彩印有限公司

开本 720mm×1000mm 1/16
印张 18
插页 2
字数 318 千字
版次 2017 年 3 月第 1 版
印次 2017 年 3 月第 1 次印刷
定价 59.00 元

本书如有印装质量问题请直接寄承印厂调换

厦门大学出版社
微信二维码

厦门大学出版社
微博二维码

总　序

将法区分为公法与私法被认为是大陆法系国家的传统,是区别于普通法系的主要标志之一。学术界对法是否应当被区分为公法与私法存在争议,虽然有法学者认为公、私法的区分是没有必要的,但多数学者对公、私法的区分持肯定态度,如日本学者美浓部达吉曾极力主张公、私法区分,他认为:"现代的国法,是以区别其全部为公法或私法为当然前提的,对于国家的一切制定法规,若不究明该规定属于公法或私法,而即若明瞭其所生的效果和内容,盖不可能。"将法区分为公法与私法的必要性及区分的标准已经得到国际著名法学家的论证,无需赘述。事实上,从实在法的角度来观察,公法与私法的区分是可行的;从法治与宪政建设的角度来观察,区分公法与私法具有积极作用。

宪法与行政法被认为是狭义上的公法,以调整公权力与公民之间的关系并规范、约束政府权力为基本目标,充分体现公法原则在建构宪政体制方面的必要性。改革开放以来,随着法治建设的深入,我国的宪法与行政法得到前所未有的发展。宪法的四次修改,有力地推动了我国宪政与人权保障事业发展;《行政处罚法》、《国家赔偿法》、《行政复议法》、《行政许可法》等法律的制定与实施,在依法行政、建设法治政府的过程中也起到了至关重要的作用。可以说,我国社会的进步在很大程度上也是公法发展的结果。

与公法的发展相适应,公法研究也成为显学。越来越多的学者致力于从事宪法与行政法的研究,围绕我国法治与宪政建设的基本理论与实践问题进行了长期而深入的探讨,产生了大量的学术成果,受到理论界和政府部门的高度重视。这些研究成果或者在宪法学与行政法学基础理论方面有新的突破,或者在我国立法、行政和

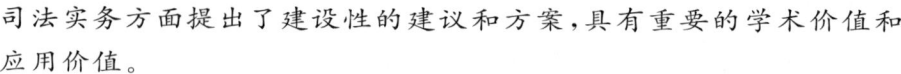

司法实务方面提出了建设性的建议和方案,具有重要的学术价值和应用价值。

厦门大学出版社近年来致力于法学研究成果的出版,尤其对宪法与行政法领域的研究成果表现出浓厚的兴趣,希望国际、国内的宪法与行政法学者慷慨赐稿,他们将以严谨求实的态度做好编辑工作,期望此举能够为宪法与行政法学研究尽其微薄之力。

厦门大学法学院的宪法与行政法学研究起步较晚,迫切需要国内外同行的关心与支持。这套丛书既有宪法与行政法学界一流学者的著作,更多的则是中青年学者的著述,期待这些著作的出版能够促进我国宪法学与行政法学研究的进一步繁荣,加强宪法学与行政法学同行的交流和学术争鸣,促进厦门大学宪法学与行政法学研究的发展。

朱福惠

2010 年 5 月 12 日

序

依宪法实施之历史经验,凡法治与民主彰显之国家,其形成必受制于四种要素:一是宪法文本。宪法文本虽然为成文宪法之形式,但体现制宪者的基本政治意图和价值导向,同时也反映主流民意对政治国家之诉求,因此,宪法文本对国家权力之构造、公民基本权利之保障以及宪法适用的规定,对宪法实施体制的形成与运作产生关键影响。二为宪法制度。所谓宪法制度是指宪法适用和解释的体制与程序,宪法文本的规定必须转化为制度,使国家制度在宪法的轨道上运行。一般来说,宪法的适用是指国家机关依据宪法的规定和原则处理问题,宪法成为国家机关办理公共事务的依据和准则,国家机关通过其活动实现宪法的价值。除此之外,还有专门的宪法争议处理和解释机关,如德国的宪法法院、法国的宪法委员会以及我国的全国人大常委会均属于法定的宪法争议处理和解释机关,对国家机关行使职权过程中发生的宪法争议或者疑义进行处理并在必要的时候解释宪法。所以,宪法制度是宪法实施的关键环节。三是政治体制及其运行机制。即使有良好的宪法以及法定的宪法制度,如果没有良好的政治体制,宪法制度不可能有效运行或者不能运行,此时,宪法即变成死法。政治体制包括政党制度、权力监督机制、选举制度等,凡国家权力的正当性和合法性均由实际政治之运行而维持。国家权力之产生须以现代社会之民主选举为基础,虽然各国选举之范围和法律架构不尽相同,但政治以选民意志为转移,现代人民主权原则向人民直接行使权力发展,不仅国家机关由选民直接选举,凡国家重大立法、重大政治决策均寻求选民投票决定,政党之运作以实现人民民主和选举为目标,且政党之活动以实现宪法之民主、自由、人权和法治价值为目的。故政治体制之运行是宪法实践的重要组成部分,如果国家之政治与宪法之原则和规范不能成功沟通,政治权力未能纳入宪法和法治之价值范畴,那么宪法即名存实亡。四是公民社会之形成。近代以降,公民享受个人自由以法律之规定为限,权利与自由之行使不得损害公共利益。况且,公民对国家公权力之形成负有宪法上之义务,故现代政治国家之公民,不仅维护其个人权利与自由,而且其对建立何种政治国家以及对制约国家权力之诉求,决定了宪法的基本原则和宪法制度的样态。可见,没有公民社会的支撑,就没有宪法的遵守与执行,最终也没有宪法的实施。

因此,宪法之治需要解决三个密切关联的问题:需要一部什么样的宪法?需要一种什么样的宪法实施机制?需要一种什么样的监督宪法实施的公民社会?此即宪法的生命在于实施之真切含义。我国现行宪法是一部好的宪法,这已经成为社会各界的共识,但是,我国宪法的实施存在一些体制上的问题,需要通过不断落实依法治国,从实践层面予以推进。本书无意从宪法实施的概念入手来建构理论框架,而是从不同的角度探讨宪法实施的实践内容。我国宪法建构的以全国人大及其常委会监督宪法实施的机制,主要通过全国人大常委会的法规审查权和立法权来执行宪法,因此,本书对我国宪法在立法和执法过程中的实施进行了初步的探讨,同时也介绍了宪法实施的基本理论和域外实践。期望读者批评指正。

朱福惠

2016 年 11 月 28 日于厦门大学

作者简介

朱福惠,厦门大学法学院教授、博士生导师,海峡两岸检察制度研究中心主任。撰写第一章。

肖琼露,厦门大学法学院宪法学与行政法学博士研究生。撰写第一章。

杨立云,厦门大学法学院宪法学与行政法学博士研究生。撰写第二章。

李秋成,厦门大学法学院宪法学与行政法学博士研究生,华南理工大学法学院讲师。撰写第三章。

龚进之,厦门大学法学院宪法学与行政法学博士研究生。撰写第四章。

潘新美,厦门大学法学院宪法学与行政法学博士研究生,华侨大学政治与行政学院副教授、硕士生导师。撰写第五章。

周民钦,厦门大学法学院法律硕士。撰写第六章。

目　录

第一章　宪法解释提请权的法理分析 …………………… 1
　一、问题的提出 …………………………………………… 1
　二、我国国家机关宪法解释提请权的现实图景 ………… 3
　三、宪法遵守：国家机关宪法解释提请权的制度内核 … 5
　四、宪法适用：启动国家机关宪法解释提请权的进路 … 8

第二章　行政规范性文件的司法审查 …………………… 11
　一、行政规范性文件的法律性质 ………………………… 11
　二、行政规范性文件司法审查的依据 …………………… 26
　三、行政规范性文件司法审查的启动 …………………… 36
　四、行政规范性文件司法审查的标准 …………………… 45
　五、行政规范性文件司法审查的强度 …………………… 53
　六、域外行政规范性文件司法审查制度之比较 ………… 66
　七、司法审查的法律效力 ………………………………… 70

第三章　宪法争议及其解决机制 ………………………… 75
　一、宪法适用与宪法争议 ………………………………… 75
　二、宪法争议的类型 ……………………………………… 98
　三、宪法争议的解决机制 ………………………………… 108
　四、宪法判断 ……………………………………………… 123

第四章　议会人权保障职能的专门化 …………………… 136
　一、议会人权保障的历史演进 …………………………… 136
　二、议会人权保障的专门化 ……………………………… 148
　三、议会人权机构的职能 ………………………………… 171
　四、议会人权机构对议会人权保障的加强与拓展 ……… 184
　五、议会人权保障与司法人权保障之互补 ……………… 189

附录一　各国议会人权机构…………………………………… 196
第五章　政府规制网络言论的理论与实践………………… 207
　一、政府规制网络言论的法理依据………………………… 207
　二、我国对网络言论的全面规制…………………………… 231
第六章　日本违宪审查制度与人权保障
　　　　——以国籍法违宪审查为视角…………………… 250
　一、日本违宪审查制度的转型……………………………… 251
　二、国籍法违宪审查案例分析……………………………… 258
　三、日本法院的人权保障功能……………………………… 269

第一章 宪法解释提请权的法理分析*

一、问题的提出

宪法解释提请权是国家机关依照法定程序实施和执行宪法的程序性权力,它不但是国家机关依照宪法履行职责的活动,而且是宪法解释机关依照程序经常性地阐明宪法规范的含义、审查法律和政府行为的合宪性、促成宪法规范落实的宪法解释活动的前提。[①]

《中华人民共和国宪法》(以下简称《宪法》)第 67 条对全国人大常委会"解释宪法"的职权作出了明确规定,因此,宪法解释的制度性建构及其运作,成为学界认识和评价我国宪法实施状况的基本依据。对于我国宪法的实施状况,基于不同学术立场和认识标准自然会作出不同的评价,但不可否认的是迄今为止我国的全国人大常委会还没有公开进行真正意义上的宪法解释。法定的释宪主体对宪法解释活动始终保持谦抑立场,使得宪法解释制度缺乏实效性。

有学者将这种现象归因为我国由全国人大及其常委会监督宪法实施的体制存在的内在缺陷——认为由立法机关解释宪法违背了"自己不能做自己的法官"等基本的监督规律和原则,由此,对于全国人大常委会的释宪主体资格产生怀疑。[②] 也有学者将宪法解释的问题转化为如何建构政治权力的问题,

---

* 本文为国家社会科学基金项目"国家机关宪法解释提请权研究"的阶段性成果,项目号:15BFX038。

[①] 秦前红.《宪法解释程序法》的制定思路和若干问题探究[J]. 中国高校社会科学,2015(3).

[②] 范进学. 宪法解释主体论[J]. 中国法学,2004(6);王磊. 宪法的司法化[M]. 北京:中国政法大学出版社,2000;蔡定剑. 中国宪法司法化路径探索[J]. 法学研究 2005(5).

将执政党和政府进行的政治机制描述为宪法的实施。① 但学界对宪法解释制度的讨论往往聚焦于解释主体的合法性论述,而忽视了现有法律框架内对于宪法解释提请主体所作的制度安排,如果绕开这一现有法律制度的规定,直接切入宪法解释体制的重构,在现行宪法秩序的框架内难以运用我国的制度资源,从而无法在现行宪法架构中激活宪法解释和宪法适用。

在实行专门机关解释模式的国家中,宪法一般规定国家机关宪法解释提请权,并对提请主体资格和一般程序作出规定。释宪机关成为裁决法律、条例合宪性,处理国家机关权限争议的权威机构,通过国家机关、社会组织和公民履行监督宪法实施的义务来推动宪法解释,从而达到国家机关在行使职权的过程中有效地遵守宪法、维护公民权利的目标。这种宪法解释的提请权不仅是宪法解释动力机制的组成部分,而且从某种程度上说,宪法解释的提请主体同时也参与到宪法阐释、发展和塑造的过程之中。

我国实行人民代表大会制度,全国人民代表大会及其常务委员会是最高国家权力机关,有权制定法律并解释宪法和法律。其他国家机关应当对人民代表大会负责并报告工作。因此,其他国家机关只能遵守、执行宪法和法律,而无权审查法律的合宪性。可以说,全国人大常委会释宪机制与我国政治体制在很大程度上是契合的,从这个意义上说有存在的正当性和合法性基础。但是,我国释宪权在结构和功能上只能通过非司法性运作,在实际运作过程中也往往采行内部沟通与协调等非裁决性方式处理违宪疑义,由此导致宪法解释提请权常常被认为可有可无。《立法法》施行14年来,国家机关宪法解释提请权虚置和宪法解释动力的缺失仍然为学界诟病,如何实施《宪法》第67条和《立法法》的有关规定,成为我国宪法学界需要认真对待的问题。

在不改变我国现有宪法解释和实施体制的前提下,进一步探讨通过国家机关权力的合理配置和行使,促使全国人大常委会行使宪法解释的职权是实施宪法的必由之路。假设国家机关的宪法解释提请权能够有效地实现这一目标,那么问题是我国的宪法和法律中是否存在宪法解释提请权的规范框架和制度空间?宪法解释提请权在多大程度上能够为我国宪法解释提供动力?这些问题都需要结合宪法解释体制的一般理论和我国宪法实施的制度逻辑在法理上做进一步的研究。

---

① 陈端洪.论宪法作为国家的根本法与高级法[J].中外法学,2008(4);高全喜,田飞龙.政治宪法学的问题、定位与方法[J].苏州大学学报,2011(3).

二、我国国家机关宪法解释提请权的现实图景

宪法的生命在于实施,宪法的权威也在于实施。为了保证宪法的地位和权威,形成统一的宪法秩序,宪法必须得到实施,从而使宪法规范设定的权利和义务转化为社会主体的动态行为和主观意识。宪法实施的概念在现行宪法文本中先后出现了四次,从社会主体"保证宪法的实施"到全国人大及其常委会"监督宪法的实施",可以说宪法实施是整个宪法解释制度的核心目标,而宪法解释则是宪法实施的主要路径。

《宪法》第 67 条规定,全国人大常委会解释宪法。宪法将具有司法性的解释权保留给全国人大常委会,并且对全国人大常委会的职权进行了符合宪法实施功能的配置:全国人大常委会有权制定、修改和解释法律,撤销同宪法和法律相抵触的行政法规、地方性法规、决定和命令。可见,全国人大常委会的宪法解释权与法律解释权和撤销权相配合,法律解释权和撤销权成为宪法解释权的基础。实践中,全国人大常委会的法律解释权和撤销权在一定程度上依赖国务院、最高人民法院提请权的行使,全国人大常委会通过法律解释和法规审查启动宪法解释程序。

国家机关在实施宪法和法律过程中遇到宪法条文的含义不明或者对法律、法规的合宪性产生质疑,需要通过特定的途径和程序向全国人大常委会提出解释请求。全国人大常委会可以作出宪法抽象解释或者法律的合宪性解释。不过,全国人大常委会往往通过立法或者法律解释的方式来阐明宪法条文的含义,部分立法和法律解释也涉及法律的合宪性解释。同时,全国人大常委会通过法工委下设之法规审查备案室,从事各类法规和司法解释的合宪性与合法性审查工作。如果发现法规、条例和司法解释与宪法和法律相抵触,可以要求制定机关修改和废止,也有权直接撤销。

《宪法》第 67 条之实施机制在实践中并不完善。全国人大以及全国人大常委会是国家的立法机关,其主要职权为立法权,由于全国人大常委会不采取具体适用法律法规解决纠纷的方式来监督宪法和法律的实施,而且抽象释宪不需要解决特定事件或具体纠纷,因而全国人大常委会在主动解释宪法的过程中无法及时掌握宪法实施过程中产生的疑义,不易直接感受释宪之紧迫性,对于宪法规范与社会生活之矛盾与冲突常常持过分谦抑态度。另外,因为远离个案而缺少足够的适用法律的经验,释宪机关依职权解释宪法容易脱离实际和社会现实之需要,从而滞阻宪法变迁的实现通道,不利于宪法全面和有效实施。

在被动解释宪法的机制中,虽然我国宪法和法律没有明确使用"宪法解释提请权"的表述,但《立法法》的规定在程序设置上实际上赋予了特定国家机关提请法律审查和法律解释的权力,而此种权力的运行必然会涉及法规和规章是否合宪的解释以及法律的合宪性解释。

首先,《立法法》第99条第1款规定:"国务院、中央军事委员会、最高人民法院、最高人民检察院和各省、自治区、直辖市的人民代表大会常务委员会认为行政法规、地方性法规、自治条例和单行条例同宪法或者法律相抵触的,可以向全国人民代表大会常务委员会书面提出进行审查的要求,由常务委员会工作机构分送有关的专门委员会进行审查、提出意见。"从法理上来讲,对法律规范的合法性和正当性的质疑,仅仅存在于它与高级规范的关系中。法律之所以有效力是因为它符合宪法。全国人大常委会在审查法规、规章及其他规范性文件是否抵触宪法和法律的过程中,必然涉及宪法条文的解释。虽然这种宪法解释并不涵盖法律的合宪性审查,但是,如果公民、法人或者国家机关对法律的合宪性提出质疑或者对法律存在合宪性疑义,国家机关和公民亦可援引《立法法》第99条之规定,请求全国人大常委会对该法律的合宪性作出解释。

其次,《立法法》第46条规定,国务院、中央军事委员会、最高人民法院、最高人民检察院和各省、自治区、直辖市的人民代表大会常务委员会有权向全国人大常委会提出解释法律的要求。《香港特别行政区基本法》也明确规定香港终审法院在审理案件时需要对本法关于中央人民政府管理的事务或中央和香港特别行政区关系的条款进行解释,而该条款的解释又影响到案件的判决,在对该案件作出不可上诉的终局判决前,应由香港特别行政区终审法院提请全国人民代表大会常务委员会对有关条款作出解释。此种对法律的解释和审查在实践中常常表现为法律的规定相互冲突或者法律与宪法的规定存在抵触的情形,当国家机关向全国人大常委会提出解释法律的要求时,全国人大常委会不仅应当解释法律,在需要时也可以解释宪法,以明确法律适用的宪法依据。当全国人大常委会解释法律、阐明法律规范的含义时,它实际上也是从另一个角度间接解释宪法,因而宪法解释提请权也是法律解释提请权在更高位阶上的延伸。

综上所述,在我国现行宪法秩序内,全国人大常委会是解释宪法的主体,进行集中式的抽象宪法解释。由于全国人大常委会依职权主动审查法规、条例和规章的合宪性存在固有的制度缺憾,因而由国家机关向全国人大常委会提出宪法解释的要求或建议是启动全国人大常委会宪法解释程序的最后途径。对于没有宪法解释权的国家机关，因对宪法条文或宪法原则存在疑问，或者对法律的合宪性存在疑义，向全国人大常委会提出解释的请求，全国人大常委会可依《宪法》第67条之规定对宪法条文的具体含义作出解释，即直接解释宪法，或者对法律的合宪性作出阐释并说明理由，即间接解释宪法。

作为我国最高国家权力机关的常设机关，全国人大常委会并不行使司法职能，它的主要职能是立法、监督和决定重大事项。这种由立法机关解释宪法的释宪机制不同于任何其他宪法解释体制。在我国宪法解释不能启动的情况下，通过《立法法》的实施，形成国家机关的宪法解释请求权，此种请求权虽然符合宪法监督实施的一般理论，但是，仍然有必要分析这种请求权的法理基础，从宪法秩序中探寻宪法实施的制度逻辑和法理依据，阐释宪法解释提请权与全国人大常委会的释宪模式之间的内生逻辑。

三、宪法遵守：国家机关宪法解释提请权的制度内核

根据宪法学原理，遵守宪法和适用宪法都是实施宪法的具体形式。前者是指国家机关严格依照宪法规定的职权范围、活动程序和原则行使职权，其组织与活动原则符合宪法的程序性规定，不违反宪法的禁止性命令。后者则是法定的专门机关监督宪法实施、审查公权力行为是否合宪的行为。在我国宪法实施的制度逻辑中，国家机关皆是不可或缺的组成部分，作为遵守宪法的义务主体和宪法适用的职责主体具有不可替代的重要作用。因而国家机关的宪法解释提请权在整个宪法解释程序中是必不可少的环节。

对公权力的运行施以宪法和法律上的限制是宪法的基本原则，宪法以及宪法性法律应当为实现这一原则规定具体的措施，以确保国家机关依据宪法履行职责。我国宪法在限制国家公权力运行方面，特别强调国家机关遵守宪法的义务和监督国家机关及其工作人员遵守宪法的义务。宪法第五条规定，国家机关必须遵守宪法和法律，明确规定"一切违反宪法和法律的行为，必须予以追究"。外国宪法监督制度建立在分权与权力制约的基础之上，现代宪法的监督实施不仅具有限制政治权力的功能，而且具有政府行为的合宪性控制功能。凯尔森在《谁应成为宪法的守护者》中对此作出论述："政治上对保障宪法的要求也就是对相应机构的要求，因为借助这些机构，某些机关诸如议会或政府的行为合宪性就可以得到控制，这与法治国原则，也即国家职能机构的行

为尽可能合法的原则是保持一致的。"①这种通过宪法机构之间的监督并最终由宪法法院审查合宪性的体制,已经在宪法专门机关审查体制中得以实现。

国家机关请求释宪机关解释宪法是监督宪法实施的重要形式。为了保障国家机关的权力处于宪法控制之下,宪法解释机制通过阐明宪法上国家机关权力的范围和界限来监督国家机关行使职权。没有宪法解释权的国家机关,在行使职权的过程中有权对立法、行政和司法机关的职权行为进行监督,国家机关依照宪法行使职权的过程中对宪法条文的理解存在疑义,或在适用法律的过程中对法律的合宪性产生质疑时,有权提请释宪机关解释宪法,这是国家机关遵守宪法和监督宪法实施的需要。此种宪法监督实施的理念表明,监督宪法实施的方式具有多样性,既包括宪法审查和宪法解释,也包括提请审查的提请解释。因此,监督宪法实施的主体既可以是释宪机关,也可以是其他国家机关。

宪法在一国的法律体系中具有最高法律效力,由此形成了宪法审查的基础。行使宪法解释和合宪性审查职能的专门法院判断法律和法规的合宪性,但宪法同时规定,特定的机构、党派或者议员有向宪法解释机关申请解释的权力。俄罗斯联邦宪法规定:联邦总统、联邦委员会、国家杜马、联邦政府、联邦主体的立法机关可以提请宪法法院解释宪法。法国宪法规定:法律在其公布以前,由共和国总统、总理、国民议会议长、参议院议长、60名国民议会议员或60名参议员提请宪法委员会审查其是否抵触宪法。波兰共和国宪法规定,总统、参众两院议长、总理、50名众议员、30名参议员、最高法院院长、最高行政法院院长、总检察长、最高监察院院长、公民权利保障专员可以向宪法法院提请审查法律和国际条约的合宪性。奥地利联邦宪法规定,如果最高法院或者上诉法院认为法律违反宪法而拒绝适用该法律时,应当提请宪法法院审查该法律的合宪性。西班牙宪法规定:司法机关在审理案件时,如果认为所适用的法律违反宪法,应当按照法定程序和条件提请宪法法院审查。宪法审查和解释机关虽然有最终的宪法解释权,但此种宪法解释权的行使需要其他国家机关的配合才能有效运转,否则解释机关的抽象解释性质将弱化解释权。同时,宪法是调整国家政治关系的基本法律,它不仅具有司法适用性,还具有较强的政治属性,在组织国家机关和维持政治运行方面发挥重要的规范作用。所以,监督宪法实施的权力既非宪法解释机关独享的权力,也非绝对的司法权,所有

---

① 汉斯·凯尔森.谁应成为宪法的守护者[J].张龑,译.历史法学,2008(1).

国家机关均有监督宪法实施的职责,提请解释权的行使即属于监督宪法实施的范畴。

我国宪法确立国家权力机关解释宪法的体制,其含义不完全等同于分权与制衡原则下的司法机关解释制。在司法机关解释理论中,宪法解释和法律解释是法官适用法律裁决案件必须拥有的宪法权力,是司法权运行的必然结果;法官的法律解释具有法律续造的功能,对立法机关制定的法律起到补充作用,法官对法律的解释与法律具有同等效力。我国宪法之所以授权国家权力机关解释宪法和法律,其主要理由有:第一,法院没有制约立法机关的权力。宪法规定国家政权的组织形式是人民代表大会制度,法院和法官由同级人民代表大会产生,向它负责、受它监督,法院和法官不能审查权力机关通过的法律、决议和决定的合宪性。第二,宪法法理上将法律解释视为一般造法活动,即法律解释产生新的法律规则,因此,此种造法活动只能通过具有立法职能的国家权力机关行使。如果法院和法官行使解释法律的权力,若其法律解释不符合立法愿意而重新建构一种新的法律秩序,势必危及法的安定性,从而冲击国家权力机关的地位。第三,在法理上假定只有立法者最明确法律的原意,因此,法律解释要符合立法的原意和原则,最好由立法机关负责解释。所以,1981年关于加强法律解释工作的决议将法律和法令的条文本身需要进一步明确界限或者作补充规定的由全国人大常委会保留解释权,此种解释需要在理解立法原意的基础上实现法的再造,属于立法权的范围,是立法职能的延伸。而法院和检察院的解释属于具体应用问题上的解释,并不界定法律规定的外延,也不需要明确适用法律的依据,即不发生造法的问题。《立法法》第50条规定,全国人大常委会解释法律和法律具有同等效力,此即意味着国务院、最高人民法院和最高人民检察院对具体应用法律问题的解释并不具有与法律同等的效力。该规定从侧面说明全国人大常委会解释法律是具有立法职权的活动。可见,全国人大常委会的宪法解释与法律解释是具有相同法理依据的制度设计,均属于抽象解释的范畴。但是,《立法法》对全国人大常委会解释法律的规定只能成为推定宪法解释提请主体的法规范依据,而不能将法律解释涵盖宪法解释,因为全国人大常委会解释宪法的身份是权力机关,而解释法律的身份是立法机关,由于宪法和《立法法》将法规抵触宪法和法律在同一条款下作出规定,所以常常在法律中产生法律解释"吸纳宪法解释"的情况,而宪法解释、宪法审查与法律解释、合法性审查不可混同。可见,在我国国家权力机关宪法解释体制下,监督宪法实施的含义较为广泛,既包括宪法审查和宪法解释,也包括合法性审查和法律解释,同时也包括其他国家机关向全国人大常委会提出的解释请求,此种请求同样构成宪法监督实施机制的一部分。

四、宪法适用:启动国家机关宪法解释提请权的进路

宪法适用的含义存在较大争议,代表性的观点主要有两种:一种是司法适用说。持此种观点的学者认为,宪法适用是宪法适用于具体案件中,作为裁决具体案件的依据,即将宪法条文适用于宪法争议案件,使之成为裁决国家机关权力行使是否合宪的依据。当然,也有学者认为宪法条文也可以适用于民事案件,成为普通法院裁决民事纠纷的依据。另一种是宪法执行说。持此说的学者认为,宪法适用包括但并不限于司法机关裁决案件时适用宪法条文的活动,还包括立法机关和行政机关依照宪法组织国家机关,行使宪法规定的职权的活动。只要国家机关依照宪法的规定行使职权、处理问题,就构成宪法适用。如果将宪法适用扩大至国家机关依照宪法行使管理职权的活动,宪法解释之请求权及其行使即属于宪法适用的范畴。

我国法院不审查宪法争议案件,也没有直接解释宪法的权力。但是,法院在宪法执行过程中仍然发挥重要的作用:一是法院在审理案件中可以援引宪法条文说理,从而为适用法律裁决案件提供宪法依据;二是法院在解释法律时可以对法律的合宪性作出解释,从而回应法律合宪性质疑;三是法院在适用法律处理案件的过程中,如果认为所适用的法律存在合宪性疑义,或者认为法律的适用涉及宪法条文的理解,可以提请全国人大常委会解释宪法。所以,我国法院虽然不能解释宪法,但通过宪法解释提请权的行使,成为宪法解释体制的关键要素。

所以,除解释宪法是直接适用宪法外,监督和维护宪法权威、保证宪法实施则同样是宪法适用的形式。我国宪法规定一切国家机关都有监督宪法实施的义务,国家机关在执行宪法的过程中,无论是自身遵守宪法规定的职权和宪法程序,还是监督其他国家机关履行职责,都是监督和维护宪法权威的体现。释宪机关以外的其他国家机关有权适用宪法是监督宪法实施的表现。①

无论是德国的宪法法院释宪模式还是美国的普通法院释宪模式,均需要通过司法程序解释宪法,法院受理的案件属于国家机关与公民之间或是国家机关之间的合宪性争议,因而在争议的处理上有一套严格的诉讼程序,奉行

---

① 朱福惠,刘木林.论我国人民法院的宪法解释和违宪审查提请权——以立法法第九十条的规定为视角[J].法学评论,2013(3).

"不告不理""不做诉外裁判"的原则,以司法推动宪法解释。我国国家机关在宪法实施过程中不是宪法争议的被动解决机关,作为负有"保证宪法实施"法定职责的机关,在宪法解释过程中发挥的作用始终是主动和积极的,即无须以宪法争议案件的解决为由参与宪法解释程序,相反,因为承担宪法适用之职责而在发生法律、法规合宪性疑义或者对宪法条文的具体含义存在疑问时有权提请宪法解释。因此,我国宪法确立的宪法实施机制是以全国人大常委会解释权为核心构建的宪法监督体系,宪法解释体制被视为全国人大常委会与其他国家机关在适用宪法上的分工与合作,通过"提请—受理"实现解释程序的衔接,达成宪法对不同国家机关之有关宪法实施的职责的要求。

从法律制度上来考察,国家机关参与宪法解释已经成为各国宪法学理论关注的焦点,传统司法机关解释宪法体制的正当性已经受到越来越多的质疑。随着现代宪法解释制度的不断发展,传统释宪体制和程序也受到不断拷问。二战后,德国法学界即展开对国家和宪法问题的反思,在实证法之外寻求宪法实施的"正当性",以弥补纯粹法律秩序的不安定性。在拉德布鲁赫提到的"安定性"与"正义"之间,封闭概念体系和开放的多元主义评价之间、"人民主权"与"法治国"之间,宪法解释体制需要找到新的平衡机制。美国的司法至上再次遭到质疑,盖伊提出"从法院手中拯救宪法",图施奈特(Tushnet)主张"从法院手中拿掉宪法"。这些激进的主张扩大了反司法审查的潮流,由此产生的"大众宪法"观念把反司法至上的观念推向极致。[①] 宪法学者以人民主权论为依据对宪法解释的司法垄断予以抨击,期望通过行政机关、立法机关乃至公民对于宪法解释的参与来重新诠释宪法解释机制。由此,宪法实施的广泛性与多层级性成为法学者关注的焦点之一。美国学者亚历山大·比克尔提出"反多数难题",对司法至上的合宪性提出了尖锐的质疑。[②] 迈克尔·斯托克斯·鲍尔森则在《最危险的分支:让行政权来说法律是什么》一文中系统阐释部门主义的宪法理论,他认为,虽然宪法应当由法院来作出最终解释,但立法、行政机构均有权参与宪法解释的政治运作。[③]

---

① 何海波.多数主义的法院:美国联邦最高法院司法审查的性质[J].清华法学,2009(6).

② 亚历山大·M.比克尔.最小危险部门:政治法庭上的最高法院[M].2版.姚中秋,译.北京:北京大学出版社,2007:58.

③ MICHAEL STOKES PAULSEN. The Most Dangerous Branch: Executive Power to Say What the Law Is[J]. GEO. L. J.,1994(83):217.

我国宪法对全国各族人民、一切国家机关和武装力量、各政党提出了"保障宪法实施的职责",人民成为监督宪法实施的主体,国家机关适用宪法处理问题成为人民意志的体现,宪法价值共识是法治国家与宪政实现的基本要素。[①] 我国宪法的序言部分通过对回顾历史、记述制宪过程,概括总结了我国革命和建设的主要经验,明确规定我国宪法的基本原则和指导思想。"以法律形式确认了中国各族人民奋斗的成果,规定了国家的根本制度和根本任务。"国家机关宪法解释提请权是维护宪法权威、保证宪法实施的基础。

---

① 范进学.宪法价值共识与宪法实施[J].法学论坛,2013(1).

第二章 行政规范性文件的司法审查

一、行政规范性文件的法律性质

2015年修改后的《行政诉讼法》第53条规定:公民、法人或者其他组织认为行政行为所依据的国务院部门和地方人民政府及其部门制定的规范性文件不合法,在对行政行为提起诉讼时,可以一并请求对该规范性文件进行审查。

可见,该法将规章以下的文件称之为规范性文件,人民法院可以被动审查规范性文件的合法性。但是,行政规范性文件的性质是什么?如何确定法院审查规范性文件合法性的基准,值得进一步探讨。

(一)规章以下规范性文件的称谓

学界和实务界通常将行政机关制定的法律文件分为两类:一类是行政法规、部门规章和地方政府规章,这些法规和规章是我国行政法的正式渊源,其制定和废止须遵守《立法法》的规定,属于广义法律规范的范围。一类是各级人民政府及其部门制定的具有普遍约束力的规范性文件。"其他规范性文件"一词在《中华人民共和国行政处罚法》首次使用,该法第14条规定:"除本法第九条、第十条、第十一条、第十二条以及第十三条的规定外,其他规范性文件不得设定行政处罚"。该条所指引的五个法条的具体内容,对其他规范性文件的内涵作出了具体的界定,即指除法律、行政法规、部门规章、地方性法规、地方政府规章、之外的具有普遍约束力的文件。相应的法律性规定还见于《中华人民共和国行政许可法》第17条:"除本法第十四条、第十五条规定的外,其他规范性文件一律不得设定行政许可";《最高人民法院关于执行〈中华人民共和国行政诉讼法〉若干问题的解释》(以下简称《解释》)第62条第2款也规定了人民法院审理行政案件时可以在裁判文书中引用合法有效的规章及其他规范性文件等。学术界和实务界对这些规范性文件的概念和法律性质存在较大的争议,出现了以下几种主要的学说。

1.行政规范说。① 持此说的学者借鉴大陆法系的日本、德国以及我国台湾地区学者有关行政法的理论,认为行政立法之外的普遍性规则必须突出"行政性"和"规范性"的法律特征,将其称之为行政规范。②

2.行政规定说。持此说的学者认为,《行政复议法》第7条规定,公民、法人或者其他组织认为行政机关的具体行政行为所依据的规定不合法,在对具体行政行为申请行政复议时,可以一并向行政复议机关提出对该规定的审查申请。

3.行政措施、决定、指示和命令说③。持此说的学者认为,我国《宪法》第89条规定,国务院根据宪法和法律,有权规定行政措施,制定行政法规,发布决定和命令;第90条规定,国务院各部委根据法律和国务院的行政法规、决定、命令,在本部门的权限内,发布命令、指示;第107条规定,县级以上地方各级人民政府可以发布决定和命令;《地方各级人民代表大会和地方各级人民政府组织法》第59条规定,县级以上的地方各级人民政府可以规定行政措施,发布命令和决定;第61条规定,乡、民族乡、镇的人民政府可以发布命令和决定。《行政诉讼法》第12条规定了人民法院不予受理的四类案件,其中包括针对行政法规、规章或者行政机关制定、发布的具有普遍约束力的决定、命令的行政案件。

4.行政规范性文件说。④ 此说从规范性文件中进一步具体化而来,相近的概念还有:法规、规章以外的行政规范性文件⑤、其他行政规范性文件⑥等。笔者采用行政规范性文件说,其理由是:第一,以"文件"涵盖规章以外具有普遍约束力的规范,能够明确法律规范和非法律规范的界限。虽然有学者认为

---

① 董皞.论行政审判对行政规范的审查与适用[J].中国法学,2000(5);李向平.行政规定在行政诉讼中的地位和作用[J].人民司法,2001(7);朱芒.论行政规定的性质[J].中国法学,2003(1).

② 叶必丰,周佑勇.行政规范研究[M].北京:法律出版社,2002:30.

③ 朱芒.论行政规定的性质——从行政规范体系角度的定位[J].中国法学,2003(1);黎枫.论行政规定的制定主体[J].行政与法,2002(2).

④ 王欢,卢护锋.略论行政规范性文件的法律地位[J].山东工商学院学报.2004,18(5);陈高英.论行政规范性文件与依法行政[J].行政与法,2005(10);李元本.将行政规范性文件纳入行政诉讼受理范围[J].遵义师范学院学报,2004,6(1).

⑤ 关保英.行政法案例教程[M].北京:中国政法大学出版社,1996:169;湛中乐.论行政法规、行政规章以外的其他规范性文件[J].中国法学,1992(2).

⑥ 陆伟明.其他行政规范性文件法治初论[J].西南政法大学学报,2002(5).

法律也属于规范性文件,但"文件"与"法律"的区别是明显的,"行政规范性文件"与"行政法规和规章"从形式上可以明显区别。第二,规范性文件突出了规范和普遍约束力。行政立法以外的文件,其表现形式较为繁杂,规范性文件为政府文件的一种,此种文件具有法的规范性和普遍约束力,从而使规范性文件区别于一般政府文件。第三,包括行政机关在内的国家机关均可以制定规范性文件,但只有行政机关制定的规范性文件才属于行政法的一部分。因此,行政规范性文件的制定主体是各级人民政府及其工作部门。第四,行政规范性文件一词,在《行政处罚法》《行政许可法》等法律中已经成为一个正式的法律用语。修改后的《行政诉讼法》使用"规范性文件"这一法律概念,第53条规定,公民、法人或者其他组织认为行政行为所依据的国务院部门和地方人民政府及其部门制定的规范性文件不合法,在提起行政诉讼时可以请求对该规范性文件进行审查。省级人民政府在其制定的规章中直接使用"行政规范性文件"这一概念,如《天津市行政规范性文件管理规定》《贵州省行政规范性文件备案审查规定》《浙江省行政规范性文件备案审查规定》等。

(二)行政规范性文件的法律特征

1.行政规范性文件具有普遍拘束力

行政规范性文件在内涵上存在广义和狭义之分。广义的行政规范性文件是指行政机关根据宪法和法律制定的具有普遍约束力和规范形式的法律文件,包括行政法规和规章。狭义的行政规范性文件主要是指行政主体为执行法律、法规和规章,实施行政管理而制定的可以反复适用的决定、命令和行政措施等。在法制实践中,一般采用狭义的定义。如,《北京市行政规范性文件备案监督办法》第2条规定:"本法所称规范性文件,是指本市各级人民政府及其所属部门和派出机关(以下简称制定机关)行使法定职权时,制定和公布的对公民、法人和其他组织具有普遍约束力的文件。制定机关内部工作制度、人事任免决定等不属于本办法所称行政规范性文件。"《上海市行政规范性文件制定和备案规定》将规范性文件定义为:除行政法规、规章外,行政机关依据职权制定的对公民、法人或者其他组织具有普遍约束力、可以反复适用的文件。又如,《辽宁省规章规范性文件备案办法》规定:本办法所称规范性文件,是指各级人民政府及其所属部门,依照法定权限和程序制定发布的对公民、法人和其他组织具有普遍约束力或者涉及其权利、义务的规定、办法、细则、解释等实施对社会管理的文件。再如,《云南省行政机关规范性文件制定和备案办法》规定,本办法所称规范性文件,是指行政机关制定并公布,在一定范围、时间内对公民、法人和其他组织具有普遍约束力的文件。

第一,行政规范性文件的制定主体是行政主体。

所谓行政主体,是指享有国家行政权,能以自己的名义行使行政权,并能独立地承担因此而产生的相应法律责任的组织。国家行政机关是最主要的行政主体,行政规范性文件的制定主体,包括各级人民政府及其派出机关、县级以上人民政府所属工作部门和法律、法规授权的具有管理公共事务职能的组织、垂直管理的各单位,如区政府、区政府各部门、各乡(镇)人民政府、各街道办事处等,而不包括国家权力机关、司法机关等,也不含括其他社会组织。

按照狭义的行政规范性文件的定义,这里的行政主体,主要是指不具有广义立法权的行政主体。但是否具有立法权的行政主体制定的规范性文件,就都是行政法呢?答案是否定的。拥有行政立法权的行政机关如未按照法定的形式和程序,即没有按照《立法法》《行政法规制定程序条例》《规章制定程序条例》的要求制定的规范性文件,便不是行政立法,但如果符合行政规范性文件的特征,则属于行政规范性文件。

第二,行政规范性文件以外部行政规范为主。

外部行政规范指行政主体基于公共权力,对其管理对象进行的管理、服务、监督的行为规范。内部行政规范是指行政主体基于行政组织的权力,对其管辖对象行使内部命令、指挥、监督、任命、奖惩及其他的管理行为规范。《北京市行政规范性文件备案监督办法》明确规定:制定机关的内部工作制度、人事任免决定等不属于本办法所称行政规范性文件。因此,基于组织权力的内部行政规范不属于行政规范性文件。但我们也要看到,一些内部的工作规则或者裁量的基准,虽然只对行政机关工作人员具有约束力,但仍然会通过对行政工作人员的影响间接地影响外部的行政相对人,即所谓内部规则的外化。因此,法律文本将内部规范性文件排除在外,但此类内部规范性文件可以纳入行政规范性文件研究的范畴。

第三,行政规范性文件具有普遍约束力。

行政规范性文件的调整对象并非针对某一个人或某一特定的行政相对人,而是对管辖范围内不特定的对象具有普遍约束力,并且能反复适用。这是其区别于具体行政行为的重要特征之一。行政规范性文件具有强制性,在规范设计上,具有"行为模式+强制性后果"的逻辑构成。凡仅仅是提倡、鼓励、说服、引导、指导、促进等非强制性的文件,均不属于行政规范性文件的范畴。行政规范性文件这种逻辑构成方式分为两类,一种是独立式构成,即该文件本身的内容独立地、完整地包涵了"行为模式+强制性后果"的逻辑构成。另一种是附属式构成,即该文件与法律、法规、规章或其他规范性文件配套使用,其内容与配套文件共同构成了"行为模式＋强制性后果"的逻辑构成。①

第四,调整行政相对人的权利和义务为主要内容。

行政规范性文件基于调整一定社会关系而制定,在内容上,具体表现为在法定范围内调整行政相对人的权利和义务。对于不涉及相对人具体权利和义务的宣传、鼓励、引导性质的行政文件,则不属于行政规范性文件。

因此,行政规范性文件可以定义为:行政规范性文件是指行政主体为了有效实施行政管理,依据法定职权或者法律、法规、规章的授权而制定的,涉及公民、法人或者其他组织权利、义务,具有普遍约束力、可以反复适用的行政文件。

2.行政规范性文件属于行政解释的范畴

我国台湾地区的行政法学者,大都将行政规范性文件分为三类:授权性规则、职权性规则和执行性规则。授权性规则,是指因立法授权而制定的规则,相当于是行政立法。职权性规则,又称自主性规则,主要指依据制定机关固有的行政职责和权限而制定的规则,无须单个的法律、法规另行授权,一般限于行政工作的内部规则或者程序规则。执行性规则,又称实施性规则,主要指以实施某些法律、法规为目标而制定的规则,它的制定一般须经具体的法律、法规的明确授权,内容为进一步解析上位规范性文件的基本精神原则,规定它们实施的具体细则。也有台湾地区现代的行政法学者将行政规则分为裁量性规则(政策性规则)和解释性规则。② 大陆学者将行政规范性文件划分为行政创制性文件、行政解释性文件和行政指导性文件。③ 行政创制性文件是指行政主体未启动行政立法程序而为不特定相对人创设的权利义务的规则。行政解释性文件是指规范文件中解释法律、法规和规章的那部分内容,而不是指整个文件。行政指导性委文件是指行政主体依法运用职权引导特定或不特定相对人作为或不作为,以实现行政目的的而非强制性行为。

第一,在形式上,行政规范性文件属于非立法性规范。

国外行政法学者普遍认同行政立法必须获得法律授权,并有严格的制定程序,且要正式对外公布。而行政规范性文件(德日的行政规则或美国的解释性规则)是行政机关基于行政管理的需要,自主制定的一些解释、补充性质的

---

① 参见张忠良.行政规范性文件范围界定问题的初步研究[EB/OL]. http://www.chinalaw.gov.cn/article/dfxx/dffzxx/bj/200709/20070900015906.shtml.

② 吴庚.行政法之理论与实用[M].北京:中国人民大学出版社,2005:194.

③ 叶必丰,周佑勇.行政规范研究[M].北京:法律出版社,2002:79.

内部规定,其制定无须获得法律的授权,制定程序也相对简单。因此,它们并不是立法性规范,不具有法的效力,对公民不具有强制力和普遍约束力,对法院的裁判也不具有法律的约束力。

第二,在内容上,行政规范性文件虽然调整行政相对人的权利义务关系,但不创设公民的权利和义务。

国外行政立法(德日的法规命令或美国的实体法规则)与行政规范性文件(德日的法规命令与行政规则或者是美国的实体法规则与解释性规则)在实质上的共同区分标准是:行政立法能够为公民,法人或其他组织设定权利或义务,而行政规范性文件无权做这样的设定。

第三,在效果上,行政规范性文件主要指行政机关的内部规范。

盐野宏教授认为,行政规范性文件本来是一种内部规则,无须法律的授权,主要是对行政机关本身及其公务员具有规范效果,对系统外部不具有外部法律效果。但同时也应看到,许多原本基于领导权仅仅拘束下级行政机关、不对外产生法律效果的行政规则却在实质意义上对公民权利义务直接或间接地发挥了重要的影响作用。①

由此可见,在本书的概念范围内,国外关于行政规范性文件的内涵与我国当前的通说存在本质区别。国内关于规范性文件审查的学说均普遍将行政规范性文件定义为规定公民权利义务关系的规范,且强调其普遍约束力和强制力。恰恰相反,国外的主流学说认为行政规范性文件不得设定公民的权利与义务,原则上仅限于调整行政系统内部的关系,对公民和社会不产生普遍约束力。

国外行政规范性文件的理论和实践,充分体现了分权和控权的现代宪法观念。在法治国家,无法律则无行政,行政机关的职责就是忠实地执行立法机关的法律,它并无独立的立法权。即便是现代行政国的出现,行政机关实际获得了大量的行政立法权,但形式上,行政立法仍基于立法机关的授权,即法律授权。理论上,原始立法权依旧归属于立法机关,而且授权也是有限的,一是必须遵守法律保留原则,将一些对公民权利至关重要的权力保留在议会而禁止授权行政机关制定规则。二是授权立法的对象,一般仅限于高层级的行政机关,以确保立法的权威和质量,维护国家法制的统一。这种立法体制,其意义在于有利于稳定其管辖范围内公民的权利义务,提高公民行为的预期性,防

---

① 王世涛.论行政规范行为的司法适用力[J].法学杂志,2002(5).

止行政机关以法外"红头文件"代替"法律"来争夺部门利益,侵害公民权益,进而有利于促进社会秩序的良性循环和健康发展。

我国的政治体制与法制传统与西方国家存在较大差异。长期以来,行政规范性文件在过去较长时间内,实际上一直被当作法律来适用,成为一种事实上的法律。我国宪法和法律规定,各级人民政府有权发布命令和决定,这些命令和决定无疑属于行政规范性文件的范畴。有学者认为,从法理上推断,这是宪法授权,属于职权立法,因此县级政府应当具有行政立法权。《立法法》对法律性规范和非法律性规范作了分割,而分割的标准,依然是行政主导特征的行政级别。省会所在的地级市以及较大的市(多为副省级)制定的地方规章以及国务院各部委制定的部门规章以上的规范性文件,获得了广义法律的身份。而其他的规范性文件,则沦为非法律性的行政规范性文件。然而,由于行政管理的实际需要,各级行政机关的规范性文件,仍然像雪片一样大量制发,并在各自的领域大行其道。而法院,也无法否定规范性文件对行政机关的不可或缺,加之其自身相对于行政权的弱势地位,以及长期以来形成的习惯,往往实际上将行政规范性文件当作直接办案的依据。换句话说,行政规范性文件,在很大程度上,实际上仍然发挥行政立法的作用,对行政执法和法院均有实际约束力。这是行政规范性文件在我国与西方国家相比存在重大差异的原因。

我国行政规范性文件大量存在,普遍涉及公民的权利义务。我国行政法学者承认部分行政规范性文件可以规制公民的权利和义务,并将其归入行政创制性文件的范围。但是,虽然行政规范性文件确实规定了公民的权利义务,但并不能据此认为,行政机关具有创设这些权利与义务的宪法权力。承认行政机关在未有法律明确授权的前提下,具有自主创设公民权利义务的权力,不符合法理。行政规范性文件,无论是行政创制性文件还是行政解释性文件,在本质上,都是行政机关运用自由裁量权,对法律、法规、规章的一种行政解释。其形式上表现出来的对公民法人权力义务的设定,并非基于行政机关职权的一种创制,而是被解释的法律在解释中表现出来的效力,这是行政规范性文件效力的真正渊源。因此,笔者并不认同行政创制性文件的分类,所谓的行政创制性文件,实质上仍然是一种行政机关基于行政自由裁量权对行政立法的一种解释,实际上还是一种行政解释性文件。

对于一种行政解释,我们可以从多个角度对其分类,如按部门分为经济领域的解释和社会管理领域的解释等等,但这种划分,对于我们研究行政规范性文件的根本属性并无多大的帮助。考虑到行政规范性文件主要是内部行政规范,其中不少由里及外,表现出对外的法律效果,即所谓的内部行政规则的外化。这是一个值得研究的复杂问题。同时,我国行政规范性文件,确实还有大量直接规范公民权利义务的外部规范。因此,研究此两种不同又彼此关联的规范,对于认识行政规范性文件的性质以及如何在司法实践中合理看待内部行政规范性文件的法律地位,具有重要意义,同时他们也构成了行政规范性文件的全部内涵。因此,笔者从其行政规范性文件调整对象入手,把行政规范性文件分为外部的行政规范性文件和内部的行政规范性文件。如果根据其法律后果继续划分,他们还可以分为命令性规则、惩戒性规则、承诺性规则和指导性规则。

(三)行政规范性文件属于行政解释

行政规范性文件不属于法律的范畴,它不是立法性规范,对法院的审判不具有法律的约束力。但司法实践中,由于行政规范性文件不但具有法律规范的形式,且时常表现出具有普遍约束力和强制力等与法律规范相同或者相似的法律效果,法院虽然不直接援引作为办理案件的依据,但在法院适用法律和法规过程中仍然具有重要的意义。因此,有学者撰文提出行政规范性文件就是一种实质性的法律规范,应当承认其法律效力;也有学者虽然不直接主张其法律规范的属性,但也间接承认其法律效力,认定其属于习惯法或者软法。这些论点均有其共同特征,即赋予行政规范性文件实质上的法律效力,对法院裁判案件具有约束力。然而,通说并没有承认其具有法律的地位,对于其到底属于何种法律性质的规范性文件,学界也未达成共识,因此有必要进一步探讨行政规范性文件的法律性质。

关于行政规范性文件的性质,学界存在抽象行政行为说、法体系重构说、实质法律说、非成文法说、准行政立法行为说、软法说、行政解释和创制性文件说等观点。这些观点大体上可归纳为两大类,第一类承认行政规范性文件是"法",可以称之为"法源说";第二类不承认行政规范性文件是"法",但承认行政规范性文件的具有强制性和约束力的法律效果,是行政执法的依据,可以称之为"非法源说"。

1."法源说"之弊端

"法源说"主张承认行政规范性文件的"法源"地位,实际上等于承认了制定规范性文件的所有行政机关都具有或者事实上具有行政立法权。

第一,"法源说"不符合宪法法理。

现代民主国家奉行人民主权原则、分权制衡原则和法治主义等现代宪法原则,法律被认为是全体人民意志的体现。作为人民主权的代表,议会作为立法机关具有天然的正当性。基于分权和控权考虑,国家权力分别归属于三个部门,每一个部门行使一种权力,除了宪法特别规定的例外情况以外,每一部门不得行使属于其他部门的权力,否则就是破坏分权原则。近代西方资本主义国家曾一度奉行严格的形式法治主义,禁止立法机关向行政机关授权。这一理念,从启蒙思想家洛克的著述中可见一斑,"立法机关不能把制定法律的权力转让给其他任何人。既然立法权只是来自于人民的一种委托权力,拥有那种权力的人就不能把它转给其他人"[①]。现代社会中,由于行政权的扩张和行政国家的出现,立法机关不得不将部分立法权授予给行政机关。虽然,立法权实质上受到了某种程度的削弱,但在理论上,实行授权立法,立法机关仍然享有完整的立法权,行政机关制定立法性质的规范,非授权不得为之。行政机关制定法律性规范,必须得到法律的授权,已成为现代行政立法的基本原则。

我国不实行三权分立原则,政治历史文化传统也与西方有很大的差别。但人民主权(国家的一切权力属于人民)、法治主义(建设社会主义法治国家)、权力必须受到制约,构成宪法的基本原则,全国人民代表大会作为人民意志的体现,享有国家立法权,行政机关的职能是依法行政即执行国家法律等等。因此,我国行政机关的立法权应当来源于立法机关的授权。立法机关之所以授权行政机关立法,是因为现代社会发展的客观需要。行政机关负担的事务越来越繁杂,而立法机关的精力和能力有限,无法满足社会对法律规范的需要。行政机关处在管理前沿,熟悉业务,授权行政机关制定某些法规,从实用主义的角度,具有合理性。但行政机关行使立法权势必潜藏着侵犯公民权利与自由以及立法偏私的危险,因此立法机关在进行立法授权时,必须严格限制,规定授权范围和期限,限定行使授权立法权的原则、目的和程序等,以保证授权不被滥用,不侵犯公民的权利和自由,不形成行政专断。

综上,"法源说",否认了人大的立法专属权,违反行政立法必须授权的基本宪法原理,必然导致行政机关既自己立法,又自己执法的局面,违背权力监督和控制的基本原则,在理论上难以自圆其说,在实践中,存在权力失控和滥权的危险。

第二,"法源说"与我国现行法律规定相悖。

《立法法》第2条规定:"法律、行政法规、地方性法规、自治条例和单行条例的制定、修改和废止,适用本法。国务院部门规章和地方政府规章的制定、修改和废止,依照本法的有关规定执行。"据此规定,学界普遍认为,《立法法》

---

① 约翰·洛克.政府论两篇[M].赵伯英,译.西安:陕西人民出版社,2004:202-206.

将规章以上规范划为广义法律的范畴,而行政规范性文件自然被排除在外。《行政诉讼法》也作出了基本相同的规定。根据该法第52条、第53条第1款的规定,法院审理行政诉讼案件,依据法律、法规(第52条)"参照"规章(第53条第1款),而未提及行政法规和规章以外的"行政规范性文件"。由于规章和行政规范性文件的区分实际上主要是以其制定主体的行政级别来划定的,《立法法》和《行政诉讼法》这种"拦腰截断式"的二分法,遭到国内不少学者的抨击,被认为是带有行政命令性质的武断。但我国行政法学的通说还是采纳了《立法法》《行政诉讼法》的规定,不承认行政规范性文件的法属性,从而排除了其他规范性文件的法源地位。所以,当前我国行政法界,无论是实务界和是理论界,其主流观点是不承认行政规范性文件的法源地位。尤其是实定法的规定,是"法源说"难以绕过的一道现实的坎。

第三,"法源说"与国家法制统一原则不符。

国家主权最重要的是立法权。在我国的传统政治文化中,对于国家主权的完整和统一,防止分裂和地方割据,一直有着深深的警惕。这种担忧,自然也体现在对立法权的分权和授权上。我国不少学者认为,立法权是国家主权的表征,联邦制国家基于"双重主权"而有联邦和各州在立法权上的分割,而单一制国家主权是统一的,立法权只能由中央立法机关掌握。[①] 理论和实务界的主流观点都不承认行政规范性文件的法源地位。其主要原因之一,就是基于上述担忧,为了确保立法的质量和权威,维护国家法制的统一和尊严而采取的立场。而实践中,地方立法中体现出的种种弊端,既是对上述担忧的一种现实回应,也更强化了这种担忧。"法源说"的合理性更受挑战。这些弊端包括:

其一,泛立法倾向明显,立法冗繁。首先,随着管理事务愈来愈广泛和复杂,地方政府越来越认识到通过立法治理社会的重要性和有效性。其次,各地方立法主体中,地方政府行使立法权最为频繁,而作为行政机关的地方政府本身就具有扩张权力的冲动,存在过度行使甚至滥用立法权的可能。再次,民众权利意识日渐高涨,《行政许可法》等相继实施,对地方政府治理行为的程序要求愈发严格。为避免行政行为无法律依据而处于被动地位甚至承担责任,地方政府积极寻求制定规章并推动制定地方性法规,以方便行政管理和约束相对人。事无巨细、遇事则立法,成了地方政府的习惯性做法,而某些立法的必要性和合理性值得商榷。例如,在《消费者权益保护法》之外,共有38个地方

---

① 蔡定剑.立法权与立法权限[J].法学研究,1993(5).

立法主体制定了相应的地方性法规或规章。消费者权益保护作为市场法治的一个重要范畴,绝大部分规则都应做到国内统一,多数地方政府面对的特殊问题均尚未达到需由立法予以调整的程度。法律过于烦琐细密可能会产生非法治后果;法治精义之一在于以"简单规则来应对复杂世界",规则一旦复杂繁多,看似严格全面,却会留下更多漏洞,容易被人利用以追求不当利益,出现"法律更多但秩序更少"的局面。立法权进入不应由其调整的领域,将导致立法质量下降、实施效果不佳、法律权威降低;立法过于烦琐,将导致政府职能扩张、国家对社会生活的过度干预,给社会和民众增加不合理的负担。

其二,重复现象明显,地方特色不足,立法质量不高。因片面追求体例完备的立法倾向,立法力量不足,立法程序疏简、缺乏有效的公众参与机制。例如,国务院发布《殡葬管理条例》后,共有38个地方人大制定的殡葬管理类地方性法规,共有40个地方政府制定的殡葬管理类地方规章,同一行政区划内各级人大、政府分别立法的情况普遍,立法结构、内容却基本一致。

地方立法重复、特色不足,将导致两方面的不良后果:一是地方立法数量庞杂却质量不高,虚假繁荣,降低了法律所应具有的理性力量。二是地方立法的社会认知程度不高,在法治实践中作用不大。普通民众对数量庞杂、重复较多、特色不足、灵活性和针对性不强的地方立法缺乏了解;法院、检察院在司法活动中也较少适用地方立法。

其三,地方保护主义和法律冲突现象严重。我国的地方立法权所造成的"法律冲突"现象较为明显,这些冲突可分为如下两类:首先,地方立法与中央立法的冲突,既包括地方立法与法律的冲突,也包括地方立法与行政法规的冲突。其次,地方立法之间的冲突,既包括地方性法规间的冲突,也包括地方规章间的冲突,还包括地方性法规与地方规章的冲突,甚至还有同一行政区域内法规与规章之间的冲突。最更令人担忧的是,在地方经济利益分化甚至互有冲突的情况下,地方立法权容易与地方保护主义相结合,使地方利益得以法制化。"法律背后是经济利益,许多法律的冲突实际是经济利益之争。"在地方政府竞争中,立法成了最具正当性的地方利益保护手段,地方保护主义披上了法律的外衣。通过地方立法保护本地经营者,限制外地产品进入本地市场,阻止本地资本、原材料等生产要素向外地流动等现象已为我们所熟悉,并愈来愈隐蔽。在某一地方政府不当干预市场、实行地方保护时,对其他地方政府而言,最有利、成本最小的应对方式就是实行相应的地方保护措施,予以还击。地方立法成了优先被考虑的方式,地方政府竞争在一定程度上异化成了以立法形式进行的地方保护博弈。地方立法权与地方保护主义相结合一度促成了我国的"地方政府经济圈"格局,造成了严重的效率损失。

上述这些问题,也毫无疑义地、更加严重地体现在各种行政规范性文件中。行政规范性文件同法律冲突的现象屡见不鲜,各种令人啼笑皆非的"红头文件"不时被曝光。如果按照法源说的观点,让这些行政规范性文件法律化,无疑是国家法治的倒退。现阶段,我国实行的中央政府直接领导下的最高层级地方政府即省级政府的立法分权,但《立法法》修改后,赋予设区的市立法权,必须要通过严格的审查程序,防止地方立法成为地方不当利益的保护方式。

第四,"法源说"不利于法院对行政的监督。

法院对行政行为的司法审查,是现代国家控制和监督行政权力的主要机制之一,这一制度设计也为我国的理论和实践所采纳。逻辑上,司法审查的前提是司法和行政处于平等宪法地位,甚至司法具有更高的宪法地位,否则司法机关就没有能力对行政行为行使监督审查权。在西方三权分立的政治体制下,司法不仅可以审查行政行为,甚至对立法机关也可以行使司法审查权。然而,我国采用人民代表大会制度,有别于西方的三权分立制度,作为立法机关的人大处于绝对权威的地位,虽然司法可以对行政行为行使审查权,但对于立法行为,无论是人大的立法行为,还是行政立法行为,则无能为力。即便是行政立法,也被认为是基于立法授权,其权力,本源上仍是立法机关的权力。因此,基于立法机关的绝对权力,司法机关不具有审查权。法源说主张将行政规范性文件纳入行政法的范畴,在现有的体制下,将使得司法对行政规范性文件的审查变得更加艰难,直接影响司法权对行政权的监督和制约。

2."非法源说"之弊端

"抽象行政行为说"认为行政规范性文件是一种行政行为,而非行政立法行为,并从制定主体这一形式上,划分行政立法与行政规范性文件的界限。其可取之处在于承认行政规范性文件不属于行政立法,因而为法院对行政规范性文件进行司法审查提供了理论依据。其缺点有:

第一,无论是行政立法还是规范性文件,都是行政行为的结果,抽象行政行为说将这种结果等同于抽象行政行为,逻辑上存在缺陷,让人难以理解和接受。实际上,《行政诉讼法》法条只提到具体行政行为而并无提及抽象行政行为,抽象行政行为的概念完全是学术界作为与具体行政行为对应而提出的学术概念,其科学性有待商榷。

第二,把行政立法行为亦归为抽象行政行为,未能从本质上区分行政立法与行政规范性文件,无法合理解释同属抽象行政行为,为何行政规范性文件和广义行政法存在着"法"与"非法"的本质差别。

第三,把行政立法行为亦归为抽象行政行为,导致"立法行为是行政行为"的结论,极大地模糊了立法与行政的界限。更无法解释的是,作为行政行为,理应不但对法院没有约束力,而且还是司法审查的标的,而为何行政立法行为作为抽象行政行为,在我国却不仅不受司法审查,反而还对法院具有约束力?

对于行政解释性文件是一种内部的规范性文件,并不涉及外部的公民的权利义务关系,其性质基本上是明确的。不过,对于内部规范的法律效果外化的问题,该学说并没有探讨,这是其不足。对于行政创制性文件,该学说具有以下特点:其一,在本质上和法律、法规、规章一样,具有国家意志性和国家强制性;其二,在法律效力上,作为一种抽象行政行为,具有与其他行政行为相同的公定力、拘束力、确定力和执行力;其三,具有对法律、法规、规章的补充作用,起着补充和细化的作用;其四,其他行政规范性文件,作为行政执法的依据符合我国法律的规定。虽然该学说再三强调创制性文件并不是行政法的法源,但这样的描述,并没有从本质上阐明行政创制性文件的性质,行政创制性文件与行政立法的区别难以自圆其说。

至于软法说,纯属一种法社会学意义上的学术概念。所谓软法,它与道德、习惯等并无质的区别。软法学说的可取之处在于从一个独特的视角去探视法律与其他社会规则的关系,寻找其内在的联系,为我们研究法的演进和社会综合治理提供了一个视角。但"软法说"所指的"法"与现代意义的"法"是两个不同的概念,甚至还存着价值的冲突。比如,现代法更加注重形式和内容的明确,而反对软法那种不成文和潜规则,人们常说的"法无明文不处罚",就是如此。因此,"软法说"与现代法理学并非同一体系,难以在司法实践中发挥作用。

3. 行政规范性文件是一种行政解释

现代法治国家奉行"无法律即无行政"的法治理念,因此,整体而言,全部行政机关的行为(这里暂不谈行政立法行为[①]),都是执行国家法律的行为。现代行政的本质就是执法。行政执法的过程,也是一个伴随着解释法律的过程。在此过程中,由于法律的阙如、文义含糊、个人理解差异等各种原因,会导致不同的执法者对同一事项可能会有不同的解释。为了弥补法律的缺位和漏

---

① 行政立法行为必须基于法律的授权,是执行法律授权立法的行为,从这个意义上说,也是一种执法行为。

洞,统一执法的标准,行政机关必须作出统一的执法解释,并以规范性文件的方式予以公告。这种规范性文件,并非仅仅是内部执法规范。由于其大部分实际上涉及公民的权利义务关系,因此在形式上,对外具有普遍约束力。但这种普遍约束力的效力来源并非基于行政机关的固有职权,而是来自于被解释的法律本身的效力。因此,行政规范性文件在本质上是一种行政解释。源于被解释的法律的约束力和强制性,行政解释也表现出普遍的约束力和强制性。但行政解释并非法律授权的解释,更不是行政立法,对法院没有法的约束力,其解释甚至实际上存在着不合理和不合法的可能。是否合理合法,其最终判断权在法院,法院在审理中,有权对其进行司法审查,对于合理合法的行政解释,法院应当予以尊重,作为案件裁判的依据。这个时候,行政规范性文件的约束力和强制力的法律效力得到最终的体现。

由于国内对于司法解释的研究要比行政解释深入得多,司法解释的诸多理论和概念广为人知,同时,由于行政解释与司法解释具有相似性和相关性,因此,接下来,作者将适当参照司法解释的某些概念和理论,用以阐述行政解释。

第一,行政执法中的行政解释。

法律的全部意义在于适用,法律文本只有在实践中与事实结合才能获得生命。法律适用的有权主体通常是两类人员,一类是法官,一类是公务员。法官行使的是司法权,公务员行使的是行政权。从实质上来说,两种权力都是一种适法权,都是一种将法律适用到具体事实中从而实现法的价值的权力。由于司法权的被动性和行政权的主动性,在行政法规范的适用顺序上,公务员要先于法官,行政解释要早于司法解释。"法律的适用首先是处在第一线工作的行政人员的任务。他们在适用法律时,必须根据他们的专门知识和经验,确定事实存在的情况极其法律意义。"[①]当然,这里的"法律"是指广义上的"行政法",包括行政法律、法规和规章。一个具体的执法过程包括:

①对法律法规规章的理解。理解是法律适用的前提,没有理解,适法者就无所适从。首先要理解法律文本的字面含义,其次要理解法律文本中体现出来的法律精神、法律原则,再次要理解立法者的立法目的。受制于个人的认知能力,理解也有不同。但依法治国、依法行政都要求行政执法者具备必要的法律知识,进行公务员考试和考核,接受大致相同的系统教育,培养大致相同的

---

① 王名扬.美国行政法[M].北京:中国法制出版社,1995:98.

行政观念,就是力求培养思想统一的高素质执法队伍的反映。

②对法律事实的了解和认识。法律是一门实践科学,重在适用。离开适用,法律就是一堆废纸,一座空中楼阁。法律适用的载体就是法律事实,法律适用的过程就是法律文本与法律事实相结合的过程,这一结合的主体就是适法者,结合的媒介就是法律解释,因此,我们说行政解释的对象不仅包括法律规范,还包括法律事实。行政执法人员在作出处理之前,必须首先对客观事实进行充分调查、分析和了解,将与法律有关的事实保存下来,将无关的事实予以排除,从而形成法律事实。这一过程是事实认定和证据保存的过程。同时执法者也会形成初步的判断,为最终的判断奠定基础。

③寻找相关的法律法规规章。这是找法的过程,就是将法律事实放到法律文本中进行比较、推理,最理想的结果就是能够在法律文本中找到与法律事实相同或相似的法律条文。如果找法找错了,张冠李戴了,结果肯定是错的,因此这是适法者作出决定的关键性一步。

④解释法律文本和法律事实。这是适法者将法律文本与法律事实相结合的过程。在这一过程中,执法者的任务就是全面阐释法律的意义,全面认定事实的性质,为判断结果论证理由,因此,这是执法者为自己的"产品"进行正当理由的证成过程。尽管理解与解释的界限不是泾渭分明的,但两者还是有明显区别的。从运动的方向上来看,理解是从实践到思维,从具体到抽象,从个别到一般的过程,是对比、归纳等思维方式对其进行加工的过程;而解释则正好相反,它是从人的头脑中向外输出产品的过程,它把理解的成果运用语言符号的形式表现出来,它最终的目的是为判断寻找理由,以期当事人能够接受处理结果。

⑤作出行政裁决或者决定。至此,一个完整的行政行为终结。

行政解释行为集中反映在第四阶段,这一阶段是法律文本与法律事实进行结合的阶段,是法律适用的核心阶段。在这里,行政解释就是一座桥梁,联结法律文本和法律事实,将法律适用到具体案件,法律获得了生命。因此,行政解释离不开法律适用,行政执法离不开行政解释。由此我们可以得出结论:行政解释是行政执法行为中的重要组成部分。

值得指出的是,上述过程分析,其对象是一个具体的行政行为,其行政解释仅适用于某一具体的个案。对于行政机关来说,由于对法律的理解偏差,对于一类相同或者相似的个案,不同的执法人员可能会有不同的行政解释,从而得出不同的行政执法结果。这一现象,将会极大地损害行政对公平正义的价值追求,损害法制的权威和统一。因此,行政机关基于弥补法律的缺位和模糊,统一和明确执法标准,对执法中可能存在的不确定事项,作出抽象的统一解释或者补充,形成规范性文件,并对外公布。这种抽象的解释文本,就是行政规范性文件,它是一种抽象的行政解释。

第二,规范性文件是非正式行政解释。

法律解释分为正式解释和非正式解释,正式解释又分为立法解释和应用解释。学理上,正式解释又称为有权解释,是指有法定解释权的机关对法律所作的具有法律效力的解释,分为立法解释、司法解释和行政解释三种。传统行政解释的概念是依据1981年《全国人大常委会关于加强法律解释工作的决议》及《立法法》的相关规定而作出的,主要指正式解释。即:行政解释是指具有法定解释权的国家行政机关在具体适用行政法规范过程中结合事实对法律的意义进行阐释和说明的活动。正式解释是严格的法律意义上的法定解释,这种行政解释实际上具有与被解释的法律同等的效力。非正式解释又称学理解释或者任意解释,指不具有法定解释权的人或者组织,基于公平正义,法学理论和惯例,对法律的含义、内容、概念、术语以及适用条件等所作的理解和分析说明。一般而言,非正式解释由于没有法律授权,因而只有说服力而没有约束力。①

制定规范性文件的行政机关,并无立法权,也无解释法律的法定权力,其制定的行政规范性文件,只能是一种非正式行政解释。虽然也是一种无权解释,但其作为行政执法主体基于执法的需要作出的解释,由于其主体和解释目的特殊性,还是有别于一般的学理解释。行政主体拥有行政执法权,其行政解释是以国家公权力的运用作为后盾,其解释事实上影响行政执法的结果,对行政相对人具有事实上的约束力。因此,行政解释是一种特殊的非正式解释。而作为规范性文件的行政解释,是指行政主体为了实施法律、法规和规章,统一各个行政主体及其公务员对法律、法规和规章的理解及执行活动,对法律、法规和规章进行解释而形成的规范性文件。

二、行政规范性文件司法审查的依据

司法审查作为民主和法治国家的一项重要的法律制度,其最早可追溯到1803年美国的马伯里诉麦迪逊案,现今世界上已有许多国家建立了该项制

---

① 方世荣.行政执法主体对法律规范的非正式解释及司法审查[J].国家行政学院学报,2010(6).

度。司法审查的含义是指立法机关和行政机关制定的法律、法规及行使其他国家权力的活动由司法机关进行监督,宣布违反宪法的法律、法规无效以及裁判其他违法行为并予以纠正,维护宪法的实施,保护公民合法权益的法律制度。

外国法上的司法审查主要是指:第一,审查机关为普通法院或专门法院;第二,审查对象为法律或者行政命令;第三,可以分为违宪审查和合法性审查。因此,司法审查主要是指美国式的普通法院审查法律和行政命令的合宪性,德国的宪法法院审查模式虽然由宪法法院审查法律和法律性文件的合宪性和合法性,但这种审查常常被称之为宪法审查。我国普通法院不能解释宪法并审查法律是否合宪,但法院有权审查行政行为是否合法,因此,我国行政法上的司法审查是指法院依照行政诉讼法的规定对规章以下规范性法律文件的合法性审查。此种合法性审查,不包括违宪审查也不包括行政复议机关的审查。行政规范性文件司法审查的依据有:

(一)权力制约与行政权应受控制原则

法国《人与公民权利宣言》宣称:"任何权利无保障和分权未确立的社会,就没有宪法。"此项原则后来成为判断民主法治宪政国家的重要准则。强调分权理论对宪政实践的重要性,对西方资本主义国家而言显得重要,在社会主义国家中,权力分立与制衡理论所蕴含的精髓也没有被完全否认,即权力不宜集中配置,而应适当的分散配置,相互制约。分权成了宪法政府的基石和立宪主义的精神所在。分权的核心在于制衡,不受限制的权力总有被滥用的可能。分权制衡主要是指国家的三种权力即立法、行政、司法分别由三个不同机关掌握,三个机关各自独立行使其权力,又互相牵制与平衡并相互制约的制度。分权制衡理论所要追求的目标就是通过权力的相互制约,使权力受到限制,从而保障公民的权利。

分权制衡是民主国家在政治制度上的一种创造,其目的是使国家权力有效、顺利地运行。现代社会行政权力过度膨胀。为了遏制行政权的违法行使,分权制衡理论无疑成了各国司法审查制度的重要理论基础。权力是否专横,是否绝对,并不取决于谁掌握权力和掌握权力人数的多寡,而是取决于运用权力的方式,即是不是负责任的、受限制的权力。单纯依靠民主并不能保证避免专制,在民主没有受到法治约束的情况下,正如托克维尔所说的,民主也可能造成多数暴政。二战前德国法西斯政权的历史刚好证明了这一点。权力不受约束的民主不是真正的民主,真正的民主应当是保护多数的同时,更注重于保障少数人的利益不受到侵害。集权必然导致专制,不受制约的权力必然走向腐败,只有以权力制约权力,才能防止国家权力不被武断专横地运用。因此要保证民主原则真正得到实现,则必须坚持分权原则以防止专制。

分权制衡是现代国家的必由之路。我国实行人民代表大会制度,说明我国不能也不会照搬西方国家的三权分立制度,但并不意味着我国的国家机关之间不存在权力分工和权力制约。在我国各国家机关的权限范围和遵守宪法和法律的义务都由宪法予以明确规定。各国家机关依据宪法和法律的明确授权,各自行使职权,且不得有超越宪法和法律的特权,这就意味着国家机关之间的权力是分散配置的,是相互分立并互相制约的。国家也有立法、行政和司法三种职能,依照法治原则,这三种职能分工负责,相互制约。我国的根本政治制度是人民代表大会制度,宪法确认的是人民主权和民主集中制原则,不实行三权分立,这与资本主义国家的三权分立制度根本不同,但是民主集中制并没有否定国家权力各部门之间的分工,也并不排斥各种权力之间的平衡与制约。

行政权在现代国家权力结构中的地位及属性更显得对其监督的必要性。在传统自由主义法治论者洛克看来:"在一切场合,只要政府存在,立法权是最高的权力,因为谁能够对另一个人订定法律就必须是在他之上。而且,立法权之所以是社会的立法权,既然是因为它有权为社会的一切部分和每个成员制定法律,制定他们的行动的准则,并在法律被违反时授权加以执行,那么立法权就必须是最高的权力,社会的任何成员或社会的任何部分所有的其他一切权力,都是从它获得和隶属于它的。"[①]因此,在洛克看来,在国家的权力结构中,立法权是最高的,而行政权从属于立法权,只是执行立法权的权力,但立法权和行政权都要受到法律的限制。同时,立法权应支配行政权,社会应支配政府,只有这样公民的自由、生命和财产权才能得到保障。

孟德斯鸠提出,为了公民的权利和自由得到保障,国家权力应一分为三,即立法权、行政权和司法权。为了防止立法机关变成立法专制,应当由行政权去制止立法机关越权的权力,而不应当由立法权去钳制行政权。行政权在本质上是有范围的,且行政权总是面对需要迅速处理的事情。因此,行政权应以独立的地位从立法权中分离出来,既是为了维护社会公共秩序的需要,也是为了防止国家专制和权力滥用以损害公民权利和自由。但是行政权作为一种国家权力,其具有一般权力的特性,即天生具有侵权性,如果过分地膨胀,将导致

---

① 洛克.政府论[M].北京:商务印书局,1986:93.

权力的失范,并将侵害公民的权利和自由。①因此,为了防止权力的膨胀,在自由主义法治国家时期奉行"自由放任",国家扮演"守夜人"的角色,也称之为"夜警国家",行政干预被限制在最小的限度之内,行政机关的职能范围限于国防、外交、社会秩序的维护等方面。有人曾指出:"直到1914年8月,除了邮局和警察以外,一名具有守法意识的英国人可以度过他的一生却几乎没有意识到政府的存在。"②行政的主要目的是维护社会的"秩序和安全",行政机关的作用仅限于对法律的忠实执行,司法机关也仅局限于对法律的适用。这一时期权力分立的特点最为真实的写照是"立法国家""法官法适用的机器""法条狂言"。这时的行政权也只是一种消极的法律执行权。

19世纪下半叶,随着工业迅速发展,产生了城市化及其一系列社会问题。社会高度工业化、技术化的出现导致个人谋生越来越不容易,使个人对国家的依赖程度日益增高,对国家提供生存给养的要求变得越来越迫切。但是议会和法院却无力应对此类问题,议会不可能制定详细的法律对日益复杂的经济和社会问题进行控制。"如果国家对公民从婴儿照管到死,保护他们生存的环境,在不同的时期教育他们,为他们提供就业、培训、住房、医疗机构、养老金,也就是提供衣食住行,这需要大量的行政机构。相对来说,仅仅靠议会通过的法律……那只能做些微不足道的事。"③因而,人们开始主张借助公权力干涉国民的经济生活,以保障公民的生存权。在此背景下,政府开始积极干预市场,对市场竞争中处于不利地位的人给予最低生存的保障,在社会经济生活中,政府的管理职能不断扩大。行政权逐渐抛弃以前那种消极的姿态,开始以一种积极的姿态介入社会生活的各个方面。

美国的独立管制机构和英国的行政裁判所在19世纪末20世纪初的相继出现,标志着现代行政权的进一步扩张。美国的独立管制机构不但具有司法权,而且还具有制定政策和作出决定的立法权和执行该政策的执行权。在自由资本主义时期,政府仅仅是法律的执行机构而已,并不介入私人经济活动,而独立管制机构的出现,是对传统的三权分立体制的严重挑战,因为它集立法权、行政权和司法权于一身。英国行政裁判所的出现也是基于行政的需要。当时纷繁复杂的社会经济问题,主要是涉及商业政策而不是法律问题,英国的普通法院的法律程序烦琐、缓慢且费用昂贵,因而无法满足这种需要。行政裁

---

① 孟德斯鸠.论法的精神上册[M].北京:商务印书馆,1982:154.
② 威廉·韦德.《行政法》[M].徐炳,等译.北京:中国大百科全书出版社,1997:3.
③ 威廉·韦德.行政法[M].徐炳,等译.北京:中国大百科全书出版社,1997:4.

判所的出现则提供了一种较为迅速、经济,也更为便捷的公正裁判,刚好适应了社会的需求。它解决的争议包括多个方面,既解决根据社会保障立法提出的权利争议,也解决有关雇主与雇员之间的并且往往也涉及国家的许多权利争议,还会处理涉及处理精神健康、小学生的学校分配以及税收、财产权和移民等问题。行政裁判所的工作主要是依据政策而不是依据法律行事,从权力性质来看,其许多方面是行政而不是司法性质的。但是作为法律的执行机关它却行使了传统上属于司法机关的权力,这无疑是对传统意义上的行政权的突破。[1]

现代福利国家的政治实践表明,国家干预政治和经济生活的情形越来越多,国家干预社会的程度也越来越深。行政权的功能也较以往更为广泛。"二战"以后,新的科技革命导致生产进一步集中,生产社会化高度发展,市场调节失灵,其本身的局限性暴露无遗,迫使西方国家普遍采用凯恩斯主义,从而导致政府对经济、社会的干预得到进一步的强化。这时,现代行政权的内涵与传统行政权的内涵相去甚远。在现代,虽然各国行政机关行使权力的来源仍然是宪法和法律,司法机关仍然行使司法权,立法机关仍然行使立法权,但是传统意义上的行政权的范围远不能涵盖行政机关所行使的权力。现代行政机关的行政职能及其权力范围发生了极大的变化。行政机关不但包含制定规范的行政立法权和裁决纠纷的行政司法权,而且其行使立法权和行政司法权的总量,也远远超过了立法机关制定法律和司法机关的司法审查。例如,在美国罗斯福新政时期,美国政府积极参与和颁布了一些社会福利方面的立法,重视对社会提供服务和社会福利的提供。在此期间,独立管制机构也得到了进一步的发展,除了行使部分司法权外,也行使了立法权,每年颁布了大量的法规和规章。

所以说,现代国家的行政权内涵发生了显著的变化,它已不再像过去一样,仅仅是法律的执行机关,其职能也不再只是维持"秩序和安全"。行政机关除了行使行政权外,还制定法规、规章和条例,在这些传统上属于立法权的范畴内行使立法权和司法权。现代行政权的这种大肆扩张,顺应了社会发展的需要。正如美国学者施瓦茨所说:"如果我们在私人生活中成立一个机构来管理某一产业的话,那么它就不可能采用孟德斯鸠主张的方式。同样,在严格的

---

[1] 何兵.法院的案件危机与对策[N].法制日报,2000-11-26.

三权分立条件下,也不能有效地进行工业管理。"①也就是说,现代社会需要一个强有力的政府,而这一政府不能再按照传统模式来行使它的权力。

同时,作为是一种直接作用于社会成员和社会组织的现代行政权,其所涉及的是社会事务的日常运作,直接与社会及其成员发生联系,因此,现代行政权与公民的权利和自由的关系也更为密切。出台政策、制定法律以至执行法律和相关政策,都是行政机关居于主导地位。在现代社会,社会个体之间、社会个体与社会集体之间的矛盾、冲突日益增多,社会关系也更加复杂。在此背景下,国家需要强有力的政府来维护社会秩序,增进公共利益,保障社会成员和社会组织的合法权益。国家同时赋予了行政机关广泛的职权,并保障其有效地行使,充分发挥其积极的能动作用。行政权在社会管理中的积极作用已是有目共睹的。但是必须认识到,行政权力的过分膨胀又会对公民权利构成潜在的威胁:权力天生就具有侵略性,行政权力一旦突破合理的框架,势必会造成对公民权利的侵犯。因此,在国家权力体系中,行政权是最具危险性的权力。它是最不可能萎缩却也最不可让它无限膨胀、最需自由又最容易自由无度、最需控制又最难以控制的权力。

因此,控制行政权力同样应当成为现代宪政国家的任务,司法审查无疑应该成为主要的、经常性的监督和制约手段。行政权接受司法审查,是现代法治国家通用的司法原则。"我们很难想象,一个现行有效的行政法制度在未规定法院或某种其他公正机构及裁判庭对政府官员的行动至少做一种有限的审查的情况下,就能防止政府官员任意滥用权力的现象。"②国家权力分配给特定的机关,是希望由此将权力分配给适当的机关促使其履行一定的国家任务,司法机关依行政诉讼的方式来监督行政,也就是通过对国家权力的合法性监督,达到其维护客观法秩序的目标。司法权对行政权的合法性监督,是要求司法机关对所有行政决定的相关规范做最后的审查,以监督其合法性。因此,行政机关制定规范性文件,都属于行政权行使的范畴,司法权自应对其进行审查,以监督其合法性。

(二)人权保障以及人权免受行政权非法侵害的需要

针对行政权力的司法审查是为了保障公民的基本权利。要对国家权力进行制约,对公民权利进行保障,有必要从公民与国家的关系这一国家理论的核

---

① 伯纳德·施瓦茨.行政法[M].徐炳,译.北京:群众出版社,1986:29.
② E.博登海默.法理学——法律哲学与法律方法[M].北京:中国政法大学出版社 1999:368.

心问题说起,因为只有从理论上阐述清楚国家对公民权利负有保护的义务时,司法审查才能顺理成章。

亚里士多德在其名著《政治学》中指出:"城邦出于自然的演化,而人类自然是趋向于城邦生活的动物(人类在本性上,也正是一个政治动物)。凡人由于本性或偶尔不归属于任何城邦的,他如果不是一个鄙夫,那就是一位超人。"①依亚里士多德的观点,公民是城邦的有机组成部分,任何公民都属于城邦共有,而不能私有。因而,在公民与城邦的关系上,亚里士多德持"集体主义"的观点,将公民的婚姻、家庭、子女抚育、文学、艺术等,都归属到城邦事务的范围,主张由城邦进行统一安排和管理。因此,如果说古希腊城邦公民拥有权利的话,这种权利也只是一种公权利,即一种公民资格,也就是参与公共事务辩论与决策的权利。而与之并存的是,由于古代城邦没有明确的私人领域概念,公民不享有任何个人的权利。正如贡斯当所描绘的那样:"在古代人那里,个人在公共事务中几乎永远是主权者,但在所有私人关系中却是奴隶。作为公民,他可以决定战争和和平;作为个人,他的所有行动都受到限制、监视与压制;作为集体组织的成员,他可以对执政官或上司进行审问、解职、谴责、剥夺财产、流放或处以死刑;作为集体组织的臣民,他也可能被自己所属的整体的专断意志剥夺身份、剥夺特权、放逐甚至处死。"②

下面对历史上比较有代表性的国家理论进行论述,以了解国家理论在不同时代的发展演化。

第一,自然法思想虽然萌芽于古希腊罗马时期,有着悠久的历史,但产生于自然法的"自然权利"概念却是西方近代文明的产物。在西方近代革命时期,代表新兴资产阶级利益的启蒙思想家,从自然法和社会契约理论推演出政府的起源、性质和目的及其与人权的正当关系。这一时期具有代表性的观点是英国思想家洛克的自然法理论。

按照洛克的观点,在自然状态下,人是完全自由和平等的,能够以自己的方式和方法决定自己的行动和处理自己的人身和财产。反过来,这种自然状态却不是处于一种完全放任的状态,它要受到一种人人应该遵守的自然法支配,该自然法是这样教导着全人类的:每个人既然是平等的、独立的,那么任何

---

① 亚里士多德.政治学[M].吴寿彭,译.北京:商务印书馆,1965:7.
② 邦雅曼·贡斯当.古代人的自由与现代人的自由[M].阎克文,刘满贵,译.北京:商务印书馆1999:2.

人就不得侵害他人的生命、自由和财产等自然权利。当然,自然状态也是充满着各种不便、缺陷、甚至危险。原因在于:第一,它没有明文规定的法律作为裁决人与人之间纠纷的尺度;第二,它没有公共的裁决者和公共权力来确保裁决的执行。因此,为了克服自然状态的不足,更好地保护自己的人身和财产安全,人们便缔结契约,成立国家,把一部分自然权利让渡给国家。洛克同时指出,人们在建立国家时仍然保留着他们在自然状态下所拥有的生命、自由和财产等权利,并且,人们所让渡给国家的只是实施自然法的权利。[1] 因此,按照洛克的观点,自然状态下的自然权利虽然在道义上是不可侵犯的,但是只有在政治国家中才能得以实施,因为由于社会契约的存在,市民社会负有保护这些权利的义务。依照洛克的社会契约理论,在政治国家中,国家权力来源于公民自然权利的让渡,公民权利与国家权力相比较,公民权利居于优先和中心地位,权力为权利而存在,受权利的限制,权力行使的合法性检验标准是自然权利。

洛克的思想影响了其后一大批思想家,该思想也在西方各国的宪法性文件中有所体现,对西方的政治意识形态产生了深远的影响。正如德国学者特洛尔奇(E. Troeltsch)所说:"对自然法的信仰,乃是西欧政治思想的独特标志。这种信仰一方面承认了有一种人性共许的法律的存在,另一方面肯定了人类的基本权利。"[2]

第二,功利主义学说否定自然法、自然权利,也否定国家或政府起源于契约的自然法理论,认为这些所谓的契约都是为完成某些政治工作而虚构的。功利主义论者把一切人类行为的根本动机就是追求功利,理所当然他们也用功利理论来解释政府的起源和目的。

功利主义学说的代表人物边沁认为,国家或政府的产生或政治社会的形成系出于人们服从的习惯,至于人们为什么要服从,是因为服从可能造成的损害小于反抗可能造成的损害,也就是因为"这是出于他们的利益。政府是为了社会利益而设立的"。一旦政府的行为与人民的利益或福利相抵触,人民也就没有理由去服从了。在这样的国家里,法是主权者以命令形式而表现的意志,而权利是法律的产物,也就是说,权利是主权者以法律形式表现的主权者的意

---

[1] E.博登海默.法理学——法律哲学与法律方法[M].邓正来,译.北京:中国政法大学出版社 1999:52.

[2] 张文显.二十世纪西方法哲学思潮研究[M].北京:法律出版社,1996:38-39.

志。不过,主权者(政府)也不能恣意妄为,政府的所有活动包括立法都应该以增进"最大多数人的最大幸福"为目的。边沁把这一目的具体化为四个目标:生存(口粮)、富裕、安全与平等。这些目标实际上也是人民的基本权利。①

从上述分析可以得知,功利主义从现实主义的视角,构思国家的起源和目的,进而分析国家与公民、权利与权力的关系。依据功利主义的观点,虽然权利只是法律权利,不像自然权利那样带有一层先验与神秘主义色彩,但功利主义提出了法律应该规定权利的目的和目标,这也起到了一种应然权利的作用,可以依此作为检验政府的立法和行政行为的正当性的标准。不过,需要指出的是,功利主义的权利观是以利益得失为基础的,这为政府在"最大多数人最大幸福"的名义下侵犯公民权利开了绿灯,因为权利如果没有自己独立的地位是难以保障的。

自然法理论和功利主义学说,都把国家解释为一种实用性的设计,人们通过这种手段满足他们对于"集体性物品"的世俗需要,国家是人们创造出来以使他们从和平和有序的市民社会中获益的。② 因此,无论人权是在国家外部产生(如自然权利),还是在国家内部产生(如功利主义的权利观念),都得出了国家权力服从和服务于人权的结论,都得出了要制约国家权力、以保护人权的结论。

依据美国制宪者的理解,国家权力如果不分立,即国家权力如果不分作立法权、行政权和司法权,那就会可能形成专制制度。专制则意味着人权毫无保障。同时,立法权、行政权与司法权三种权力之间如果不互相制衡,相互牵制,这三种权力可能会逐渐集中,最后形成一种权力,在此情况下,人权同样也没有保障。所以,从最终的意义来看,分权制衡与人权保障的目的是一致的。分权终极目的也是为了保障人权。因而,人权保障是行政法治发展的共同趋势。

2004年3月,我国通过了宪法修正案,将"国家尊重和保障人权"作为重要原则写入宪法。"人权的实现过程即是通过法律将人的应有权确定为法定权,并在社会实践过程中,通过诸力的作用而使其得到实现的过程。"当行政相对人的权利受到侵害时,"司法审查是司法救济的重要方面,是保护人权的最有效的手段"③。"在相关的救济程序中,司法审查才是保障人权的基准程

---

① 徐大同.西方政治思想史[M].天津:天津教育出版社,2000:282-283.
② 斯科特·戈登.控制国家——西方宪政的历史[M].南京:江苏人民出版社,2001:1-2.
③ 张俊.我国司法审查范围过窄与人权保护不力[J].江汉大学学报,2002(5).

序。"①行政权的行使,尤其是其制定的行政规范性文件,极易产生侵权性,为了使公民的基本人权免受行政行为的侵害,运用司法审查对行政规范性文件进行监督与控制就显得十分必要与紧迫。

(二)法治与正义之体现

有学者说:"民主与法治的内涵与模式一直是颇受争议的问题。例如,法治的概念与形态纷繁芜杂,严重意识形态化,几乎没有哪个政权承认自己不是法治政府。"②也就是说,中外对于法治的概念还没有形成统一的看法。但是今天,却没有人怀疑法治理念应包含这样一种思想,即法律是社会的最高权威,在社会生活中处于至高无上的地位,权力的运行必须符合法律的规定。在民主法治国家,政府权力只能依法律运行。但是社会生活中的公民和社会组织基于不同的利益,存在不同的要求,为了使他们和平、友好、秩序地共同相处,就必须根据社会总的要求,兼顾各方的利益,为此,法治意味着社会最高地位的、对人们有普遍约束力的"法",必须是"良法"。"良法"意味着反映了的社会需求,是代表社会正义的法,它既能代表多数人的利益,又能保护少数人的合法权益。

法治原则在行政领域的反映即我们通常所说的依法行政。在现实生活中,由于各种因素的影响,行政机关滥用权力、违法行使职权,侵害公民、法人或其他组织合法权益的现象经常会发生。如果没有比较完善的制度,预防、减少和纠正行政机关的违法行为,法治文明就无法得到充分的实现。因此,在行政领域,法治原则更多是强调对行政主体的要求,要求政府必须遵守体现社会正义的法律。法治的目的是实现正义,为达到此目的,法治要求法院阻止政府滥用权力,对政府的行为予以审查,审查其是否合法。

同理,行政规范性文件作为行政行为的内容之一,一旦公布即推定有效,公民是其直接的利益相关人,但当其对行政规范性文件的合法性提出质疑时,应当赋予其请求救济的权利,当然也包括请求司法救济的权利。因为司法机关作为只忠实于法律的中立裁判机关,独立于行政机关和相对人,没有利益的相关性,由它对行政规范性文件的审查能够达到客观、公正的目的。因此,司法机关对行政规范性文件进行合法性审查是符合正义要求的。

---

① 周伟.司法审查:尊重和保障人权的基准程序[J].政治与法律,2005(1).
② 占红沣,李蕾.初论构建中国的民主、法治指数[J].法律科学,2010(2).

三、行政规范性文件司法审查的启动

(一)司法审查的启动主体

谁有资格对行政规范性文件提请司法审查,请求法院审查行政规范性文件是否合法,即司法审查启动的主体原告资格如何确定?由于行政规范性文件是针对不特定的人和事作出的,因而按照行政诉讼原理,此类案件具有起诉资格的原告并不是特定的。根据各国的司法实践,主要有以下几种标准来确定原告资格:[①]

第一,权利受害人诉讼标准。即当事人只有在权利受到侵害时才有起诉资格。如果权利没有受到侵害,即使行政机关的行为使其遭受重大损害,这种损害是没有法律错误的损害,当事人没有起诉资格。[②] 如美国在 1940 年以前曾以权利受害人诉讼为标准,随着美国司法审查范围的逐步扩大,权利受害人诉讼的标准已越来越成为制约司法审查发展的障碍。

第二,利害关系诉讼标准。即凡是与行政规范性文件有法律上利害关系的人,都可提请司法审查。美国《联邦行政程序法》第 702 条规定"受到行政行为不法侵害的人或不利影响的人,有权对该行为请求司法审查"。德国《行政法院法》第 47 条第 2 款规定:"任何自然人、法人因法规或适用而遭受损害,或在可预见时间将受损害,可提起针对法规的审查申请。"在法国,只要利害关系人认为条例违法,可在条例公布后 2 个月内向行政法院请求撤销不合法的条例。[③] 利害关系诉讼标准,在一定程度上适应了司法实践中扩大司法审查范围的要求,保护了相对人的合法权利,同时也体现了司法权对行政权监督的作用。

第三,民众诉讼标准。该标准的意图在于发动全社会来监督行政规范性文件以促进依法行政。按照该标准,任何公民、法人或其他组织,不服行政规范时,都可以提起司法审查,而不管该行政规范性文件是否涉及其个人利益。在民众诉讼中,特定的公益性团体、自治性组织或社会团体为了其组织成员的合法权益,当其成员的权益受到行政规范性文件的侵犯时,有权提起司法审查。依这种标准,从理论上说,每个公民都有权对行政规范性文件提起司法审

---

① 陈玲.行政规范性文件审查标准研究[D].广州:广东商学院硕士论文,2011:21-22.
② 王名扬.美国行政法:下[M].北京:中国法制出版社 1995:620,622-623.
③ 王名扬.法国行政法[M].北京:中国政法大学出版社,1988:139.

查,即规定性文件行政诉讼的原告,而使得法院的工作量十分巨大,使法院淹没于规范性文件行政诉讼的汪洋大海之中。所以德国就明确排除民众诉讼,即申请人不能主张某个第三人的要求,主张公众的要求,或者他所属的某一社团的要求。① 但是在实践中,受公民、法人或其他组织法律意识的限制,以及行政规范性文件对公民利益施加影响的间接性,势必会出现"事不关己,高高挂起"的局面,最终不会实现民众诉讼的目的,理论上会导致法院陷入行政诉讼汪洋大海的情况也不会出现。

第四,由检察机关提起诉讼的标准。② 主张由检察机关对行政规范性文件提起行政公诉的学者认为:一方面,检察机关作为专门的法律监督机关,赋予其对侵害公共利益的行政规范提起司法审查符合其法律定位;另一方面,由于行政规范致使公共利益受到侵犯,但又不存在确定的受侵犯对象,为了保护公共利益,需要检察机关代表国家和公共利益,履行其监督职能。美国第二上诉法院在1943年的纽约州工业联合会(法人)诉伊克斯案件中发挥了私人检察总长理论(private attorney-general theory)。法院认为,为了保护公共利益,国会可以授权检察总长或以法律指定其他当事人作为私人检察总长,主张公共利益。③ 但是也有学者认为,从尊重当事人诉权的角度和我国司法体制的现状出发,不宜盲目提倡由检察机关对行政规范提起司法审查机关提起司法审查,否则会干涉当事人的诉权,同时也有干涉审判权的嫌疑。在目前我国对检察权的性质和定位处于模糊的状态下,片面地从理论上强调检察机关的监督职能,而未周全地考虑检察权本身也需要监督和制约的问题时,就会妨碍目前正在进行的检察体制改革。④

因行政规范性文件具有普遍约束力,故对提起司法审查的主体不应只局限于公民和法人。只要认为行政规范性文件不合法,公民、法人或其他组织都有权提起诉讼。考察国外行政诉讼制度,不难发现,各国在行政诉讼原告资格上,逐步从要求权利人受到损害标准过渡到利害关系诉讼标准。需要说明的是,此处所说的法人或其他组织包括行政机关、公益性团体、自治性组织等,原因在于抽象行政行为由于制定主体的广泛性,根据公共选择理论,经济利益促使不同地区、不同部门的制定主体从本身的利益出发,很可能会使其他的行政

---

① 弗里德赫尔穆·胡芬.行政诉讼法[M].莫光华,译.北京:法律出版社,2003:350.
② 谢志强.试论行政公诉权之构建[J].国家检察官学院学报,2002(10).
③ 王名扬.美国行政法:下[M].北京:中国法制出版社,1995:621-623.
④ 刘丽.行政规范的司法审查[J].河北法学,2005(6).

机关的合法利益受到侵害。在这种情况之下,规定行政机关可以提起诉讼,有利于解决行政主体之间的权限纠纷,有利于更好地维护公共利益。公益性团体、自治性组织的目的在于维护其成员的合法利益,当其成员的权益遭到抽象行政行为侵犯时,应赋予其行政诉讼原告资格。

行政规范性文件的特点在于,具有普遍约束力和反复适用性。这类案件由当事人自诉,既会造成重复诉讼,又会产生前后裁判不一致的情形;对于个别原告来讲,也会感到诉讼成本太高。当前行政诉讼的突出情况是当事人不敢诉、不愿诉,担心官官相护。基于此,赋予从事专门法律监督职能的人民检察院以原告资格,建立行政公诉制度,有其存在的必要性。检察机关享有行政规范性文件司法审查起诉权的理由如下:

其一,宪法依据。行政规范性文件的性质决定了只要其一旦违反法律或正当程序,就必然对公共利益造成损害。检察院的性质和地位决定其适合提起行政公益诉讼。根据我国宪法的规定,人民检察院的性质是专门从事法律监督的机关,一切违反法律的行为进行监督是它的职责所在。检察院的主要职能保护国家和公共利益。因此,检察机关享有提起行政公诉权符合宪法规定,并充分体现了检察机关的应有职能。

其二,权能依据。从当前检察队伍的建设来看,宪法和法律规定我国检察机关是国家的法律监督机关,也是维护公共利益的机关,具有诉讼的专门人员和审查机构,能够充分发挥其诉讼能力,为检察机关作为公益诉讼的代表人对侵害国家和社会公共利益的案件提起诉讼打下了良好基础。检察人员的素质、法学专业水平,为行政公益诉讼的顺利进行提供了便利的条件,与社会团体或个人等弱势群体相比则更具有优势。由检察机关对涉及众多受害者的社会公益案件进行公诉,有利于在最大限度上保证起诉标准的统一,有利于避免由于双方当事人在各地法院分别起诉而造成矛盾裁判现象,较公民个体诉讼更具优势。在国家利益或者社会公共利益受到损害时,检察机关有责任,也有能力向人民法院提起诉讼。

其三,物质保障。检察机关拥有的人力、财力和物力足以和行政机关相抗衡。依经济学的观点,公益诉讼具有公共产品的特征,由代表国家的检察机关提供公共产品远比私人提供更加有效,这既符合经济学的基本要求,也是检察机关追究有关违法行为,维护公益的职责和特长所在。

其四,效益原则。行政公诉制度避免了民众诉讼力量弱小、提供证据困难或滥用诉权等诸多弊端,①可以较大限度保证公益诉讼的实现。公正应当是讲究效率、追求效益的公正,效率应当是在公正的基础上并集合效率原则的效率,效益应当是既有效又符合公正的效益。从公正、效率、效益方面来考虑,检察机关比不特定人的诉讼更符合诉讼效益原则。

在我国,检察机关作为专门的法律监督机关赋予其对行政规范文件提起司法审查,是其履行法律监督职能的体现,至于其自身也需要接受监督那是权力的本质使然,不能因自身要接受监督而否定其监督权的行使。因此,应以利害关系标准,在赋予公民或社会组织提起司法审查主体的前提下,将检察机关作为提起司法审查的主体补充手段。

2. 司法审查启动的方式

西方国家的司法审查制度基本上可分为两大模式,欧陆模式与美国模式,即专门法院审查模式和普通法院审查模式。

(1) 专门法院审查制度

欧洲大陆国家如奥地利、德国、法国、意大利等是在普通法院之外,设立专门的宪法法院来行使司法审查权。其中以德国、法国最具代表性。法国对国会制定的法律进行审查的机构为"宪法委员会"。宪法委员会不同于普通法院,它们不审理普通民、刑案件,其主要职能是保证宪法的实施。其职能权限主要有:"违宪案件的司法审查权""权限争议案件的裁决权""弹劾案的审判权"等等,"尽管各国宪法法院的职权范围略有差别,但'司法审查权'却是各国宪法法院的共同的主要职权"②。

通过宪法委员会或宪法法院实行司法审查的模式比较复杂,不仅因国家而异,而且有的国家还因争讼的性质而异,但归纳起来,主要有三种:

第一,"抽象的原则审查",或叫"预防性审查",是指由宪法法院依照法定程序,对某项法律、法令进行预防性的原则审查,以确定其是否符合宪法。

第二,通过审理具体案件,对有关的法律、法令进行审查,并在判决书上宣布有关法律法令是否符合宪法。这同美国法院的审查方式基本相似。普通法院在审理具体案件中,如遇到有关法律与宪法相抵触,经诉讼当事人的请求或经法院的决定,得将该案件移送宪法法院进行审理。

第三,宪法控诉。任何公民因基本法所保障的基本权利或其他权利受到

---

① 钱伯华.论行政公诉制度[J].法学,1998(4).
② 龚祥瑞.比较宪法与行政法[M].北京:法律出版社,2003:116.

侵犯为理由,可以对某一项法律、法令向宪法法院提起控诉。这种控诉不必等待具体案件发生,也不需要涉及本人利益才提起,只要认为某一项法律侵犯了基本法所规定的公民权利,就可以提出。这种集中、抽象审查模式经历过两个发展阶段。"二战"后的奥地利、德国、意大利、西班牙等西欧国家,掀起了集中、抽象审查模式的浪潮。20世纪上半叶,德、奥、意等国经历了民主政体崩溃、纳粹法西斯政权的梦魇与两次毁灭性的大战后,正式告别立法者万能的崇拜,同时也受到美国人权保障与有限政府宪法思潮的影响,而在战后的新宪法中,注入法治国的新理念,要求民意代表所制定的法律,也应受基本权的直接拘束。如《德国联邦基本法》第1条第3款明确规定,"下列基本权利拘束立法、行政及司法而为直接有效之权利"。基于惨痛历史经验的反省,欧洲学者与政治人物也体会到,缺少强而有力并独立的法院,是导致战前与战争中残害人权事件一再发生的主要原因之一,他们甚至认为,当初如果存在有强大并独立的法院,民主政体就不至于被纳粹法西斯所取代,因而开始承认法律违宪审查制度不仅有助于人权保障,也有利于议会民主制度的维系。

1958年《法国宪法》第34条将法国议会的立法权限限制在"必须以法律规定"的列举事项之内,"凡列举以外的事项由行政用条例制定。作为行政行为根据的普遍性规则,主要由条例规定,而不是由法律规定"①,政府制定条例的权力范围广,且有充分的保障。国民议会制定的法律不得侵犯属于条例的权限,否则,政府可以请求宪法委员会宣告法律违宪,而不被接受和执行。条例被视为单方面的行政行为,而当然适用一般行政行为的法律制度,对其司法审查由行政法院管辖。"条例不论其效力如何都是行政机关的行为,行政机关的行为除极少数情况以外,都受行政法院管辖。"②

在法国,行政法院不属于司法机关,而属于行政机关。因此,行政法院对行政行为的监督非常广泛,不会发生司法干预行政的问题,行政法院对条例享有广泛的监督权。最高行政法院初审管辖权中包括对条例的审查。公民、法人或其他组织认为行政主体的具体行政行为违法提起司法审查时,一并对具体行政行为所依据的行政规范的合法性提出审查请求;撤销总统和部长会议的命令的诉讼,包括普遍性的条例和具体性的处理在内,撤销部长制定的行政

---

① 王名扬.法国行政法[M].北京:中国政法大学出版社,1988:140.
② 王名扬.法国行政法[M].北京:中国政法大学出版社,1988:145.

条例的诉讼。① 在法国,利害关系人认为条例违法时,可在条例公布后2个月内向行政法院提起诉讼,也可以在任何时候在其他诉讼中,主张条例无效。德国的相关法律也规定一项行政法规在其生效之后,就可以接受审查。当然也可以在其他诉讼中附带提起对行政法规的审查。

法国行政法院对行政行为的司法审查采用的最重要的制度是越权之诉。越权之诉是当事人因行政机关的行为侵害其利益,而请求行政法院审查该行政行为的合法性,并撤销违法的行政行为的救济手段。行政条例除极少数情况以外,都在越权之诉的范围。法国行政法院传统上把越权之诉的违法形式分为四项:无权限、形式上的缺陷、权力滥用、违反法律。②

德国现行的司法系统宪法法院和普通法院两大类法院组成。普通法院由一般法院(民事法院和刑事法院)、行政法院、劳动法院、财税法院和社会法院组成。德国行政法院与法国行政法院不同地方在于,法国行政法院属于行政机关系统,而德国的行政法院属于司法机关,这点与法国不同。

德国虽然是联邦制国家,但在立法体制上,则是以联邦议会为中心的一元立法体制国家,行政机关发布法规命令必须有法律的明确授权,同时必须接受司法审查。其司法审查包括直接审查和间接审查两种方式。直接审查指当事人认为法规和规章违反《基本法》,诉至联邦宪法法院,由联邦宪法法院直接审查其合宪性的法律制度。间接审查则指行政法院在审理行政案件中附带地审查委任立法是否越权。因此,在德国一项行政法规在其生效之后,就可以接受审查,当然也可以在其他诉讼中附带提起对行政法规的审查。

(2)普通法院审查制度

司法审查权由普通法院主要是最高法院来行使,最高法院不但有解释和适用宪法的权力,而且有依照它所解释的宪法来审查立法、行政和其他国家机关的行为,以及下级法院的判决是否有效的权力,可以对上述机关的行为作出是否符合宪法的裁决。普通法院行使司法审查权的方式,主要是在审理具体诉讼案件时,审查其所适用的法律、法规是否违宪。也就是普通法院在审理具体个案过程中,附带审查所适用的法律、法规的合宪性,如认定其违宪时,则拒绝予以适用。按照"不告不理"的原则,如果法院没有遇到具体诉讼案件,就不能主动去进行审查,也不能以假设的事实为根据,像专门法院审查模式一样对法律、法规进行预防性审查。只有在初审或上诉审的案件中,当事人就某项法

---

① 王名扬.法国行政法[M].北京:中国政法大学出版社,1988:615.
② 王名扬.法国行政法[M].北京:中国政法大学出版社,1988:671.

律法规的合宪性问题提出了异议,法院才能在具体判决中对有关法律、法令的违宪性问题一并作出裁决。

美国是通过普通法院进行司法审查制度的代表。就行政行为司法审查而言,美国法院对行政机关的行为进行司法审查的范围非常广泛,既包括对具体行政行为进行审查,也包括对抽象行政行为的法律审查。也就是说,法院既要审查行政机关制定的法规、规范性文件的内容是否违反宪法、法律,也要审查行政机关作出的法规、规范性文件是否有合法的授权,还包括对行政机关制定法规、规范性文件的过程是否符合法定程序等法律问题进行审查。因为美国是属于判例法国家,其司法监督有两种类型,一种是在判例中形成的,一种是法律明确规定的;一种是直接审查,一种是间接审查。法律明确规定的具体方式有二:①

第一,请求法院发布禁止令之诉。在法规已经颁布,还没有正式实施或还没有造成相对人实际损害之前,行政相对人认为相应法规越权、违法,将导致其权益重大损害时,可请求法院发布禁止令。

第二,直接提起司法审查之诉。法规已颁布,且已实施和已实际造成了相对人的损害时,相对人可请求法院对法规进行审查,宣布被指控的法规无效和撤销该法规。美国式的司法审查对资本主义各国的宪政产生了很大的影响,尤其是美洲、英联邦国家,比较普遍地建立了美国式的司法审查制度。诸如澳大利亚、挪威、加拿大、丹麦、瑞典、印度等国都建立了这样的制度。拉丁美洲的哥伦比亚、玻利维亚、智利、洪都拉斯等国也建立了美国式的司法审查制度,尽管具体做法与美国不尽相同。②

英国标榜"议会主权",议会地位在法律上高于行政和司法部门。因此,在英国不存在普通法院审查立法违宪性问题,普通法院无权审查和宣布某项立法为违宪。但是,英国也有司法审查制度,它是指高等法院审查行政行为、命令和下级法院的判决是否违法。英国的法院虽然不能审查法律的合宪性,但对委任立法却可以进行严格的控制。为了防止委任立法越权破坏议会主权原则,将委任立法严格限定在授权范围内,法院有权对委任立法是否越权进行司法审查。英国没有专门的行政法院系统。对委任立法的监控,由普通法院通过普通法诉讼程序进行。当事人对行政主体依据条例而作出的决定不服时,

---

① 林广华.违宪审查制度比较研究[M].北京:社会科学文献出版社,2004:80-83.
② 林广华.违宪审查制度比较研究[M].北京:社会科学文献出版社,2004:81.

可以向高等法院王座分院提起诉讼,并且可以请求法院宣告该条例无效。英国对条例、规则、规定等各种形式的行政管理法规的司法审查,主要是依据越权原则进行的,即行政机关制定的法规如果不在法律授权范围以内就是越权的行为,该行政管理法规将会被法院宣告无效。英国主流行政法理论认为,越权原则是英国行政法的核心原则,它构成了司法审查的一个充分且必要的理由。其必要性体现在司法干预的任何理由要能被接受都必须与越权原则保持一致,其充分性体现在司法干预的任何理由只要与越权原则保持一致,就不再需要对其正当性进行进一步的考察。[①]

由于越权原则的范围大,内容丰富,加上英国又没有一部成文法来具体规定越权的内容,因此英国法院通过判例将越权原则的内容发展为:违反自然公正原则,程序上的越权,实质的越权。[②] 我国有的学者进一步将越权原则再分解为以下几种情形:违反管辖条件;违反明确的法定程序;不正当的委托、不合理、不相关的考虑;不适当的动机;违反自然正义,案卷表面错误。"越权原则成为了英国法院控制行政权的几乎统揽一切的原则。"[③]有中国学者则将英国对行政管理法规司法审查的标准概括为:合法性、程序正当性、合理性,凡是不合法、违反自然公正程序、不合理的行政行为,均属于越权行为而归于无效。[④]

(3)两种模式的比较与启示

第一,两种不同模式是法律文化传统和政治基础不同的结果,集中起来主要有以下几点:

首先,政治和法律方面的原因。欧洲大陆法系的一些国家在资产阶级革命过程中,依据人民主权理论和民主思想,形成了立法权优越的政治理念,并以此建立了相应的政治体制,基于根深蒂固的权力分立传统,以适用法律为天职的法官不应有权审查具有直接民主正当性基础的国会所制定的法律。

其次,对司法权不信任的政治心理。从历史上看,欧洲大陆许多国家的法院曾隶属于国王,是封建国王实行专制的工具和帮凶,同时在资产阶级反对封建专制的革命斗争中起到了阻碍作用,使得这些国家的资产阶级在内心深处

---

① 李洪雷.英国法上对行政裁量权的司法审查——兼与德国法比较[C].行政法论丛.第6卷.北京:法律出版社,2003:339.
② 王名扬.英国行政法[M].北京:中国政法大学出版社,1987:151.
③ 姜明安.外国行政法教程[M].北京:法律出版社,1993:160.
④ 傅思明.中国司法审查制度[M].北京:中国民主法制出版社,2002:53.

怀疑法院而信任议会,对法院始终持不信任的态度。①

再次,大陆法系国家缺乏统一的法院系统。与英美法系单一的法院系统相比,统一的成文法典限制了法官的造法功能;大陆法系国家则根据所要解决的纠纷的性质不同而建立不同的法院系统,如允许法院审查法律是否违宪,可能会造成不同法院间对法律评价的矛盾;不存在英美法系的"遵循先例"原则,法院对法律效力的认定不具有约束力。

最后,欧洲普通法院的法官无力实施违宪审查。从法官的资历、选任的方式、职业训练及任职保障上,并不能胜任司法审查中价值取向的准政治功能。

第二,市民自治与国家干预的理念不同。

美国学者莱兹(John C. Reitz)用政治经济学观点阐述了西欧为何舍弃美式分散、具体的审查模式,而采用集中、抽象审查的原因。莱兹认为,违宪审查采用何种模式,与各个国家传统上对国家所扮演角色的认知有密切关系。

传统上美国对法律、公共部门与国家采取一种自由市场、反对国家经济统制的立场,因此就采取由人们向普通法院请求作违宪审查的分散、具体审查模式,不允许国家机关单纯以维护客观宪政秩序为理由申请抽象审查。而西欧的德国与法国传统上则刚好与美国相反,都对国家整体具有一种中央统制的倾向,当国家对社会与经济扮演越重要角色,就越有由国家机关发动,并只允许特定司法机关作违宪审查的强烈倾向,法国中央集权统治色彩最强,因此只允许少数政治部门的政治精英有申请法律违宪审查的权限,一般人民根本没有机会。②

德国政治经济属温和型中央控制,因此同时允许机关申请的抽象审查与人民申请的具体审查(指宪法诉愿)。莱兹进一步指出,抽象审查在一定程度上也与监护主义(paternalism)有牵连关系。分散审查制度要求其市民,是作为一个"勇敢的"(tough)市民,愿意为捍卫自己权利甘冒走上法院的风险,而不是懦弱地只会期待、要求国家监护主义的臂膀来照顾他的子民。或许,美国的政治文化比欧洲更敌视监护主义,且反监护主义确实较有可能倾向于分散、具体审查,因为既然不信任国家机关,确实很难想象会再授予国家机关主动申请解释宪法的任务。相反,监护主义倾向者也确实较有可能采集中、抽象审查,因为在监护主义下,确实较有可能允许政治部门在人民根本没有意识到权

---

① 王广辉.通向宪政之路——宪法监督的理论和实践研究[M].北京:法律出版社,2002:263.

② 胡建森.比较行政法——20 国行政法评述[M].北京:法律出版社 1998:361-364.

利受侵害之间的距离逐步缩小。①

在美国的影响下,司法审查制度呈现出趋同化的趋势。日本是其中最为典型的实例。日本属于大陆法系国家,"二战"前日本的行政法和行政诉讼法均以德国理论为基础,"二战"后则受美国影响较深。"二战"后日本的司法权限与战前相比,无论性质上还是范围上都有显著的变化。战后日本的行政诉讼体制属于混合制。在法院设置上,采用以英美国家为代表的单轨制,即没有设置专门的行政法院,而是由普通法院审理行政案件;在诉讼程序上,则实行与审理民事案件适用不同的专门的行政案件诉讼程序。法院行政诉讼的受案范围比战前行政法院的受案范围更为广阔。对行政诉讼的范围,根据其1962年《行政诉讼法》的规定,公民对于行政主体行使公权力的行为不服,均可提起抗告诉讼,无须法律列举,即采取概括主义的方式加以确定。司法审查权限的扩大,还表现在法院对法律、命令、规则等作违宪审查的权限上。《日本宪法》第81条规定:"最高法院为有权决定一切法律、命令、规则以及处分是否符合宪法的终审法院。"最高法院于1950年宣布,低于它的法院也有审核合乎宪法的权限;接着又于1952年宣布,法院应当在审判具体案件时才审查有关法律、法规等是否合乎宪法,明确附带审查的方式。②

因而,尽管日本采用了美国式的附带审查模式,但由于社会和制度的背景不同,其实际做法体现了其自身的特色。分权化的司法审查到1975年就名存实亡,最高法院实际上起到宪法法院的作用,但并没有采取德国式的抽象性审查的模式,而是通过具体诉讼案件的判决进行部分问题的附带审查。另外,审查的重点则从立法转移到防止行政权力对人权的侵犯,在整体上倾向于司法消极主义,这种做法似乎介于美国模式和战后德国模式之间。③

四、行政规范性文件司法审查的标准

(一)司法审查标准概述

对于"司法审查标准"的概念,各国的表述形式各不相同。在美国,直接使用"司法审查标准"的制定法不多见,只是在《移民与国籍法》写到"司法审查的标准"(Standard for judicial review)。在行政法上则往往用"审查范围"(scope of judicial review)来表示"审查标准",例如,美国学者往往表述为:"审

---

① 胡建淼.比较行政法——20国行政法评述[M].北京:法律出版社 1998:361-364.
② 胡建淼.比较行政法——20国行政法评述[M].北京:法律出版社 1998:361-364.
③ 季卫东.合宪性审查与司法权的强化[J].中国社会科学,2002(2).

查范围规则的作用是告知法院对行政活动审查的深度或程度,告知法院对相关可以以自己的观点替代行政机关看法的自由度"①。

大陆法系国家则通常用"司法审查密度"代替"审查标准"的表述,它表达的意思是指"行政法院监督行政行为可以到什么程度",也就是司法审查的程度。在我国,罗豪才教授最早提出"司法审查标准"的概念,在其主编的《中国司法审查制度》一书中,首先使用了这个法律术语。他认为"司法审查标准"是指我国《行政诉讼法》第54条规定的几项判决条件,对"司法审查标准"的具体含义却没有作更为具体说明。

实质上,审查标准意味着法院对受到指控的行政规范性文件判断的尺度,也就是说法院能在多大程度上对行政规范性文件进行审查,包括审查哪些方面及对这些方面审查的纵深程度,学界称之为审查强度、密度。对美国司法审查制度则称之为司法审查的范围(scope of judicial review)。② 在两大法系的司法审查中,审查标准都是一个复杂的问题,学界与实务界都没有形成统一的观点。

在英国,法院的审查标准包括普通法中的标准及制定法中的标准两类,前者包含自然公正原则。委任立法如违反自然公正、程序错误、不合理、错误的目的或恶意等将被宣告无效,后者则包括程序越权、直接与授权法相矛盾等。

在美国,法院审查的标准则区分法律问题标准和事实问题标准。根据联邦行政程序法第706节的规定,对全部有关的法律问题,最后决定权属于法院,不属于行政机关。但根据谢弗朗斯诉自然资源保护委员会案的判决,法院只审查行政机关的法律解释是否合理,不能用法院认为是正确的解释代替行政机关合理的解释。就事实问题标准而言,不同程序制定的行政法规适用不同的标准,如按正式程序制定的行政法规,适用实质性证据标准,即行政机关制定行政法规的事实证据应是可靠、合理和有证明力;按非正式程序制定的行政法规,则适用任性、专横、滥用自由裁量权的标准。七十年代后对非正式程序制定的行政法规提出了严格要求的审查(hard look review),要求法院说明制定的目的、理由,并提供足够的记录供法院审查等。③

当然,美国学界对于区分法律问题和事实问题的正当性一般从两个角度

---

① 杨伟东.行政行为司法审查强度研究—行政审判权纵向范围分析[M].北京:中国人民大学出版社,2003:6.
② 王名扬.美国行政法[M].北京:中国法制出版社,1998:673.
③ 王名扬.美国行政法[M].北京:中国法制出版社,1998:703-704.

去论证。一是从历史渊源来阐释。美国的司法审查继承了英国的司法传统,行政机关在司法审查中的地位相当于普通诉讼中的陪审员,法院审查陪审员的决定时区别法律问题与事实问题。对法律问题进行全面审查,审查陪审员的决定是否正确;对事实问题进行有限的审查,只审查是否具有实质性的证据支持。二是从现实需要来证成。行政官员和司法官员是不同的专家,不能要求法官具备各种行政专业知识和经验。行政事实的裁定属于各种行政专业知识和经验范围之内,应由行政机关负主要责任,法院只能处于监督地位。但是,关于何为法律问题、何为事实问题的具体标准,却一直没有非常确定的标准。大致来看,事实问题是指客观现象的发生、变更或消灭,或即将发生、变更或消灭,不涉及其法律效果和意义。因此,行政机关对某个法律条文抽象的解释和法律适用一般属于法律问题,而对具体的事实判断和裁决一般属于事实问题。当然,这一笼统的标准在司法实践中会遭遇很多的难题。

属于大陆法系国家的德国,不像美国等英美法系国家一样,严格区分法律问题与事实问题。在1970年以后,德国联邦宪法法院对案件的审查转向如何审查受争议的法律规范的"立法事实"上。同时,"联邦宪法法院也在适用比例原则审查'立法事实'的时候,提出了不同的审查标准,此后也广泛运用在行政命令的审查上。具体的审查标准则由德国联邦宪法法院在1979年3月1日的劳工企业参决权判决中整理出来,即'强烈的内容审查''可支持性审查''明显性审查'等三种宽严有别的审查标准",①为联邦行政法院及州的各级行政法院所接受,已成为共识,广泛适用于命令违法的审查上。由于这种分类法有其相当程度的普遍适用性,基本上不致因国情、法系有别而大幅降低其陈述力,值得参考。②

1.强烈的内容审查。这是所有审查标准中最严最强的一种。依此审查标准,法院必须对行政法规内容作具体而详尽的深入分析,如果法院无法确信法规制定机关的评价是正确的,举证不利的后果就应由行政机关负担。这种审查标准的最大特色就是将举证责任归由行政机关一方负担,换言之,行政机关如欲脱免法院的指摘,必须能毫无疑问地证明其所为评价合乎法律授权的内容、目的与范围。

---

① 陈玲.行政规范性文件审查标准研究[D].广州:广东商学院硕士学位论文,2011:9-14.
② 许宗力.订定命令的裁量与司法审查[C].当代公法理论——翁岳生教授六十诞辰祝寿论文集.台北:月旦出版公司,1997:313-316.

如果立法机关的规范性指示非常明确，大幅缩减行政机关自由裁量权行使的空间，同时又没有任何支持法院从宽审查的决定因素存在，法院就应适用此强烈的内容审查标准。另外，对原属法律保留范围，应经法律授权但实际未经法律授权的"事实上"的独立性命令，以及根据空白授权条款制定的命令，因根本未经立法机关的第一层监督，或即使有监督，但实际上不存在，行政权有僭越立法者地位以命令代替法律的因素，法院在此情况下应适用强烈的内容审查标准，以弥补立法机关监督的不足。

2.可支持性审查。可支持性审查标准的强度低于强烈的内容审查标准。根据该审查标准，法院必须审查行政规范的内容是否出自合乎事理并且可以支持的判断。这种审查标准准许法院对规范的制定机关所作评价进行实质审查，但依然对行政机关的形成自由给予相当程度的尊重。也就是说，只要能找到理由证明行政机关的评价是合乎事理、可以支持，或者换一个角度说明，只要行政机关的评价在多种可能合乎事理、可以支持的评价范围或频宽内，法院就应予以尊重，不得擅加指责。可支持性审查标准是一项"中庸"标准。根据扣除法，凡明显不具备强烈内容审查要件和明显性审查的行政规范，都适用可支持性审查标准。一般而言，凡同一命令上支持从严与从宽审查的数个对立判断因素同时存在，法院皆应适用可支持性审查标准审查之。可以想象，可支持性审查标准应是适用频率最多的一项审查标准。

3.明显性审查。所有审查标准中，明显性审查最宽松。依此审查标准，只有当行政机关表现在命令中的评价明显可以反驳、明显错误、明显不合乎事理，没有任何观点可以支持其最低限度的合法性时，法院才能认为其违法。对不明显的轻微错误，法院不加以指责。这种审查标准的适用将法院的监督功能局限在基础的、重大的违法上面。选择最宽松的明显性审查标准，主要考虑立法者具有直接民主正当性。只有当某类判断因素的存在足以弥补命令制定机关相较于立法者所呈现出来的民主正当性的"落差"时，才有资格享有与立法裁量相同的从宽审查的优待。该标准只存在于国会就命令的内容保留同意权或废弃请求权的场合。此外，如果立法机关要求特定命令必须由专家或反映社会多元利益的代表组成的独立委员会，遵循一定程度让利害关系人参与意见的公开程序订定，也可认为立法机关在此赋予行政机关一定的独立形成、决定余地，此时法院仅对命令内容作最宽的明显性审查。

上述三种标准只是在原则上提供了司法审查时的选定标准，"这种选择标准则、绝非也不应如数学公式般地僵硬与绝对。因充当判断准据的各种不同规范功能结构因素对审查标准之选择的影响力无法轻易量化，基本上应只能以情况证据视之,也就是说法院在个案审查时,并非不能对各该存在的决定、判断因素施以评价,个别赋予不同的分量,最后再对不同审查标准的选用作出抉择。"①

(二)合法性审查标准

1. 是否超越职权

国家机关有自己的职权范围,只能在各自的职权范围内活动,超出其法定的职权范围,其行为无效,该标准同样适用于行政规范性文件。行政超越职权,简称为行政越权,是指行政主体超越其法定行政职权(权限和权能)的违法行政行为,可分为行政权限逾越即逾越行政管辖权和行政权能逾越两大类。行政权限逾越是指"行政主体的行政行为在层次、地域和事务的一方面或几方面逾越该主体职权的情形"。基于权限的内容,行政权限逾越又可为:(1)事务管辖权逾越。即行政主体超越自己的业务主管管辖了不属其法定业务范围的事务。(2)地域管辖权逾越。指行政主体的行政行为超越了法定的空间范围。(3)层级管辖权逾越。它表现为有直接或间接隶属关系的上下级行政主体之间一方行使了属于另一方的行政权力。行政权能逾越,是指行政主体的行政行为超出了其法定权力主体限度的情形。根据各种权能性质的差异,行政权能逾越分为以下几类:一是行政主体拥有某项行政权能,但其行政行为超越了该行政权能的法定幅度或限度。二是行政主体不拥有某项行政权能,但其行政行为却是该行政权能的表现。三是行政主体不拥有非行政性国家权能,但其行政行为却是该非行政性国家权能的表现。四是行政主体的行政行为根本无任何国家权能的基础。② 制定行政规范性文件的主体必须是依法成立的行政机关。同时,制定规范性文件的行政机关必须恪守法定的职责范围,否则就构成行政越权,导致该规范性文件无效。

2. 是否违反法律保留原则

违反法律保留原则的要求,"增加公民、法人和其他组织的义务或者限制剥夺公民、法人和其他组织的合法权利的行政规定不合法"。依"侵害保留说"的观点,"没有法律、法规、规章的规定,行政机关不得作出影响公民、法人和其他组织合法权益或者增加公民、法人和其他组织义务的决定"。《监督法》中

---

① 许宗力.订定命令的裁量与司法审查[C].当代公法理论——翁岳生教授六秩诞辰祝寿论文集.台北:月旦出版公司,1997:313-316.

② 胡建淼.行政违法问题探究[M].北京:法律出版社 2000:272-279.

"超越法定权限,限制或者剥夺公民、法人和其他组织的合法权利,或者增加公民、法人和其他组织的义务"的禁止性规定,为行政规范性文件的内容是否合法的审查提供了明晰的审查标准。在法律保留的领域,行政规范性文件不得进行设定,这是防止行政机关以行政规定的方式侵害公民重要权益并侵蚀立法权。由于尊重和保障公民自由权利是行政规范性文件合法性的实质要件,因而,对公民重要性的基本权利予以法律保留,是行政规定应当恪守的前提。

此外,从"积极行政"和"消极行政"的要求出发,遵循行政合法性原则,强调依法行政并非一味地限制行政活动。对于损益性行政行为,如行政处罚、行政强制、行政征收等,必须有法律、法规、规章作依据,不能以行政规范性文件作为依据,"没有法律规范就没有行政"。"对于那些对相对人的权利义务不产生直接影响的事实行为,如行政指导、行政咨询、行政建议等,一般不需要有法律、法规、规章作为授权依据,行政规范性文件可以规定,在法定权限内积极作为,'法无明文禁止即可作为'"。[①]

当前比较突出的问题是:在行政征收、行政补偿等领域,行政机关以自己制定的行政规范性文件为裁量基准;在法律规定之外,权利往往被行政规范性文件加以额外限制;各地从自身经济状况出发,以行政规范性文件的方式对经济、社会和文化权利予以限制甚至剥夺。从法律保留的法治原则看,这些现象必须加以改正与杜绝,否则,将阻碍依法治国的进程。

3. 是否同法律法规相抵触

"不抵触"原则,"是指人民法院审查行政规范性文件的内容,以不抵触宪法和上位法作为合法的标准"。"不抵触"原则对应的是"依据"(或曰"根据")原则。"依据"原则是指下位法的各项规定应当来源于宪法和上位法,行政机关不能制定没有宪法和上位法"根据"的条款。"不抵触"原则意味着行政机关在制定行政规范性文件时拥有更多的自主权,法院在审查行政规范性文件时必须更多地尊重此自主权。人民法院只审查其是否上位法"相抵触",而不是代替行政机关进行审议,更不是对行政规范性文件是否必要、结构是否合理、表述是否得体、文字是否简练等进行审查。行政规范性文件不与上位法相抵触主要是指:不能直接与上位法相抵触;不能与法律原则、法治精神相抵触;不能没有法律法规及规章授权而增加相对人义务或负担或者限制相对人的权利,除非是为了公共利益的需要。

---

① 罗豪才. 行政法学[M]. 北京:北京大学出版社,2001:23.

借鉴法国的有关条例的法律制度,对于执行性的行政规范性文件,由于其目的在于执行和解释法律的规定,当然不能同它所执行和解释的法律相抵触,也不能和其他法律抵触。创设性的行政规范性文件所规定的事项是法律范围以外的事项,它的效力不由法律规定,因而只受宪法的限制。但当它所规定的事项如果和法律所规定的事项有牵连时,法律的效力高于行政规范性文件。此外,还应受法的一般原则的限制,主要是指这样一些原则:"公民的基本自由权,公民的各种平等权,包括法律面前、租税面前、公务面前、公共负担面前及其他方面的平等在内,为自己辩护权,不溯既往原则,既判力原则,不当得利返还原则,比例原则等"。①

4.程序和形式合法的审查

合法性包括依法定程序和法定形式。起草、预告、征求意见、听证、审核、签署、公布、备案等环节是行政规范性文件制定程序中的基本内容。根据前文有关规范性文件制定程序的阐述,行政规范性文件涉及的内容、性质、范围不同,制定的程序要求也会有所差别,除特殊事项可免除公众参与程序以及在紧急状态下可适用简易程序外,正常的行政规范性文件的制定应遵循"正当程序标准",即审查行政规范性文件的制定是否遵循了法律规定的最起码的程序:事前是否进行了告知,是否提供了公众参与的机会,对公众的评价意见是否进行了适当的考虑等等。未遵循此正当程序的行政规范性文件无效。

(三)合理性审查标准

1.合理性原则

依据学界的普遍观点,除了行政处罚外,行政诉讼只审查行政行为的合法性而不审查行政行为的合理性。并且此处所讲的合法,也就是指行政行为要有明确的法律依据。这种观点把合法性原则与合理性原则完全对立起来,过分、绝对地理解了两个原则的区别。合理性原则要求行政行为客观、适度、符合理性,虽然没有表现在法律的具体条文中,却包含在法的原则、法的目的、法的精神之中,违反法的原则、目的、精神同样也是违法。由此可见,合理性原则其实涉及的是更深层次的合法性问题。随着社会的发展,行政活动越发纷繁复杂,必须赋予行政机关一定范围的自由裁量权,因而不可能对每一种行政行为及其每一个方面都作详细具体的法律规定。但是现实让人们认识到行政机关的自由裁量权极有可能违法,行政机关并不是按照法律的规定正确地行使

---

① 王名扬.法国行政法[M].北京:中国政法大学出版社,1988:145-146,212.

自由裁量权。为了保障人民的权益,对合理性加以审查实属必要。

如果不探究法律的原则、目的、精神,仅仅机械地拿某一行政规范性文件的条文与法律条文进行对比,那么对行政规范性文件审查只是句空话。在目前法治状态下,各种法律广泛授权行政机关制定行政规范性文件,而且这些授权大多都是概括性的授权,对授权的内容、目的、范围极不明确,再加之法律本身的规定又过于原则,如果审查只是将行政规范性文件的条文与法律的条文进行对比,人们难以证明行政规范性文件违法。显然无法达到司法监督目的。

借鉴国外有益的经验,我国行政规范性文件司法审查的标准,除了实体违法标准和程序违法标准之外,也应考虑合理性。合理性的审查标准包括不合理、不适当、滥用自由裁量权等。如果行政机关为达到某一行政管理目的而对人民造成了过重的负担,那么行政规范性文件就违反比例原则,即存在不适当、不合理的情形。法院在审查过程中具体考虑制定该行政规范性文件是否能够达到行政机关所追求的目的,为达到该目的,制定该行政规范性文件是否选用的是对人民权益侵害最小的,以及衡量该行政规范性文件所能达到的利益与其损害的利益是否成比例,一般具有正常理性的人能否对此表示认同。如果行政机关制定行政规范性文件,不是为了维护公益和公民的合法权益,达成某种有利于社会的行政管理秩序,而是为了实现本单位、本部门、本地区的甚至是私人的不正当利益,或有其他不正当目的,则行政机关存在恶意。如果行政机关在制定行政规范性文件时,同等情况不同对待,不同情况相同对待,对事实情况的考虑专断、反复无常,不考虑相关因素,或者考虑不相关因素等,则都可认为是行政机关在滥用其自由裁量权。

2. 司法审查的标准

从法的正义、理性的价值出发,我国应当扩大合理性审查标准的适用范围,加深行政行为司法审查的程度,使合理性成为与合法性标准相并列的行政行为审查的基本标准。这既体现了世界各国行政行为审查标准发展的共同趋势,顺应了现代行政法治已从传统的形式主义法治发展为实质主义法治的潮流,也是我国行政法治发展的根本要求。"在美国对行政自由裁量权的控制已由单纯的合法性控制向兼顾合法性控制与合理性控制转变,合理性标准已成为行政行为司法审查的重要标准。"①

"纵观世界各国司法审查范围的变迁,经历了由合法性审查到以合法性审

---

① 王学栋.中美行政行为司法审查标准的比较与反思[J].河北法学,2004(11).

查为主,辅以合理性审查的过程。这一过程凸显了人们对行政权控制不断深化的理念,也表明了司法能动主义的积极意义。随着法治、民主思想不断深入人心,司法审查的范围势必会加深。"①

因此,确立合理性审查的具体标准就显得尤为重要。为此,我国可以借鉴国外的经验,如德国的比例原则、英国的越权无效原则,在立法中明确规定"不合理"的表现,如:目的不当、专断与反复无常、考虑了不相关的因素和未考虑相关的因素、不作为和迟延等,从而使合理性审查具有可操作性。

行政规范性文件中的不合理,主要表现为自由裁量权的滥用。所谓滥用自由裁量权,"是指行政主体及其工作人员在职务权限范围内严重违反行政合理性原则的自由裁量行为"。学界已对违反行政合理原则而构成滥用自由裁量权的判断方法及其表现形式,有较深入系统的阐述,足资借鉴。②

行政规范性文件的合理性审查,涉及行政自由裁量权,一般应持克制态度。上述判断标准及表现形式,只有在达到明显程度时,才可构成不合理的判定。尤其当行政规范性文件的内容涉及特定领域事务时,如经济政策管制、专业技术标准等领域,行政机关拥有自由裁量空间更大,法院应主要就行政规范性文件制定的程序、制定主体的独立性和利益代表的参与程度等进行审查。

五、行政规范性文件司法审查的强度

司法审查之所以存在强度问题,主要在于司法审查的特殊性。首先,与民事诉讼中法院对事实问题和法律问题全部审查不同,司法审查的对象是行政权的运行,法院必须处理好权力制约、公正和效率等公法问题,对行政行为各个环节的审查应该体现出层次性。其次,司法审查的深度还与各国法律传统有关,一个明显的例子是大陆法系国家与英美法系国家法院对事实问题审查的不同态度。再次,就个案来说,司法审查的深度往往取决于行政行为各个环节对最终法律结论的影响程度,以及它们所侵害的公民权利性质等因素。法院对受诉行政行为,视不同情况,给予不同程度的审查。正如美国行政法学者戴维斯教授所评论的那样,对特定行政决定的审查范围可以从零扩展到百分之百。法院可以对行政行为的正确与否完全不予审查,或可以自由地重新进

---

① 高秦伟.行政行为司法审查范围的比较研究[J].湖北行政学院学报,2003(5).
② 应松年.当代中国行政法[M].下卷.北京:中国方正出版社 2005,1533-1536.

行裁决。① 因此,就司法审查的深度来说,对行政行为的控制是一个动态的概念,它取决于不同情况下这种控制的必要性。

司法审查的范围是指司法权在多大的边界内、多强的程度上可以对行政行为进行司法控制,其实质就是司法权与行政权的分界。司法审查范围的科学界定,有利于确保行政执法行为的质量及提高行政效率。

司法审查的范围随着法治的发展进程而不断扩大,从某种意义上说,世界近现代的法律发展史是一部司法审查范围不断扩大的历史,这在二战后的法律发展史上表现得尤为突出。司法审查的范围是不是越大越好呢?这也未必,因为过度的司法审查势必会降低行政效率,更令人担心的是,司法审查一旦过分扩张到取代行政权的地步,则会导致"前门拒虎,后门进狼"的局面,所以要提防物极必反,司法审查应安排在适度的范围内。社会生活的多元、多样、多层次性,导致行政事务的复杂与灵活多变,行政自由裁量权的存在是必不可少的。因此,现代行政法发展的主要标志就是如何控制司法审查的范围。

从广义来看,司法审查的范围涉及两大问题:

一是受案范围。即法院对什么样的事件可以行使裁判权,什么样的事件由行政机关做最后决断权,这是行政权与司法权的分野所在。大陆法系的行政法比较重视行政诉讼受案范围的划定。

二是狭义的司法审查范围,即对符合受案范围的具体案件,法院对其审查的强度或程度问题。在此又包括两方面的问题:一是法院对案件是进行合法性审查还是合法性与合理性都予以审查,即法院在审查行政行为时,对行政机关的自由裁量行为等是否具有审查权?二是对符合受案范围的案件,法院是只审查法律问题还是法律问题与事实问题都予以审查?

(一)司法审查与行政自由裁量权的平衡

关于行政自由裁量权的定义,学者们有不同的理解。总的说来,大致可以分为广义的行政自由裁量权和狭义的行政自由裁量权。

广义的行政自由裁量权包括行政机关在行政行为作出的每个环节上的裁量权,包括不确定法律概念的裁量行为、事实的裁量行为、程序的裁量行为以及上述狭义的法律后果的裁量行为,这也可称为总括的行政自由裁量。例如美国学者戴墨克认为,"行政自由裁量权就是指行政管理者自由地进行选择或

---

① Kenneth Culp Davis. Discretionary Justice in Europe and America[M]. Urbana: University of Illinois Press,1976:79-80.

者自由地根据自己的最佳判断而采取的行动"。① 不过,需要指出的是,学者们用狭义的行政自由裁量权的概念,并不一定意味着他们否认行政机关对行政行为作出的其他环节有一定的自主判断、自主选择和自由作出决定的余地,有些学者使用狭义上的"行政自由裁量权"是为了表达特定的含义而已。笔者在这里及本章的其他部分是在广义上使用"行政自由裁量权"这一概念的。

从狭义看,行政自由裁量权是指法律后果的裁量,即行政机关在认定事实的基础上,依照法律的规定,作出行为与不行为的选择以及在有多种行为方式的情况下确定哪种行为方式的权力。持狭义行政自由裁量权观点的学者如德国行政法学家哈特穆特·毛雷尔、美国学者欧内斯特·盖尔霍恩,以及我国学者赵肖绮等。

司法审查的有限原则主要表现在对行政自由裁量行为的审查。行政自由裁量权是指法律授予行政官员在某种情形下依据自己的判断和道德心,而不是依据他人的判断和道德心而作出公务行为的权力。②

在资本主义发展初期,个人主义和自由主义思潮盛行,与这种主导思想相对应,在经济领域,西方资本主义国家普遍奉行自由放任的经济政策。为了防止政府滥用统治权侵犯个人自由、干预企业的自由竞争,政府行为受"形式法治主义"的严格控制,自由裁量权得不到承认,很难有生存的空间。

但是,在19世纪70年代,随着垄断、通货膨胀、导致周期性的经济危机以及大量失业现象的出现,市场经济的缺陷日益暴露出来。在这种情况下,以凯恩斯为代表的一批经济学家主张政府对市场进行干预和调节,该主张遂成为资本主义国家扩张行政权的指导思想。政府干预和调节市场促进了经济的发展,同时也引发了与经济发展相关的诸多新的社会问题,这些社会问题涉及环境、基础设施建设以及城市化所带来的教育、卫生、住房、人口老龄化、贫困救济等。行政权如影随形地跟着它要解决的各种经济与社会问题不断扩张。

由于现代行政事务的复杂性、技术性以及对处理行政事务的效率要求,形式法治主义越来越不能适应时代发展的需要,法律赋予行政自由裁量权势在必行。"法律可以为行政机构规定一些目标,但法律不可避免要给予行政结构以广泛的权力来选择实现这些目标的手段。"③排斥行政自由裁量权的主张已

---

① 赵肖药,张健康.论行政自由裁量权的司法审查[J].山西大学学报,1998(4).
② Black. Law Dictionary[Z]. West Publishing Co. 1979:419.
③ 宛华斌.行政自由裁量权司法审查制度的重构——以保障行政相对人合法权益为视角[EB/OL]. http://www.jsfy.gov.cn/llyj/xslw/2013/09/10125001650.html. 2014-1-23.

经不再有市场。行政自由裁量权一方面使得行政机关可以在法律规定的范围内,根据具体情况合理适用法律,从而作出相对公平的决定,更好地保护行政相对人的权益。但另一方面,也可能为权力滥用开了方便之门,侵害行政相对人的合法权益,特别是授予行政机关宽泛的自由裁量权时。

然而,对行政自由裁量权的接受还需基于对其性质的正确认识之上。戴雪在 1885 年出版《英宪精义》时,在英国当时已存在行政自由裁量权的情况下,仍然坚决反对政府享有宽泛的自由裁量权,在他看来,宽泛的行政自由裁量权与法治是不相容的,甚至可以与法国 18 世纪前的封建专制等量齐观。戴雪的观点在西方国家曾经有着广泛的影响。然而,戴雪的观点自发表以来,特别是自 20 世纪以来,受到了许多学者的批评,他们对行政自由裁量权与法治之间的相容性进行了论证。英国行政法学家韦德认为:"这种武断的观点在今天是不能被接受的……法治所要求的并不是消除广泛的自由裁量权,而是法律应当控制它的行使。现代法治要求尽可能多且尽可能广泛的自由裁量权"。[①]我国学者王名扬教授也认为,法治和人治的区别在于法治反对统治者专横、武断、全凭个人的意志行事的统治方式。但是法治不排除执法人员的主动精神,发挥创造性和积极性,根据自己的判断以最好的方式完成法律的目的。这种方式的人治是法律授予执法人员的自由裁量权,和法治不但不冲突,而且是法治的补充。[②]

因此,从司法的观点来看行政自由裁量权,无论是作出具体行政行为、还是作出抽象行政行为的自由裁量权,都是行政机关的权力,只要这种权力的行使没有超过法定的界限,法院就不应干预。正如英国法官霍尔斯伯爵所言:"立法机关将权力委托给一个具体机构,并授给它行使此权的自由裁量权,法院无权对这种自由裁量权提出异议。"[③]

美国联邦最高法院对控制行政自由裁量权往往表现得比较慎重。在 1984 年美国谢弗林有限公司诉自然资源保护委员会一案中,联邦最高法院详细阐述了它的立场:行政机关在执行法律作出政策选择时,应该被允许行使广泛的行政裁量权。行政机关执行国会制定计划的权力必然要求其提出政策和制定规则以填补国会明示的或默示的空缺……如果国会明确留出空缺让行政

---

① 威廉·韦德.行政法[M].徐炳,等,译.北京:中国大百科全书出版社,1997:55.
② 王名扬.美国行政法[M].北京:中国法制出版社,1995:546.
③ 威廉·韦德.行政法[M].徐炳,等,译.北京:中国大百科全书出版社,1997:63.

机关填补,也就是明确把权力授予该机关通过制定法规来阐释法律的某一具体规定。这样的法规除非是武断的、反复无常的,或者明显与法律相抵触,否则就具有支配性的力量。有时就某一具体问题给行政机关的立法授权是默示而非明示的。在这种情况下,法院也不能以自己对某一法律规定的理解来代替行政官员所作的合理解释。

当然,最高法院的上述观点,遭到了一些学者的批驳。美国戴维斯教授认为"公共行政的主要任务是考虑如何完成政府工作,而非在此过程中如何提高施行正义的质量"。[①]我国学者张千帆教授也指出:"如果允许行政机关自行解释自己所制定的规章,有可能会造成行政机构自说自话,从而损害行政法治。司法控制的缺失可能会造成行政机构任意解释立法,从而违背民主原则,并助长行政机构有意制定模糊规章的不良倾向。司法必须发挥作用对行政自由裁量权进行有效控制,否则,在行政主导的现代社会而实际原因而出现监督缺位的情况下,行政权力就将通过无所不在的自由裁量而成为无法无天、放荡不羁的'利维坦'(Leviathan),其后果是不言而喻的"。[②]

(二)对事实问题和法律问题的审查

从行政程序的角度看,每个行政行为都大致遵循行政主体认定事实、适用法律然后作出决定的过程。在行政诉讼程序中,法院也同样面临事实认定和法律适用的问题。不过,司法审查是法院对行政机关在行政程序中所作出的事实认定和法律适用的合法性与合理性进行审查,法院并不是去重新认定事实和重新适用法律,所以说司法审查是对行政程序的审查而不是重复行政程序。

在国家权力体系中,法院和行政机关有着不同的角色分工。它们所承担的职能和所能够发挥的实际作用也不相同,在事实认定和法律适用的基本问题上也是一样。总体来说,法官作为法律职业人士,是法律方面的专家,在解释法律方面比行政机关应更有经验、也更专业,其作出的解释应更具权威性。而在行政行为的事实认定方面则刚好相反,行政官员是处理行政事务的专家,比法官更富有实际经验。因此,在司法审查中,对行政机关的法律适用和事实认定这两个问题,法院应当采取不同方式,而不宜采取完全相同的审查方式和

---

① Kenneth Culp Davis. Discretionary Justice in Europe and America[M]. Urbana:University of Illinois press,1976:4.

② 张千帆.行政自由裁量权的法律控制——以美国行政法为视角[EB/OL]. http://law.china.cn/features/2010-03/29/content_3437824.htm. 2014-1-22.

审查态度。

1. 对事实问题的审查

行政机关的法律结论是司法审查的对象,但是法律结论建立在事实判断的基础之上,如果行政机关的判断有错误,则会导致法律结论的改变。所以,法院在裁定行政机关的法律结论合法性之前,必须对行政机关的事实裁定进行评判,才能保障法律的正确适用。不过,在对事实问题的审查方面,英美法系国家和大陆法系国家有着不同的做法。

英美法系国家对行政行为的司法审查区分法律问题和事实问题,对法律问题进行审查,对事实问题不予审查。在英国历史上,英国国王起初依靠特权令由王座法庭对下级法院进行控制,下级法院(初审法院)审判实行陪审团制度,事实问题由陪审团负责裁决,所以王座法庭对下级法院裁定的上诉审查只限于法律问题。后来国王特权令作为控制行政机关的手段而被运用时,这一原则也适用于行政机关。行政机关的地位相当于下级法院,王座法庭对行政机关的行政行为的审查就仅限于法律问题。①

美国继承了英国的传统,联邦最高法院最初也把对行政行为的审查限于法律问题,而对事实裁定一概不予审查。美国联邦法院在1907年的得克萨斯州和太平洋铁路公司诉艾比林棉油公司中确立了初审管辖权原则。初审管辖权原则意味着一旦建立了行政机关,并把案件的管辖权交付与它,行政机关就因此而自动取得了对案件的专有初审管辖权,法院因此而丧失对这些案件的初审管辖权。②初审管辖权原则的确立,使法院实际上处于"上诉"审法院的地位,法院对行政行为的审查不进行事实问题的审查就有了更坚实的基础。

英美法系法院仅对行政行为进行法律审的原则之所以能够长期得到遵守,除了上述历史传统外,还有理论的、现实的和政治上的原因。

第一,权力分立的要求。事实裁定原则上被认为属于行政机关的行政职能,法院不是上级行政机关,如果对事实裁定进行审查并且用法院自己的观点代替行政机关的观点,则违背了三权分立的宪法原则。

第二,专门知识的限制。法律审和事实审的区分不仅是宪法原则的要求,而且是一种社会分工的体现。现代行政事务日趋复杂,处理专业性、技术性的行政事务是行政机关的优势。如果法院对事实问题进行审查,"它将发现自己

---

① 伯纳德·施瓦茨.行政法[M].徐炳,译.北京:群众出版社,1986:549.
② 伯纳德·施瓦茨.行政法[M].徐炳,译.北京:群众出版社,1986:446-448.

在医疗学的迷宫中徘徊,或在秘密的药典面前踉跄"。

第三,从司法的实际情况看,由于日益增多的行政案件的压力,法院不可能有足够的时间来审查行政行为的事实问题。

第四,从政治角度看,事实问题的确定常常与政策有关,法官一般避免介入政策之争,以免失去客观公正的立场,有损法院威望。①

第五,从功利方面考虑,事实只涉及个案,而法律涉及一类案件,在司法资源不足的情况下,法官把主要精力集中于法律问题,而不纠缠于耗时的事实问题,无疑会提高司法资源的社会效益。② 另外,法院如果对每个案件的事实问题都重新审查,将妨碍行政效率,造成行政资源的浪费。

需要强调的是,英美法系法院仅对行政行为进行法律审的一个重要基础是英美法系发达的行政程序法。在英美两国,重视程序法是其传统,大量的行政行为需要遵守严密的行政程序,行政程序的各个阶段——调查、听证、公开、公众参与等,保证了对事实的认定建立在牢靠的基础上,因此,法院对事实审查的必要性大为降低。

但是,英美法系法院尊重行政机关对事实问题的裁定,并不意味着行政机关在事实问题上可以恣意妄为,行政行为可以建立在没有充分证据佐证的事实认定上,否则,行政权力将会是专横的,法律就可能成为权力滥用的工具,这在民主政治下是不允许的。因此,为了对行政权力进行有效的控制,英美两国法院根据不同情况,对事实问题进行不同程度的审查。综合说来,英美两国对行政行为所涉及的事实进行司法审查的程度主要根据事实的性质、行政机关用于佐证事实的证据的可信程度,以及事实所涉权利的性质等标准来决定,并确立了相应的审查原则。

从20世纪开始,美国司法实践中对行政机关的事实认定进行了审查。在此之前的理论普遍认为,对事实问题的认定行政机关具有最终的裁定权,行政机关认定的事实法院无权干涉。20世纪以后的理论认为,法院也应审查事实问题。但是采取与审查法律问题不同的审查标准,对待法律问题,法院可以进行完全审查;而对待事实问题,法院尊重行政机关的事实裁定并不对每一个认定的事实都去审查。归纳起来,对待事实问题美国司法实践中所采取的做法如下:

---

① 周永坤.对行政行为司法审查的范围:事实问题[J].法律科学,1996(5).
② 周永坤.对行政行为司法审查的范围:事实问题[J].法律科学,1996(5).

第一,重新审查标准。依此审查标准,审查的强度是最大的,法院独立地对事实问题作出裁定,对行政机关以前认定的所有问题和事项予以重新确认,对行政机关的决定完全不予尊重。审查法院不受行政机关行政记录的限制,还可以通过当事人提供的新证据对行政决定予以重新审查。

第二,恣意裁量权标准。该标准适用于行政机关行使行政裁量权的案件。法院必须审查行政裁量权的行使是否考虑了相关因素。一般来说只要没有出现以下情况,"行政决定应是合理的。这些情况具体表现有这几方面:(1)不正当的目的。(2)忽视相关的因素。(3)不遵守自己的先例和诺言。(4)显失公平的严厉制裁。(5)不合理的迟延"。①

第三,实质性证据标准。美国行政法学家施瓦茨认为,实质性证据是那种可以使理智的人作出裁定的证据。也就是说,"一个理性的人根据行政机关的证据或者全部行政记录能够得出与行政机关相同的决定,就说明这一行政结论具备实质证据的支持,法院就应尊重行政机关的决定。"②

当然,上述三个标准在美国运用得比较多而已,事实上美国从联邦到州法院对事实问题的审查不仅限于以上标准。上述标准是按照法院对行政机关事实认定的审查强度从大到小排列的。总体上来说,在美国,司法审查程序在对行政机关的事实认定上,较多采用实质性证据标准,即一般是合理性审查而不是正确性审查。

与英美法系司法审查对事实问题原则上不审查的传统相反,大陆法系国家的法院有对事实进行审查的历史传统。③ 这一传统在法国仍然居优势地位,只有少数例外,而德国法院历来则对事实享有完全的审查权。法国对行政行为实行双轨制审查体制,除大部分行政行为属行政法院审查外,还有一部分特定的行政行为归普通法院审查。法国普通法院审查行政行为完全适用普通司法程序,法院拥有事实问题的完全审查权。在法国行政法院受理的两种主要诉讼类型中,行政法官对事实问题的审查权不同。在完全管辖权之诉中,行政法官的权力近似普通法院的法官,有权对事实问题进行审查。而在越权之诉中,由于诉种的性质所限,传统的观点认为行政法官只能审查行政行为的合法性,而不能对事实问题进行审查。但这一传统在 20 世纪初被最高行政法院

---

① 王名扬.美国行政法:下[M].北京:中国法制出版社,2005:682-684.
② 王名扬.美国行政法:下[M].北京:中国法制出版社,2005:681-683.
③ 赵保庆.行政行为的司法审查[D].中国社会科学院研究生院博士学位论文,2002:78.

打破。最高行政法院在1914年Gomel案件中,审查事实根据的法律性质;在1916年Camino案件中,审查事实根据的实际存在。现在行政法官对越权之诉中的事实问题,视不同的情况决定是否审查和审查的程度。[①]

德国行政法院对事实的审查采取严格的职权主义方式,《联邦德国行政法院法》对此有相关规定。该法第96条规定:"法院在口头审理过程中进行取证。法院尤其可以以目检、提审证人、鉴证人和诉讼参与人及查阅证书的形式取证;法院在适当情况下可在口头审理之前通过其一名成员作为委托法官进行取证,或向其他某一法院指明具体各项取证名称并请求代为取证。"由此可见,德国行政法院对事实的认定是建立在自己独立的查证基础之上的。

2. 对法律问题的审查

有关法律问题的司法审查涉及法院对行政机关制定规则的解释和法院对行政机关法律解释的审查两方面的问题。依美国《联邦行政程序法》的规定:"审查法院应决定全部法律问题,解释宪法和法律条文的规定。"在美国司法实践中,审查法律的权力一直保留给法院,也就是说,法院对法律问题具有完全的审查权。作为执行法律的行政机关必然要根据自己的理解对法律作出解释,但由于法律规范的抽象性,法律规范只能有一种解释的情况极少。由于"阐明何为法律是司法部门的职权和责任",并且一般说来,在解释法律问题上法院具有相对于行政机关的优势,所以在对法律的解释上,要求法院遵从行政机关的法律解释似乎没有多大理由,在法律解释上法院理当是最后的权威。美国参议员邦伯斯(senator Bumpers)在1979年提出的一项法律修正案中,建议取消对行政机关法律解释的遵从,对所有的行政机关作出的法律结论进行重新审查。[②]

但是,20世纪以来,随着社会经济的发展、科技的进步,行政机关的专业性越来越强,不仅在事实认定方面法院缺乏专业技能,而且在法律问题方面的审查上法院也缺乏一定的专业技能。这就导致了法院介入行政的权力受到的限制比以往更多,对法律问题审查,法院对行政机关合理的解释给予一定程度的尊重。

在司法实践中,法院也不得不对行政机关的法律解释给予一定程度的遵从,一个重要的理由是有关不确定的法律概念问题。议会在制定法律时经常

---

① 王名扬.美国行政法:下[M].北京:中国法制出版社,2005:697,700-701.
② 王名扬.美国行政法[M].北京:中国法制出版社,1995:707.

遇到对将要规定之内容难以把握或定量的情况,因此它就用不确定的法律概念(诸如公共利益、合理、适当、紧急情况等)笼统地加以规定,这实际上就是把作出决策的权力交给了行政机关,由行政机关在执法中对抽象法律概念赋予具体的含义。例如,某一法律规定一个行政机关有权根据市场的供求情况确定合理的电价。至于什么是"合理",有待于行政机关在执法中阐明含义。既然议会不愿意就不确定法律概念所包含的具体内容作出决策而明示或默示地把该项权力赋予行政机关,如果法院非要独立地解释不确定法律概念,法院实际上在帮议会进行决策。而在决策方面行政机关比法院更为合适,因为适当的决策离不开具体的环境。当然,遵从行政机关对法律概念的解释并不意味着法院放弃对法律解释的监督,就像议会听取政府的报告并采纳其合理的建议并不意味着就是放弃监督权一样。司法的价值在于公正和合理。

如果行政机关对法律的解释具有合理性,法院为何不予尊重呢?美国学者伍德沃(Woodward)和利文(Levin)也就法律解释上的部门分工问题提出了他们的看法:"在许多情况下,国会已经明示地或默示地指示行政机关解释和适用法律条文。如果在这些情况下审查法院实行重新审理(denovoreview),它就篡夺了赋予另一个政府部门的权力"。另外,他们还从技术上说明了法院对行政机关的法律解释遵从的理由:

第一,负有执行某一法律主要责任的行政机关,能够在法律各组成部分之间以相互联系的方式,以及对某一具体条文的各种不同理解如何影响该行政机关执行任务等方面积累大量的专门知识。法院忽视这一专门知识来源是愚蠢的。

第二,行政机关对某一法律条文的理解有时是成年累月慎重思考的结果。法院不应该忽视行政机关所提出的潜在有用的逻辑分析,这是行政机关在法院之前投入了大量资源的结果。[1] 行政机关所具有的专门知识和丰富的经验是偶尔遇到某一问题的法官难以比拟的。

但在谢弗朗(Chevron)案后,[2]法院对行政机关的解释予以尊重的理论基础发生了改变。以前的解释认为,因为行政机关比法院更有解释优势,所以法院应尊重行政机关的解释。但是,法院在专业性方面的欠缺并不能合理地解

---

[1] RIEHARD PIEREE JR, SIDNEY A, SHARPIRO, PAUL R. VCRKUIL. Administrative Law and Procedure[M]. the Foundation Press Inc,1985:377.

[2] 王名扬.法国行政法[M]. 北京:中国政法大学出版社,1988:703-705.

释法院应尊重行政机关的解释,在谢弗朗案的判决中,法院转而援引民主理论来论证法院应尊重行政机关解释。

"该案争议的问题是1977年清洁空气修正法中'固定的污染源'一词的解释。法律没有明确界定该词的含义。环境保护署制定一个执行法规,对'固定的污染源'解释为以工厂作为污染单位。自然资源保护委员会反对该解释,认为应当以每个污染来源如每个烟筒作为污染单位,并请求法院撤销这个法规。上诉法院认为环保署的解释错误,撤销了该法规。最高法院撤销了上诉法院的判决,并且说明审查法律解释的标准。该案确立的规则是:解释法律的权力已经从法院移转于行政机关,法院只能审查行政机关的法律解释是否合理,不能用法院认为是正确的解释代替行政机关合理的解释,法院的作用仅仅是监督行政机关的解释,撤销行政机关不合理的解释。所谓不合理的解释,主要是指不符合法律的目的,不考虑相关的因素,而考虑了不相干的因素等权力滥用、专横、任性现象。由此可知,该案对法院提出的要求,不是重视行政机关的解释,而是必须接受行政机关合理的解释。"①

该案反映出来的理念是:"第一,法律的解释不单是技术问题,往往涉及政策的选择。决定政策的权力属于国会和行政机关,不属于法院。第二,行政机关对它所执行的法律比法院熟悉,由行政机关解释能适应具体情况。第三,由行政机关解释,全国统一。法院分布各地,不同的法院对同一法律问题可能作出不同的解释。第四,行政机关受总统领导,对选民间接负责,法院不对选民负责。第五,行政机关解释法律的权力,仍然处在国会的限制和法院的监督之下。法院仍可以撤销行政机关不合理的解释。第六,行政机关只能对他负责执行的法律和由他制定的法规具有解释的权力。"②

谢弗朗案是美国当代行政法的重大发展。在该案中美国联邦最高法院所确立的一系列新规则,尚未被新的判例推翻,同时还得到国会的认可。

从以上的分析可以看出,对法律问题的审查,美国司法界的主流态度是弱尊重。"这一司法态度体现了对行政机关管理积极性的尊重,体现了对行政机关的监督与控制,是司法能动主义下司法克制的表现"。③

德国著名行政法学者巴霍夫、沃尔夫和乌勒等则主张,法院对不确定法律

---

① 王名扬.法国行政法[M].北京:中国政法大学出版社,1988:703-705;陈玲.行政规范性文件审查标准研究[D].广州:广东商学院硕士学位论文,2011:9-13.
② 王名扬.美国行政法[M].北京:中国法制出版社,1995:710-712.
③ 陈玲.行政规范性文件审查标准研究[D].广州:广东商学院硕士学位论文,2011:9-12.

概念的审查应当是限制性的。巴霍夫提出了判断余地理论。根据该理论,行政机关通过适用不确定法律概念获得的判断余地,是法院不能审查的判断领域。行政法院必须接受在该领域内作出的行政决定,只能审查该领域的界限是否得到遵守。乌勒提出的合理性理论也得出类似结论,他指出,在行政机关适用不确定的法律概念对某个事件作出决定时,如果存在两个以上的充分理由,即两个以上的解决办法都是合理时,行政机关在此合理性范围内作出的决定,都应当视为合法。沃尔夫认为,行政机关享有一种评价特权。如果不确定法律概念要求"估价",特别是对将来可能发生的事件进行估价,行政法院不能理解,因而不能审查时,该"估价"就专属行政机关。① 但是,法院无论依据何种原因表现出对行政机关法律解释的遵从,其作为法律解释最后权威的地位不能动摇。司法机关如果认为必要,仍然可以对行政机关的法律解释进行重新审查,行政机关不能依上述理由来对抗司法机关,因为即便是议会授予行政机关对不确定的法律概念的解释权,这种解释权也可能被滥用,从而违背了立法目的。

因此,在行政机关和司法机关在法律问题的关系上,正如一位美国学者曾经指出的那样:"他们是合伙关系……而法院是高级合伙人。"②

3. 司法审查的界限

司法审查制度与权力分立原则两者具有一种互为约束,相生相克的关系。一方面,设立司法审查制度原在于维护权力分立原则,某一权力部门的活动是否逾越其权限,而侵犯其他部门的权限,须由司法机关裁判。另一方面,权力分立原则对于司法审查的建构也产生一定的约束,即司法审查的范围和方式,必须符合权力分立的原理,并不是毫无限制。在权力分立原则下,司法权应遵守其监督的权限,不得影响分配权限本身的功能,因此,其所受到的限制主要来自于两种因素:一是行政权的核心领域或者保留范围,二是司法权本身性质上的界限。

(1) 行政规范性文件制定的裁量。行政机关在法律授权之下,有制定规范性文件的权限,至于是否制定,如何制定,在决定时应有一定的裁量空间。立法机关固然有权就"是否"或者"何时"制定规范性文件的事项授权行政机关自由裁量,但是在立法上是否有这样的裁量授权存在经常难以判断,不过至少在

---

① 刘兆兴. 论德国行政机关的裁量权和是否控制[J]. 环球法律评论,2001冬季号.
② 周汉华. 论行政诉讼中的法律问题[J]. 中国法学,1997(4).

法律无授权裁量的明文规定的情况下,就不宜有任何规范性文件制定的空间。如果立法者使用"必要时"或"为了维护公共利益"等不确定法律概念作为授权行政机关制定规范性文件的前提条件,则不排除行政机关就该事实要件的是否具备拥有一定范围的判断余地。但是如果依据法律的目的或立法意图整体而言,在没有规范性文件的辅助就无法执行的情况下,行政机关就有制定规范性文件的积极作为义务,舍此之外别无其他合法的选择。在这种情况下,行政机关的裁量权萎缩到零。另外,行政机关就行政规范性文件制定的裁量空间可以概括为以下几种情况:

第一,以行政规范性文件的内容区分。

如果法律授权的目的在于要求行政机关以行政规范性文件方式,就经验上可以认识、确定的事实加以规范,则这种规范性文件的制定应认为只有单纯的法适用功能,行政机关对于其内容的形成无任何裁量的空间。反之,如果行政规范性文件的内容含有评价、权衡或者预测等意志性行为成分,行政机关即有一定的自由形成裁量空间,作出合目的性考虑与政策取向的决定。

第二,以授权的对象区分。

制定规范性文件的主体固然属于行政机关,但也有层级之分。实际上,立法者就授权对象的选择不能恣意妄为,而应秉承适当功能与机关结构的任务分配原则作出决定。如果立法者以选择委员会方式组成的合议制行政机关,则是出于该规范性文件的内容涉及高度专业性,或所涉及利益面广泛而须独立性的委员会来制定。行政机关在这种情况下,对规范性文件的内容,一般而言,具有更大的合理性和正当性裁量空间。

第三,以有无民众参与的区分。

原则上,经由民众参与而制定的规范性文件,相较于其他未经参与者,显然具有更大的民主正当性基础。在此情形下,行政机关应可基于此种基础获得更大的裁量空间,不过应留意参与该程序是否确实对规范性文件内容最后的形成有实质上的影响,以免因徒具形式的程序仪式反而纵容行政机关扩大裁量的余地。

司法机关对于行政规范性文件的监督即与上述各种行政机关的裁量空间有关联,如果行政机关因正当性和合理性的考量拥有较大的裁量余地,此时司法权虽可审查,但应优先尊重其所为的判断,即法律既然已经将该部分职权授予行政机关行使,也就是作了第一次利益衡量,则作为第二道防线的司法权自应退让,除非该规范性文件的规定有明显的违法或不当之处,否则,不应轻易拒绝适用行政机关制定的规范性文件,这才符合权力分立原则的本意。简言之，如果行政机关对于规范性文件的制定并无任何裁量空间，法院应积极介入审查，确认行政机关并未逾越其行政权限而制定规范性文件，不可轻易放弃其司法控制的功能。

(2)细节性、技术性及专业性的规定。有关执行法律的细节性、技术性规定，原本就是有意保留给有履行相关法律经验的行政机关，以其执行的经验与需要而制定。原则上法院应尊重行政机关在执行法律上的专业判断与衡量，除非有明显抵触上位规范，或增加法律上的限制等情形，否则法院不得拒绝适用。此外，涉及法律特别保留给行政部门的专业领域的行政规范性文件制定权限时，法院也应基于同一理由优先尊重行政机关所为的规定。法院在此种情况下虽然不应放弃其审查的职权，但是只能就其判断有无明显违法或不当的事由而审查，原则上只要行政机关在其专业范围内制定的规定并符合其他法律规定的程序性要求，即应承认其合法性，构成法院对行政规范性文件进行审查的界限。

因此，行政机关为执行法律所为的细节性、技术性规定或者基于其专业知识背景而制定的行政规范性文件，可认定其属于行政权的核心领域或法律保留给行政机关决定的范围。基于权力分立原则，法院理应优先尊重其作出的决定，除非该规定内容上有明显的理由或事实足以证明其违法或者不当的情况，法院才得以实质上进行规范性文件的合法性审查，否则只能就其是否符合行政规范性文件的形式要件，以及其制定的过程是否履行程序性要求等进行审查。

六、域外行政规范性文件司法审查制度之比较

(一)法国对"条例"的审查

在法国，条例的种类繁多，可以分为执行条例、自主条例、法令条例、紧急情况条例等。执行条例是基于法国宪法第 21 条的规定，总理为明确法律的执行方式和补充法律的规定而制定条例。除此之外，政府也可以根据宪法和法律的规定制定执行条例，其原因在于政府具有执行法律的权力，而执行条例是实施法律的行为。凡不在法律范围内的事项，不需要法律根据的都由政府用条例规定，这种条例称为自主条例。自主条例的效力只受宪法的限制，但其与法律相抵触时，以法律为准。执行条例不能和它所执行和补充的法律相抵触，也不能和其他法律相抵触。

行政条例的合法性由司法机关进行审查。法国属于二元的司法体制，对条例的审查也就形成了以行政法院为主和普通法院为辅共同审查行政条例的

局面。利害关系人认为条例违法,可以提起越权之诉。越权之诉是一种客观诉讼,其目的在于制裁违法的行政行为,保障良好的行政秩序,不在于保护申诉人的主观权利,判决发生对事的效果,不以当事人为限。只有行政法院有权裁决条例是否合法。行政机关的决定侵害到当事人的利益,就以提起越权之诉,请求行政法院审查该行政决定的合法性,并撤销违法的行政决定。一般来说,在条例公布后两个月内,利害关系人可以向行政法院提起越权之诉,请求撤销不合法的条例,也可以在其他诉讼中,主张条例无效。对条例的审查集中在最高行政法院。

除了行政法院审查行政条例以外,普通法院也可以对行政条例进行审查,但是其审查的范围较窄,在审理以条例为根据而追诉的案件和以条例为根据而辩护的案件时,刑事法庭有审查条例合法性的权力。在民事案件涉及条例的合法性时,必须作为审判案件的前提问题,则由行政法院决定,而不是由民事法庭决定。同时,法国宪法委员会对法律、法令的制定可以进行审查,审查后,凡是被宣布为违反宪法的条款便不能公布,也不得实施。

(二)德国对"行政规则"的审查

在德国,"法规命令"指行政机关(政府、部长和行政机关)颁布的法律规范,其与正式法律的区别为制定机关,而非内容与效力,其对公民和其他规范的影响与议会通过的法律相同。其位于立法和行政的交界地带,既是法律的执行,又是立法。它与处理具体事件的行政行为不同之处在于抽象——一般的特征,与具有内部行政效果的行政规则的不同在于其外部效果,法规命令必须符合一系列合法要件方能成立:(1)授权根据。不仅要有某个法律根据,还必须符合基本法的要求。(2)形式合法要件。必须像其他国家行为一样符合一系列的形式要求,包括管辖权、程序特别是其他国家机关和特定组织的参与、形式与公布要件等。(3)实体合法要件。所作出的处置必须在授权根据的范围内,遵守授权根据的要求,并且符合宪法和其他法律的规定。(4)裁量。法律或法令制定机关原则上有权裁量是否行使授权,违法的法规命令无效,没有约束力,行政机关不得适用,公民也不必遵守[①]

行政规则的根据是"业务领导权"以及由此派生的发布指令的权力。行政等级体制是行政规则制度产生的条件。它是指上级行政机关向下级行政机关、行政长官对下属行政工作人员发布的一般—抽象的命令。在德国,行政规

---

① 哈特穆特·毛雷尔.行政法学总论[M].高家伟,译.北京:法律出版社,2000:334-341.

则可以做不同分类,有组织规则和业务规则、解释法律的行政规则、裁量控制行政规则、替代法律的行政规则等。最初的行政法理论认为,行政机关在其职权范围内享有原始的立法权,行政机关在此范围内制定的行政规则属于具有外部效果的原始行政法,因此行政规则具有直接的外部法律效果。根据德国基本法的第 3 条的规定,行政规则的约束力在强度方面与法律约束力类似,但在范围方面不如法律。

在德国,行政法院对行政命令是否合法,具有完全的审查权,如果一项命令只具有轻微的违法情形,法院往往通知行政机关进行修改,而并不是立即予以撤销,但是德国高等行政法院作出的撤销无效命令的判决,准许被申请人以颁布法规所要求的方式予以公布。

(三)美国对"非立法性规则"的审查

1946 年美国联邦行政程序法第 551 节第 4 款规定,"法规"是指"为执行、解释或规定法律或政策,或为说明机关之组织、程序或业务之普遍适用或特殊适用,且向将来发生效力之机关声明之全部或一部"。法规是指行政机关作出的具有普遍约束力的决定。

法规可以分为立法性规则、解释性规则、程序性规则、一般性政策声明。美国法规的制定以"非正式程序为原则","正式"程序为例外,非正式规则制定程序主要包括预告、评论、说明理由、定期生效等四个程序。依联邦行政程序法第 556 节和 557 节规定制定法规的程序是正式程序。它要求必须根据听证的记录制定法规。无论"非正式的规则制定程序",还是"正式的规则制定程序"都有自身的缺点,从 1970 年起发展出混合的规则制定程序。

法规的效力则按法规的性质予以区别对待。对于没有法律授权制定的程序性规则及解释性规则,不具有与法律相同的效力,法院同意接受时则给予它们权威,但这种法规对法院而言只有说服力,没有拘束力,法院接受它们的程度,取决于法规的质量。对于立法性法规,联邦法规的效力高于州法律。

美国《联邦行政程序法》第 702 节规定:"受到行政行为不法侵害的人或者不利影响的人……有权对该行为请求司法审查。"同法第 704 节规定:"法律规定可以审查的行政行为,以及没有其他适当的法院救济的最后确定的行政行为应受司法审查。"在这两节中都规定司法审查的对象是行政行为。那么何谓行政行为?

联邦行政程序法第 551 节第 13 款对此作了规定:"行政行为包括行政机关的法规、裁定、许可证、制裁或者救济的全部或者一部分,或者和上述各项相当的行为或不行为。"这一款总结了行政行为的全部内容。对于什么是法规、裁定、许可证、制裁或者救济,该法分别在该节的 4、6、8、10、n 各款作出了规定:"这些行为都是在行政行为的范围内的,都是可以作为司法审查对象的。"因此,美国司法审查范围非常广泛,几乎囊括行政机关的一切行为,"既包括了具体行政行为,又包括了抽象行政行为。更进一步明确规定了无论是制定法规的行为(动态的抽象行政行为)还是制定的法规(静态的抽象行政行为)都被纳入到司法审查的范围"。[①]

(四)英国对"通告"的审查

英国对于类似行政规范性文件的非议会立法及其权力来源,由法院予以审查。"对于那些公共当局的权力来自于其他的立法途径,如北爱尔兰、苏格兰,或者威尔士的立法性文件或仅在本地区有效的立法,其中主要是指权力下放后当地议会制定的立法性文件,法院可以审查该公共当局的权力的合法性"。与议会立法不同,由于这些制定法文件不属于议会至上立法的范畴,因此,属于法院审查的范围,在涉及行使这些权力作出的行政决定的案件中,除了审查决定的结果,还要对作为决定依据本身的合法性进行审查。

在英国,法院对政府实施行为的司法审查,其决定因素不在于其影响了多少人,而在于其是否影响了申请人。如果政府行为包括政府的文件影响了申请人,则申请人可以直接申请法院予以审查。

(五)结论

区分事实问题与法律问题并以此作为标准界定司法审查的范围是英国首创,但半个多世纪以来,尤其是近十年来,英国法院大幅度扩大了对事实问题的审查权。大陆法系的德国和法国对待事实问题的态度并不完全相同。在法国,对部分事实问题网开一面,留给行政机关去决断,而德国则主张对事实问题进行审查,行政行为的合法性、合理性程度应由司法机关来维系。欧洲人权保障体制则走得更远,该公约第 6 条规定"成员国原则上凡是涉及公民权利义务的决定都要接受司法审查"。这对我们以如下启示:

1.划分事实问题与法律问题是必要的。法院主要解决法律问题,事实问题主要由行政机关决定。这既可以发挥行政机关的专业优势,提高效率,又能够避免行政机关与法院的重复操作。当然,这并不是说法院对事实问题的没有审查权,而是法院应保持对行政官员应有的尊重,只要没有相反的证据证明行政机关对事实的判断错误,法院不必或无须调查事实。

---

① 肖金明.WTO 与政府法制[M].济南:山东大学出版社,2002:272.

2.行政程序法的发达是上述分工的前提条件。发达的行政程序法可以保证行政机关对事实判断的高度合法性与合理性。这个行政程序法的核心是行政行为始终处于民众的监督之下,因此行政程序必须做到公开与听证。

3.合理的审查模式应当既保证行政法治,又考虑到降低社会成本。这就需要发达的行政程序在前,有力而有限度的司法审查在后。

对我国而言,如何解决这一问题?"也许可以借鉴日本的经验。在历史上,我国和日本同为中华法系国家,法制现代化的起步均较晚,行政程序法的制定均迟于行政诉讼法。我国当前正在抓紧制定行政程序法、提高行政行为质量的同时,对部分专业性的高度技术性的事实问题以特别法的形式交由行政机关最后决断,并在事实问题上采用美国的实质证据标准,以限制司法审查权,防止司法资源的浪费"。①

七、司法审查的法律效力

法院对行政规范性文件司法审查后,其审查结果无非就是合法或不合法两种情况。对于行政规范性文件超越权限、违背法定目的、内容违法、违反程序的规定的违法情况,就意味着行政规范性文件不合法,法院对其作出了违法的审查结果,就会涉及法院裁判的效力问题,同时也会涉及其溯及力问题。对于行政规范性文件事实清楚、证据确凿、适用法律正确、程序合法的情况,说明行政规范性文件本身就是合法的,人民法院对其进行司法审查仅仅是对其合法性的再次确认,既不涉及对其效力的判断,也不涉及法院裁判的溯及力问题。

(一)司法审查的裁判类型

行政规范性文件作为司法审查的对象,有行政规范性文件单纯违法的裁判请求和行政规范性文件违法且侵权两种情况,对不同的请求作审理后,法院以不同的裁判类型予以回应。

1.行政规范性文件是否违法的裁判类型

从逻辑上看,法院审查行政规范性文件是否合法只有两种答案,要么无效,要么有效。但实际上,法院审查行政规范性文件后,并不能简单地用这两种形式作出裁判,这是由于行政规范性文件效力与作用的特殊性使然。如德

---

① 周永坤.对行政行为司法审查的范围:事实问题——一个比较的研究[J].法律科学,1996(5).

国法律明确规定:"联邦宪法法院确认联邦法与基本法或者州法与基本法或其他联邦法相抵触,应当在裁判中确认其无效"。"但联邦宪法法院也没法完全按此裁判,而在实务中发展出另一裁判形态——仅宣告法律不符合基本法的规定,却不宣告其无效"。

在规范审查上,行政规范性文件司法审查与宪法诉讼有共通之处。法院对行政权的控制采取的态度不同,导致其对行政规范性文件采取的审查标准不同,并且最终通过裁判形式将那些不同表现出来。参考国外司法审查的裁判类型,大致有以下几种:

第一,合法有效的裁判。

当法院对行政规范性文件进行审查之后,如果没有发现违法的地方,应判决该行政规范性文件合法有效。这种裁判还可分为纯粹的合法有效与作合法性解释的有效。后者指法院对行政机关提供的事实状态与法律解释进行审查后,有多种解释,既可作合法解释也可作非法解释,从司法权对行政权的尊重的角度出发,选择了认为行政规范性文件合法的解释。在此情形下,即使法院认为在制定行政规范性文件上依据法律可能存在更优的选择,只要行政机关是依据法律作出的合理决策,法院就不能越俎代庖以自己的结论取代行政机关的决策。前者指法院对行政规范性文件进行全面审查后,只有合法性这一种结论。

第二,裁判违法无效。

法院在单独的或附带的审查中,对行政规范性文件审查后,发现其违反法律,则裁判该行政规范性文件违法无效。在范围上,这种无效裁判,有"部分无效"和"全部无效"之分;根据当事人请求及裁判基准时的不同,"无效裁判"还可分为自始无效的裁判,"嗣后无效宣告"即撤销裁判,以及"一定期限后失效"等不同的选择,以满足现实不同情况的需要。

第三,确认违法。

宣告行政规范性文件无效造成无序状态的危害比不宣告行政规范性文件无效造成的危害更大,在此情况下,行政规范性文件尽管违法,法院也不宜作出无效判决或撤销判决,法院只确认行政规范性文件违法,但并不宣告其无效而予以撤销。"德国宪法法院采用这种裁判形式时,经常会同时赋予立法者程度不一的作为或改善义务,而且在裁判中保留一个宣告法律无效的期限,以敦促立法者满足宪法法院的要求"。在我国,基于司法权与行政权的界限,在对行政规范性文件的司法审查中,法院在裁判中指示行政机关作为或改善,可能有侵犯行政权之嫌,但可以采用司法实践已有的"司法建议"的做法,并在裁判中附期限地保留宣告行政规范性文件无效的权力。这种裁判形式,既防止违法的行政规范性文件长期侵害人民权益,又防止废弃行政规范性文件出现行政管理的漏洞和无序,同时也尊重行政机关的决策形成自由。①

第四,警告性裁判。

理论上说,行政规范性文件只有要么合法要么违法两种状态,不存在合法或违法不明的灰色地带。但是实际上,行政规范性文件可能处在违法的边缘,或其有朝着违法的方向适用的可能。对这种行政规范性文件,法院虽然不能裁判其违法,但如果放纵其违法危险的存在,也不符合人民创设法院的初衷,所以对这种行政规范性文件,法院在裁判确认其合法时,可以使用"尚属合法"之类的警告性语言,希望行政机关能自行改进。此种裁判主要适用于行政规范性文件审查时不违法,但随着法律关系或事实关系的改变,有违法的可能性存在。不过,这种裁判能否发挥作用有赖于行政机关对法院司法权的尊重。

2. 行政规范性文件是否违法且侵权的裁判类型

从逻辑上看,如果行政规范性文件合法,就不需要再审查是否侵权,只有当法院认定其违法时,才进入是否侵权的审查。法院对行政规范性文件是否违法且侵权首先应审查行政规范性文件是否违法,对此作出判断后,再审查是否侵权。法院对此有如下裁判类型:

第一,违法且侵权裁判。

当法院审查后确认行政规范性文件违法,应对原告侵权的裁判请求加以审理,如果确定行政规范性文件或其适用造成相对人权益受到损害,法院应裁判行政规范性文件违法且侵权。

第二,违法但不侵权裁判。

当法院审查后确认行政规范性文件违法,但没有发现其对相对人的权益造成损害,法院应裁判行政规范性文件违法但不侵权。

第三,合法不侵权裁判。

上文提到,法院认定行政规范性文件合法,分为纯粹合法与作合法性解释。如果行政规范性文件纯粹合法,那就谈不上侵权问题,在此情况下,法院应作出行政规范性文件合法且不侵权的判决。如果法院是在多种结论中做选择时,除了尊重行政权外,还需考虑对人民合法权益的保护。在此情况下,法院进行利益衡量,选择合法性理解造成的损害比选择非法性理解造成的损害

---

① 江长水. 论行政规范性文件的司法审查[D]. 中国政法大学硕士学位论文, 2004.

更大,法院就不宜裁判行政规范性文件合法,并据此认定不侵权。

当法院面临对行政规范性文件是否违法与是否侵权两个问题都作出裁判时,上述二类裁判在实际运用中将会组合出更多种类的裁判类型。

(二)司法审查裁判的效力

1. 裁判的拘束范围

司法裁判具有既判力。既判力包括形式的与实质的既判力。形式的既判力一般指法院判决的不可撤销性。实质的既判力一般指法院裁判的内容对于当事人及其继受人具有拘束力,尤其是对于相同的诉讼标的再行起诉的拘束力。就此含义而言,行政规范性文件司法审查的裁判也有这些效力。[①] 它与其他司法判决不同之处在于其既判力拘束的范围。一般的司法判决,其裁判的拘束力的范围原则上是及于诉讼当事人。但是行政规范性文件的司法审查,则不能作这样简单的认定,要针对不同的裁判类型做不同的判断。如果裁判行政规范性文件合法有效,这类裁判原则上具有对世效力,原因是行政规范性文件本身具有对世效力,这样一来某行政规范性文件一旦被法院判决合法,就不得再以相同理由对其提出合法性审查;如果裁判某行政规范性文件违法无效,则其不得继续生效,这样的判决不仅是针对诉讼当事人而言,而是具有对世的效果,如《德国行政法院法》第47条第5款规定"高等行政法院认为法规不具有有效性的,应宣布法规无效,在此情况下,判决具有普遍约束力,并须由被申请人以颁布法规所要求的方式予以公布",可资借鉴。对违法问题的裁判,原则上具有对世效力,但是是否侵权的裁判,其效力原则上只及于诉讼当事人。

2. 无效裁判效力的特殊问题

如果法院宣告行政规范性文件无效,还会涉及自始无效还是嗣后无效的问题。法院应根据当事人的请求及裁判基准分别用自始无效宣告或嗣后无效宣告等裁判方式予以阐明。但这种效力上的判断和选择,并非这两个因素就能为法官提供全部基准。加之既判力对世性的特点,即使是宣告一个行政规范性文件自始无效,这种自始无效的效力在实际中的表现,并非想象的那么简单。对此问题的处理,是建立我国行政规范性文件司法审查制度中最考验法官能力之处。[②]

[①] 江长水.论行政规范性文件的司法审查[D].中国政法大学硕士学位论文,2004;杨道现.我国其他规范性文件司法审查的现有基础及其完善[J].长春大学学报,2013(1).

[②] 江长水.论行政规范性文件的司法审查[D].中国政法大学硕士学位论文,2004.

从理论上讲,"法院作无效宣告,并非法院在创造一个无效的行政规范性文件,而仅仅在发现行政规范性文件无效,就像珠宝商审查后,宣告真钻石实为假钻石一样,并非珠宝商使其成为假钻石,而仅是珠宝商发现其非真钻石①"。也就是说法律的无效一开始就存在了。对这种无效性产生的后果,正如 Cooley 在其《宪法的限制》一书中所言:"法律被裁判为违宪,好比未曾存在一般,权利不能由此建立,约因由之而支付之契约,无效,对因此而行为之人,不提供保护;而且,判决前,对曾拒绝服从之人,不能加以处罚。"②

上述观点,在理论上看上去似乎行得通,但忽视了一个基本的事实,行政规范性文件从制定后到宣告无效不是同步发生的,其间存在着时间差,在这个时间差中,行政规范性文件可能被适用过。一旦适用就会留下"痕迹",自始无效的宣告完全没有考虑到其他人对行政规范性文件的善意信赖。这样一来嗣后无效似乎更切合实际需要,但这种观点同样面临着难题:"如果采嗣后无效的话,则最早应当自判决成立时无效,即使是据以申请的案件,也不能适用无效宣告的判决。如果据以申请的案件准予适用,已经是溯及地适用了,那么其他类似案件能否也适用,如果不能,则违反平等原则,如果也适用,则与自始无效无异。如果严格按照嗣后无效的效力范围,据以起诉的案件也不能适用无效的判决,则又必将根除人民起诉的诱因。"③

因此,对行政规范性文件无效裁判的效力,不宜做过于刚性的理解。在坚持对世且可能是自始的原则基础上,考虑个别案件的具体事实,选择不同种类的裁判类型来限定效力范围。同时,可以借助一些法律原则,如一事不再理原则、禁止反言原则、信赖保护原则等,调和逻辑与正义之间的冲突,缓和自始无效及对世效力的严格性。

---

① 吕汉忠.违宪法律与判解变更之效力问题[J].中兴法学,(34).
② 吕汉忠.违宪法律与判解变更之效力问题[J].中兴法学,(35).
③ 吕汉忠.违宪法律与判解变更之效力问题[J].中兴法学,(34).

第三章　宪法争议及其解决机制

一、宪法适用与宪法争议

(一)宪法适用的概念之争

虽然最高人民法院撤销了关于"齐玉苓案"的批复,但是,在一段时间里伴随着该案而引发的宪法学争论却并没有因此而降温,关于"宪法司法化"以及与此相关的宪法适用、宪法审查以及对我国宪政实践的理论探讨仍在继续。对学术界而言,"齐玉苓案"的最大贡献就在于唤起宪法学界对宪法适用理论和实践的关注,特别是对宪法适用的理论探讨。在这场学术论证的后期,学者们更倾向于使用"宪法适用"这一概念来指称宪法实践活动。

但是,对于宪法适用的内涵及外延,学术界并没有形成统一的认识,尽管在"齐玉苓案"之前,已经有学者指出要重视宪法适用的理论研究,并提出了颇有建设性的观点,但似乎并没有引起学术界的足够重视。例如,费善诚教授在其早期的宪法适用研究中,认为所谓的宪法适用,就是指特定的国家机关依据法定职权和程序,将宪法规范运用于具体的法律事实的专门活动,并指出了宪法适用与一般法的适用的联系和区别,同时对我国宪法适用制度进行了初步探索。①

宪法适用之所以被学者广泛使用,主要是其极易与法理学中的"法的适用"相衔接。② 即便如此,宪法适用的概念界定仍然是各家自成一体。由于对法的适用问题的讨论集中于司法领域,国内宪法学者在研究宪法适用问题时,

---

① 费善诚.论宪法的适用性[J].法学家,1996(3).
② 童之伟教授就指出,宪法司法适用的提法与法理学的"法律适用"概念比较好衔接,因而含义也较易为人们所把握。详见:童之伟.宪法司法适用研究中的几个问题[J].法学,2001(11).

也是将注意力集中在宪法的司法适用问题上,尤其是在"齐玉苓案"之后。①从宪法司法化到宪法司法适用性的争论,一方面将宪法规范的特殊性、国家司法制度与违宪审查的政治性搅在一起,导致争论的复杂化和焦点的模糊化;另一方面,这种争论忽视了对宪法适用理论的系统考察,为适应国家宪法制度将宪法适用的内涵和外延扩大化,以致将法的适用与法的遵守、法的实施相混淆。

有学者认为,"宪法的适用,从广义上说,是指宪法在社会生活中的运用,它主要体现在以下几个方面:(1)凡公民和国家机关都必须遵守宪法;(2)宪法在司法活动中被适用。狭义上仅指司法机关对宪法的适用。"②还有学者认为,"宪法实施,又叫宪法适用,是指国家有权机关依照法定的方式和程序,从宪法规范的特点出发使其得以落实贯彻并发挥作用的专门活动。"③

另有学者认为,"宪法适用主要是指依据宪法规定享有宪法职权的组织和个人根据宪法的规定来行使职权,并将宪法的规定作为行使宪法职权的依据和判断行为对错的标准。因此,从广义上来说,宪法适用是指将宪法作为行使宪法职权的依据的活动。包括宪法修改、宪法解释、行使立法权、行使行政权和行使宪法监督权与宪法审判权等一系列活动都存在宪法适用的问题。"④童之伟教授基本赞同此观点,并认为,"适用宪法(或宪法适用)是指适格的宪法关系主体在宪定职权范围内,依照宪法或法律规定的程序直接应用宪法的原则、规则或概念处理各种具体事务或具体纠纷的活动"。不过,童之伟教授认为,我国宪法适用的最重要的主体是全国人大及其常委会,最主要的适用方式是制定法律、决定重大问题和监督宪法实施。国家主席、国务院和中央军委也有一些适用宪法的职权,其中主要是国家主席代表国家进行国事活动,国务院根据宪法规定行政措施、制定行政法规、发布决定和命令,以及中央军事委员会领导全国武装力量等内容。按照宪法,我国司法机关完全没有适用宪法的职权。⑤

这种对宪法适用的过度界定也招致了学界的批判,有学者指出,"宪法适

---

① 对相关争论的梳理,可参见郑二为.宪法的司法适用研究述评[J].长春工业大学学报(社会科学版),2004(1).

② 李步云.宪法比较研究[M].北京:法律出版社,1998:337-338.

③ 董和平、韩大元、李树忠等.宪法学[M].北京:法律出版社,2000:143.

④ 莫纪宏.宪法适用的基本特征[M].张庆福.宪政论丛.第5卷.北京:法律出版社,2006:238.

⑤ 童之伟.宪法适用应依循宪法本身规定的路径[J].中国法学,2008(6).

用是指特定国家机关按照法定的程序和形式,运用宪法规范处理宪法争议的活动。在没有发生争议的情况下,宪法的规定也可能在现实生活中得到了贯彻执行,但这是对宪法的自觉遵守而非本文所理解的适用。宪法规范存在的意义就在于它为不可避免的争议预先设定了一套解决规则。如果没有争议的发生,或者不是为了解决争议,那就根本不需要法了。"[1]胡锦光教授同样认为,"宪法适用即是在社会生活中出现了某一项宪法性争议,由特定国家机关通过依据宪法去解决这一宪法上的争议。因此,行使国家权力的主体主动、积极地去依据宪法行使自己的职权,并不属于宪法适用的范畴。"[2]

也有学者从"法律适用"概念中的"适用"出发,认为法的适用最基本含义是运用国家权力,将法律规范适用于具体的法律事实的活动。所谓宪法适用,就是指特定的国家机关依据法定职权和程序,将宪法规范运用于具体的法律事实的专门活动。宪法适用的具体法律事实包括了对法律、法规是否符合宪法的争议案件,以及需要依据宪法来处理的其他具体纠纷案件。[3]

通过引入法理学中的"适用"概念,学术争论中对宪法适用的讨论更多地聚焦于宪法争议或纠纷的解决,并以此将宪法适用与宪法遵守等概念区别开来,或者将其与宪法实施等概念相兼容。例如朱福惠教授认为,宪法适用是宪法实施的消极和被动方式,它是对已经发生的公权力行为是否合宪作出判断并解决由此引起的宪法争议。所以,宪法适用是将宪法规范应用于具体事件,对该事件的是否符合宪法的规定作出判断并进行推理的过程,具有法律技术性特征。[4] 也有学者基本上持相同观点,将宪法适用所要解决的纠纷称为宪法争议,并以此对宪法适用进行界定,认为宪法适用也就是以宪法规定为判断标准解决宪法争议。[5]

在当下围绕宪法实践及其机制的学术讨论中,"宪法司法化"的概念渐渐淡出学者们的视野;"违宪审查"仍然在最一般意义上被用以概称不同国家的宪法审查机制。"宪法监督"只有在论述中国宪法制度时作为特有的宪法概念才会出现。而"宪法适用"则成为学者们在指称宪法解释机制及活动的常用

---

[1] 苗连营.宪法解释的功能、原则及其中国图景[J].法律科学,2004(6).
[2] 胡锦光.违宪审查与相关概念辨析[J].法学杂志,2006(4).
[3] 费善诚.论宪法的适用性[J].法学家,1996(3).
[4] 朱福惠.理性看待最高人民法院对齐玉苓案"批复"的废止[J].法学,2009(3).
[5] 谢维雁.论宪法适用的概念——以司法中心主义的法律适用概念为基础[J].四川大学学报(哲学社会科学版),2014(5).

概念。

不过,从上文可以发现,即便是被普遍采用,但宪法适用的概念界定仍然不一致,这就意味着我国学者对宪法适用概念的理解并没能达成共识。问题在于,在界定宪法适用时,一方面,想与法律适用保持内在逻辑上的一致,法律适用界定的差异就会影响对宪法适用的理解。例如在法理学语境中,法律适用往往是在司法裁判过程中加以讨论的,导致很多学者也将宪法适用也限定于司法或者诉讼之中予以界定①,这才产生宪法司法化与宪法诉讼等概念,将宪法适用局限于特定的形式或方式。或者依据法理学中"法律适用"的广义概念,从而将宪法适用也做广义界定,并导致其等同于宪法实施或宪法监督等,而过于开放的结构又导致"宪法适用"概念失去意义。

另一方面,很多学者在界定"宪法适用"概念时,试图从权力的角度体现出宪法的特殊性,强调特定国家机关才能适用宪法,并以此来界定宪法适用的主体,以至于"宪法适用"活动无法与宪法职权行为相区别。任何适用宪法的行为必须是国家机关依宪法授权而进行的职权活动,但并不是所有的职权活动都是宪法适用活动。两者的差异性是无法从权力的角度予以说明的。因此,对宪法适用的概念分析必须将其与法理学所讨论的"法律适用"概念相衔接,同时也必须强调宪法适用所具有的特殊性。

(二)法律适用与宪法适用

宪法适用的前提是宪法规范具有适用性,宪法规范与其他法律规范一样具有对具体法律事实的约束力,这一点已经在宪法理论中得以论证并在宪法制度中得以实践,本文此处不再赘述。既然宪法规范具有法规范的适用性之属性,那么宪法适用概念与法的适用概念之间应当保持内在的逻辑一致性。正如很多学者强调宪法首先是法,然后才是宪法,其目的在于使宪法与法律秩

---

① 例如肖蔚云教授直接指出,"在这里我使用'适用'一词,是想将'适用'法律和违宪审查区别开来。'适用'是指司法机关依法将宪法或法律运用于处理诉讼案件的活动,但不能宣布法律违宪无效"。因此,只有法院才能适用法律或宪法。详见肖蔚云.宪法是审判工作的根本法律依据[J].法学杂志 2002(3). 此外,新近的研究表明,学者们更多地赞同从法的适用角度来界定宪法适用,强调从司法中心主义立场来认知宪法适用。如谢维雁教授在《论宪法适用的概念——以司法中心主义的法律适用概念为基础》一文中指出,"所谓宪法适用就是以宪法规定为标准对宪法争议进行评价并作出权威结论的活动。宪法适用的这一概念是建立在法律适用概念基础之上的"。详见谢维雁.论宪法适用的概念——以司法中心主义的法律适用概念为基础[J].四川大学学报(哲学社会科学版),2014(5).

序保持内在的效力与逻辑体系的一致性,不致让宪法游离在法律秩序之外。即使宪法规范具有特殊性,这种特殊性也应当被置于法律秩序之内予以考虑,而不是相反。① 因此,如果要给出一个宪法适用的概念界定,应当与法的适用概念保持一致。

关于法的适用的内涵和外延,我国法理学界争议非常大,基本上可以归结为三类意见。第一种意见认为,"法的适用,也称法律规范的适用,是指一切国家机关和国家授权单位按照法律的规定运用国家权力,将法律规范运用于具体的人或组织,用来解决具体问题的专门活动,它使具体的当事人之间发生一定的权利义务关系或对其适用法律制裁。……'司法活动'是法的适用的典型的、重要的形式。"并认为,"法的适用按适用法的主体的不同,可分为国家权力机关适用法的活动;国家行政机关适用法的活动;国家司法机关适用法的活动,等等。"②这种观点被称之为广义的法的适用观点。

第二种意见是将法的适用等同于司法,或者取法的适用的狭义——专指司法。例如,李步云教授认为"法的适用,一般指拥有司法权的国家机关及其司法人员,依据法定职权和法定程序,把法律规范应用于具体案件的专门活动"。③ 或者如周旺生教授所认为的,"法的适用这一概念为人们在两种意义上使用。一种意义上法的适用,是指司法机关和司法人员依照法定权限和程序,应用法处理刑事、民事、行政、经济和其他各种案件的专门活动。这种意义上的法的适用,是人们通常所说的法的适用,也即人们通常所说的司法。另一种意义上的法的适用,除了指司法机关和司法人员处理案件的活动外,还指法所授权的行政机关依照法定权限执行法的活动……本章所说的法的适用,是

---

① 例如有学者主张对宪法规范予以甄别,即有些宪法规范具有实用性,有些则没有。理由是宪法是根本法,总章程,其条文具有纲领性、抽象性等特殊属性,因此应当区别对待。问题是甄别的标准是什么?该标准是否能够获得正当性?

② 孙国华,朱景文,等.法理学[M].北京:中国人民大学出版社,2004:330-332.此外相类似观点还可参见:葛洪义.法理学[M].北京:中国政法大学出版社,2007:293-298;以及胡玉鸿.法律原理与技术[M].北京:中国政法大学出版社,2002.

③ 李步云.法理学[M].北京:经济科学出版社,2000:606.同时可参见:张文显.法理学[M].北京:高等教育出版社,北京大学出版社,1999:306;舒国滢.法理学导论[M].北京:北京大学出版社,2006:194-199;刘作翔.法理学[M].北京:社会科学文献出版社,2005:361.

第一种意义上的法的适用,亦即司法。"①

第三种观点主要以孙笑侠教授为代表,"'法律适用'从属于'司法'……司法活动至少应当包括:(1)调查、分析并确认事实;(2)法律适用,即选择、推理并运用法律规范;……可见,法律适用是司法活动的内容和表现之一。"据此,孙笑侠给出了最狭义的法律适用概念,"狭义的法律适用在此可借用Subsumtion,即所谓'归摄'、'涵摄'。它是指将待决案件事实与法律规范规定的构成要件相联系,进行推理并获得特定结论的一种司法过程。"②

实质上,法理学关于法的适用的观点主要是从两个角度来进行阐述的,第一和第二种观点是从法的实施角度来界定法的适用,从而将立法、执法、司法及守法区别开来,分歧在于法的适用是否能包含执法,从而有广义和狭义法的适用之分。因此,抛开法的适用的主体分歧,以上两种对法的适用的界定的核心都在于"应用法律规范处理或解决具体事务/争议/纠纷/案件"。第三种观点则是从法律方法角度来界定法的适用,并将法的适用等同于"涵摄论",即回答了如何运用法律规范去处理、解决或者裁决具体法律事务/争议/纠纷/案件的问题。暂且不论法的适用是否就是以涵摄的方式进行的裁判过程,③至少法律方法能给我们提供一个新的考察和审视法的适用的角度,并从此角度可以对与法的适用相关的概念进行分析。

如果说前两种观点关注的是法的适用的外在形式的话,那么第三种观点则是从方法的角度揭示了法的适用的内在过程,因此,两类观点并不是存在分

---

① 周旺生.法理学[M].西安:西安交通大学出版社,2006:271-272.同时可参见:赵震江、付子堂.现代法理学[M].北京:北京大学出版社,1999:426-427.

② 孙笑侠.法的现象与观念[M].济南:山东人民出版社,2001:243-245.

③ 关于法学方法的问题,拉伦茨认为,"很多我们以往认为,只须以单纯涵摄的方法,将已经确定的案件事实,归属到先经必要解释的法律规范之构成要件之下,即可解决的案件,事实上,当我们将该案件事实理解为法律构成要件所指涉的事实时,已经带有价值判断的性质,或者,其本身已然是一种有评价性质的归类行为。问题还不只是这样。如前已述,在许多案件中,案件事实所拟归向的法规范本身须先经解释,质言之,须先确定,该法规范就该案件之精确意义为何。"比德林斯基认为,法律方法具有多样性,由严格依逻辑规则进行的涵摄技巧,经过不同阶段、步骤的法律解释及补充,到寻找法律原则并将之具体化,以至于作类型比较。并且不能将其中之一作为唯一的法律方法。其坚持,在解决法律问题时,法官应透过法律,借助法律解释及其续造来寻找答案。赫尔穆特·科因认为法律适用的任务是:"在解决个案之时,将隐含在法律中的正义思想、目的考量付诸实现,并据之为裁判"。涵摄的程序尚不足以满足此要求。详见:卡尔·拉伦茨.法学方法论[M].陈爱娥,译.北京:商务印书馆,2005:2-10.

歧而是分别从不同的角度去阐释法的适用,将两者综合起来就可以得到对法的适用比较全面的理解。法的适用,即有权主体通过相应的法律方法将法规范运用于具体法律事务/争议/纠纷/案件,并获得适切裁判结果的过程。其主体并不仅局限于司法机关,行政机关和立法机关在很多情形下也是法的适用的主体,例如行政处罚、行政裁决等具体行政行为以及立法机关依据法律对其他国家机关行为的处理决定等等。此外,仲裁机构也属于法的适用的主体。不可否认的是,司法机关是最具代表性的法的适用的主体,其职责和功能就在于通过法的适用实现权利救济和权力监督,但是也不能据此就否定其他法的适用主体的存在。

在宪法适用的概念界定过程中,虽然就适用主体等方面的界定存在差异,但学界基本上对于宪法适用主要是解决"宪法争议"这一观点已经达成共识。本文也赞同这一观点。为了与法的适用理论保持内在的一致性,笔者认为:宪法适用就是国家政治权力机关依据宪法规范解决宪法争议并作出宪法判断的过程。

如果说宪法适用与法的适用有所区别的话,其差别在于适用的是宪法规范,解决的是宪法争议,而在适用的方法上与一般法的适用并无差别。这样来看,宪法适用与法的适用在内在逻辑上就具有了一致性,同时,也有利于分析法的适用方法在宪法适用过程中的作用和意义,从而将宪法适用置于宪法秩序和法秩序之内进行考察。然而,就像刑事法规范适用于裁判刑事案件,民事法规范适用于裁决民事纠纷一样,宪法规范亦有其自身的适用场域。而且,由于不同的法律规范调整的对象和范围存在差异,因此其适用也存在较大的特殊性。宪法规范调整对象和范围决定了宪法适用范围,也决定了宪法适用的特殊性。

首先,宪法适用具有较强的政治性。宪法从历史上产生的那一刻起就已经被注入了政治因素,其最主要的功能就在于将政治问题法律化。因此,宪法规范的很主要的一个方面就是对国家政治权力的职权范围和界限进行设定,而且为各种政治权力之间的争议规定了一套法律解决的规则和程序,从而将政治斗争转化为宪法问题。托克维尔在《论美国的民主》中认为,"在美国,几乎所有政治问题迟早都要变成司法问题",[①]已经揭示了宪法在政治规整中的作用。各种国家政治权力必须在宪法规范之下进行运作,不得超越或违反宪

---

① 托克维尔.论美国的民主[M].上卷.董果良,译.北京:商务印书馆,1988:310.

法,这是现代法治的必然要求,也是宪政制度的基本理念。因此,必然需求运用宪法规范对国家政治权力机关的行为及后果进行一种审查和判断,以及对国家政治权力机关之间的争议以一种合乎宪法规范的方式和程序予以解决。然而,不同的政治决断及宪法秩序往往对国家政治权力争议解决的宪法实践机制有着决定性的影响,"在宪政秩序的具体塑造过程即对政治冲突的解决过程中,由于宪法裁判者对政治冲突的解决持不同的观点,因此在对宪法的适用及阐释方面表现为不同的手法,由此使宪法诉讼机制在纵向的运作层面显现出了不同的外观",①并非常明显地在美国、德国、法国等国家的宪法适用制度上体现出来。政治决断不仅决定着国家宪法适用机制,而且对具体宪法争议和宪法法律事务的判断过程也有着或深或浅的影响。因此,埃尔曼认为,"法院宣布法律或官吏的行为违宪的权威是一种能够对法律与政治之间的相互作用给予清晰说明的实践。法官的这种司法行为是对决策权的一种分享,这一点十分明显,以致在行使此种权威时他已经很难托称只是在适用法律。"②拉伦茨也赞同并承认,"赋予(德国)联邦宪法法院规范审查权以及对特定政治争议的裁判权限,已经触及最广义的法解释之界限,逾此界限,联邦宪法法院就必须取向于——对社会而言——后果的合目的性及可承受性而为裁判,换言之,其必须作政治性的裁判。"③正是因为宪法争议的解决在某种程度上受政治决断的影响,以及其结果反过来将会对政治运作产生影响,很多国家宪法将宪法适用的主体限定在特定的或者专门国家机关,至少将最终的具有终局效力的宪法适用权力授予特定的专门国家机关。有些国家将其授权于最高法院,或者宪法法院,或者议会,或者类似于法国宪法委员会这样的特定机构,以保证宪法权威性或某个国家权力机关在宪法制度上所具有的至上地位,从根本上来看这是一种政治安排。

其次,宪法适用最终必将指向国家机关的行为或拟制的国家机关行为,并对其行为作出宪法判断。虽然宪法适用具有很强的政治性,但其毕竟是通过法的适用方式对国家机关行为进行调整的最终手段。换言之,即使我们强调宪法对于公民权利保障的重要性,以及宪法适用在实现公民权利救济的最终

---

① 刘志刚.政治冲突的司法解决与宪法裁判的政治化倾向———谈宪法诉讼的性质[J].比较法研究,2003(6).

② H.W.埃尔曼.比较法律文化[M].贺卫方,高鸿钧,译.北京:清华大学出版社,2002:224.

③ 卡尔·拉伦茨.法学方法论[M].陈爱娥,译.北京:商务印书馆,2005:237.

意义,然而有一点不应该忽视的是,宪法对公民权利的确认和保护,所针对的是国家机关的侵犯,防范的是国家权力的滥用及其对公民权利的危害,而不是平等主体间的侵权行为。因此,从强调公民权利保护的角度来审视宪法适用,与一般法的适用不同的是,宪法适用所欲裁决的宪法争议或宪法事务并不涉及平等民事主体之间的行为,更多的是针对国家权力机关的行为。① 所以在普通民事权利纠纷当中应当优先选择适用一般法律规范,必要时可以适用法律原则,只有当现行法律规范存在所谓的"漏洞"或者法律没有予以规范,并且禁止司法机关沉默的前提下,司法机关才可以在合乎宪法规范的原则之下从事法的发现或法的续造,以裁决法律纠纷并实现权利保障。这一点在各国的司法实践中已经成为共识,即在普通民事权利纠纷的司法裁判中决不能轻易地、简单地直接适用宪法规范,表现出对法的适用的法律方法要求以及对宪法规范适用的严谨性。对于我国司法实践而言,司法体制的限定以及法的适用理论研究不足,导致司法机关在面对上述问题时显得有些手足无措。② 其实,司法机关完全可以在一些特殊的疑难案件以及牵涉到宪法规定的基本权利保障问题的案件当中,例如针对劳动雇佣当中存在的身高歧视、乙肝歧视等等,采用一般法律的原则——如劳动法的公平、平等原则以及民法基本原则进行裁判,不必要也没有理由直接适用宪法规范。

再次,宪法适用的目的在于适用宪法规范去解决宪法争议。因此,在适用的具体方法上要求比一般法的适用方法更为严格和谨慎。换言之,在宪法适用过程中对宪法规范的解释、推理、论证以及判断结果在"正当性"上的要求要比一般法的适用更高。由于宪法条文在规定上比一般法律更具原则性和概括

---

① 有很多学者在"齐玉苓案"之后提出我国宪法对"第三人"效力问题,笔者认为这其实是对宪法适用的误解,或者说是"齐玉苓案"的裁判文书误导的结果。详细分析可以参见程洁《司法机关如何释宪——从齐玉苓案看释宪的范畴》以及马岭《对"齐玉苓案"相关问题的法律思考》两文,载于韩大元等.现代宪法解释基本理论[M].北京:中国民主法制出版社,2006.

② 笔者并不确定我国的司法体制是否允许一般法院(除最高人民法院以外的其他法院)可以从事法的发现或法的续造,但是有一点是可以确定的,即在实践中不仅对"禁止法院沉默"没有要求,而且要求法院在某些情况下不得保持沉默。

性,因此对宪法规范的解释、推理和论证愈加困难。① 同时出于保证宪法规范的稳定性和宪法权威性的考量,宪法规范适用制度要比一般法的适用制度更加复杂和严谨。这些问题决定了宪法适用的方法往往比法的适用方法更为复杂,宪法判断的过程需要考量的因素和技术手段也比法的适用方法更为丰富。

本书将宪法适用界定为国家政治权力机关依据宪法规范解决宪法争议并作出宪法判断的过程,既能够与法的适用概念和方法保持内在逻辑的一致,同时也能体现宪法适用的特殊性。与前述学者对宪法适用的概念阐释所不同的是,首先,在宪法适用主体方面,强调国家政治权力机关,包括最高权力机关、行政机关和司法机关等,并将社会机构和组织排除在外。其次,宪法适用是解决宪法争议,并不是国家政治权力机关的所有职权活动都是宪法适用,从而与依职权的宪法实施或宪法遵守区别开来。再次,强调宪法适用的结果是作出宪法判断,宪法判断不同于立法活动,也不等同于司法裁判活动,但是却存在于立法活动、司法裁判以及行政执法活动之中。换言之,没有立法、执法和司法活动,就没有宪法判断的存在空间。最后,宪法适用是依据宪法规范解决宪法争议,主要方法就是宪法解释,简言之,宪法适用的方式就是宪法解释。此处的"宪法解释"不是与宪法规范具有相同效力的规范形式,而是一种"适用"的方法、技术或活动。

由此,本书所主张的宪法适用的概念主要是描述性的,而不是规范性的。即从"法的适用"的角度和立场,来说明或解释一种独特的宪法实践形态。它可能是美国式的司法审查过程,也可以是德国的宪法审查过程,或者中国宪法制度和实践中的机制。但是本书对宪法适用的概念主张,其目标并不是通过概念分析,或实证效果的考察,去判断哪一种宪法适用的模式或机制更优,或更值得我们宪法制度采用。实际上,本书对宪法适用的概念主张,主要目的是以一个具有普遍解释力的概念,来实现对不同的制度或机制进行解释的功能,从而能够在宪法适用这一概念基础上形成对不同国家宪法实践机制以及我国宪法实践机制进行研究和学术对话的平台。如果上述目标得以实现的话,那么更进一步,宪法适用这一概念能否从一个学理概念转变为能够描述或涵括我国宪法实践机制的宪法概念?

---

① 很多宪法学者认为宪法规范具有很强的原则性和抽象性,因此认为宪法不能直接适用,只能通过具体立法的方式去实现宪法。笔者认为这实际上混淆了宪法条文和宪法规范。不可否认的是宪法条文具有原则性和抽象性,但并不意味着宪法规范也是抽象的和原则性的,故本书在讨论宪法适用时一直使用并强调宪法规范而不是宪法条文。

当然,简单地对宪法适用进行概念界定并不能完成上述目标,尚需对宪法适用这个概念进行严谨和细致的分析,这也许是在冒险,不过在从事这一冒险工作之前,非常有必要对与宪法适用相关的其他概念进行梳理和厘清。

(三)宪法适用的主张目标与语境

在"宪法司法化"的学术争论中,虽然很多概念在不同指称对象和意义上被含混使用,但争论本身所应有的过滤和筛选功能,促使学者不断去梳理和厘清各种概念、术语的内涵和外延。不过,更值得注意的是,很少有学者对这些概念界定背后的主张目标及话语策略进行分析,实际上,为什么学者选择用"宪法司法化"而不是"违宪审查"?或者选择用"宪法诉讼"而不是"宪法监督"?或者选择用"宪法监督"而反对使用"司法审查"?有没有可能他们所主张的和反对的概念主张,其实具有相同的指称意义或主张目标,而仅仅是话语策略选择的不同?这是很有意思的问题。这些概念主张的指称意义以及主张目标的检视,关涉到宪法适用的概念主张,因此有必要对此予以厘清。

1. 概念指称与意义变迁

任何概念主张都有其指称对象和主张意义,指称对象相当于定义中的外延,而主张意义相当于定义的内涵。概念是由语词构成,一个词主要起到指示和实指的作用。我们把一个语词和对象联系在一起,并且我们用那个语词来指称那个对象和所有具有相同性质的其他对象。从语义学上而言,概念(名词)的主张,实际上就是我们通过语词对指称对象的命名活动。

究竟是我们用以指称对象的概念具有其主张意义,并且根据该主张意义我们得以识别指称对象;还是因为偶然的历史事件或因果联系,我们用指称对象所具有的某些特性作为概念主张的意义,来识别指称对象或具有该特性的其他对象,其实这两种情形在我们定义概念时都存在。[①]

[①] 如何命名?依据罗素等人的观点,命名活动就是在思想上把一组确定摹状词或一组特性与一个名称相关联,也就是说,它取决于命名的对象具有这样一组特性。然而依据克里普克、普特南等学者的观点,命名活动取决于名称与某种命名活动的因果关系,也就是说,我们在给事物命名时,所依据的并不是对名称意义的了解,而是对某些历史事件及其因果影响的了解。换句话说,按照罗素等人的观点,名称之所以能够被用来给对象命名,是因为名称具有各自的意义,这种意义规定了它们指称的条件。按照克里普克等人的观点,名称并不具有上面所说的那种意义,尽管如此,依据某些命名活动及其因果影响,它们仍然具有明确的指称。详见克里普克.命名与必然性[M].梅文译.上海:上海译文出版社,2005.

例如当美国联邦最高法院在马伯里诉麦迪逊一案中主张最高院有权对国会通过的法案是否违反联邦宪法进行审查时,"司法审查"这一概念,被用来指称美国最高法院对国会通过的法案进行审查的机制;同时在该概念主张中的"司法的方式"和"审查活动"是指称对象所具有的两种特性,这也是概念主张的核心意义。那么,依据罗素等人的命名理论,"司法审查"这一概念因为有这两种特性,所以被用来指称美国司法审查制度或机制;而因为马伯里诉麦迪逊案作为一个偶然的历史事件,并且具有"司法"和"审查"等特性,所以我们采用"司法审查"这一概念指称该案所确立的一种制度或机制。①

因此,在概念主张的意义和指称对象上,随着历史发展,其意义会发生添附或限缩,而指称对象或具有概念主张意义的对象范围也会相应发生变化;另一种情况是,概念主张的指称对象并没有发生变化,但是概念主张的意义却发生变化。

回到本章所要讨论的主题上来,我们会发现当下我国宪法学理论中,尤其是本章所讨论的那些与宪法适用相关的概念,其概念主张的意义和指称对象都发生了变迁,以至于我们几乎无法去辨别这些概念主张的实际指称对象和意义。

"违宪审查"这一概念的指称对象和主张意义,在中国宪法学语境中已经变得模糊不清了。按照前文所述林来梵教授的观点,这个概念是日本学者用以指称日本宪法制度中的审查机制,而这一机制缘于美国的"司法审查"。张千帆教授也指出,"违宪审查"这一概念缘于我国学者对美国"司法审查"的曲译。也许这一概念最初所指称的对象就是美国的司法审查,其概念意义也包括"司法"和"审查"这两大特性。不过,这一概念在我国宪法学语境中的主张意义已经逐渐转变为强调的是"针对违宪行为"的"审查"这一特性,因此,其概念主张指称的对象就不仅仅是美国的司法审查机制,还可以涵括其他的审查机制,如德国和法国的审查机制。

"司法审查"在我国宪法学语境中的遭遇恰恰与"违宪审查"相反。"司法审查"本来是以美国宪法审查机制为"强势范例"来予以界定的,虽然这个概念

---

① 事实上,在马伯里诉麦迪逊一案之前,美国司法实践中已经存在法院对法律的有效性进行审查的案例,但没有学者在严格意义上使用"司法审查"这一概念来专指这种机制。司法审查这一概念及其所指称的机制,则是在马伯里诉麦迪逊一案之后才被广泛使用和认可的。详细讨论可参见:斯诺维斯.司法审查与宪法[M].谌洪果,译.北京:北京大学出版社,2005.

源于美国的违宪审查机制,但是其概念主张的对象和意义非常明确,即法院通过司法审查的方式进行违宪审查,指称的对象是一种机制而不仅仅是美国的机制。但是在我国的学术讨论中,却逐渐将美国的司法审查机制固化为司法审查的"绝对范例",其指称意义也仅限于"普通法院通过司法审查的方式",并将德国宪法审查机制排除在"司法审查"的指称对象之外。

"宪法诉讼"这个概念的指称对象和主张意义更加扑朔迷离。有学者将此概念主张的指称对象限定为"指公民因宪法赋予的基本权利或其他权利受到某种法律的侵犯,而向联邦宪法法院提出诉讼,要求宣布该法律违宪而且无效的一种诉讼制度"①。实际上,在德国宪法制度中,该类宪法案件正式概念为"宪法诉愿"。目前很多学者使用宪法诉讼概念指称"法院直接适用宪法解决违宪纠纷的诉讼活动"②,以及"由特定机关审查法律的违宪与否,使违宪的法律或者行为失去效力的一种制度"③等等。这两种概念均为学理概念的构造,其指称对象包含了美国、德国和法国"违宪审查"机制。④ 在指称对象上,此种"宪法诉讼"概念与"违宪审查"概念无异。已有学者注意到这一情况,指出美国学者从未用"宪法诉讼"这一概念来指称美国的司法审查机制;德国现行宪法制度中也没有宪法诉讼这一形态,因此,"宪法诉讼这一术语不应该再沿用"。⑤ 这种观点也不无道理。严格来讲,宪法诉讼的概念的确出自德国宪法理论及制度⑥,不过这与中国宪法学者的概念主张的指称对象和意义相去甚远。

"宪法实施"和"宪法监督",这两个概念均源于我国宪法文本,作为宪法概念而言,其概念指称对象相对而言较为明确。但是作为学理概念,其指称对象和意义又被学者添附或限缩了。从制度层面而言,"宪法监督"的指称对象即为人大或人大常委会的宪法审查职权,其指称意义为通过最高国家权力机关对其他国家机关行为的监督来保证宪法实施。但是学者通过价值添附的形式,将其意义扩展为与"宪法审查"和"违宪审查"相提并论,从而在指称对象上

---

① 谢华海.联邦德国宪法诉讼制度评介[J].法学杂志,1993(4).
② 上官丕亮.再探宪法诉讼的建构之路[J].法商研究,2003(4).
③ 韩大元,刘志刚.试论宪法诉讼的概念及其基本特征[J].法学评论,1998(3).
④ 谢维雁.国外宪法诉讼模式及其启示[J].四川大学学报(哲学社会科学版),2009(6).
⑤ 秦前红,叶海波.宪法诉讼:一个批判分析[J].华东政法学院学报,2003(2).
⑥ 德国宪法学家施密特对宪法诉讼的概念进行了理论和制度层面的详尽分析,详见:施米特.宪法学说[M].刘锋,译.上海:上海人民出版社,2005.

予以扩展。

"宪法司法化"这一概念在争论过程中,其指称对象从"司法审查机制"渐至限缩为"宪法在普通司法过程中的援引",其意义也相应被限缩为"法院可以解释宪法"等特性。如此一来,其结果必然是"宪法司法化"这一概念被学者所舍弃,被其他概念所取代。

本书主张"宪法适用"概念的指称对象,是宪法争议的判断机制,包括了司法过程中的宪法争议的裁判机制,也包括对法律法规及规范性文件的审查机制,以及不同权力机关之间的宪法争议解决机制等。这些机制所表现出来的特性,即概念的主张意义,主要有三个方面:一是权力机关围绕宪法争议而进行的活动;二是这些活动是适用宪法规范进行判断的过程;三是在此过程中需对宪法规范进行解释。与前述概念的主张意义及指称对象相比较而言,"宪法适用"的概念将这些不同制度或机制的最为核心的特性——争议与解释——以"适用"表征出来,即不以特定国家的制度或机制的特性为"强式范例",同时又能涵盖不同国家的不同的制度或机制。

2. 概念主张的目标

评价一个概念主张时,确定这个主张所提出的目标是至关重要的。如果目标没有表达清楚,概念性争论的参与者有相互误解的危险,并且他们的论证将是各说各话。[①] 每个概念的主张背后其实都有主张者的目标,即主张该概念用以解决的问题或达致的目的,这是主张者对所欲解决的理论问题的前思考或判断,并借此概念主张及其理论分析框架,最终实现对所研究的理论或实践问题的回答。在理论上,概念主张的目标主要有四种形式,一是它们是任意的规定;二是它们沿用语言用法;三是它们试图解释有些问题的"重要的"或"有趣的"方面是什么;四是它们建立一种检验这个标签的评价标准。[②] 大多数概念主张的目标属于第三种和第四种。

对于第三种概念主张的目标,概念性定义在于揭示实践或态度的"有趣的"或"重要的"方面。的确,不同的观察者或研究者在面对同一对象时,其视角或关注的面相并不相同,或者"对实践的目标存在分歧,我们也可能对实践中哪些是'重要的'或'有意义的'方面存在分歧,对它们为什么重要或有意义

---

① 比克斯.法理学:理论与语境[M].邱昭继,译.北京:法律出版社,2007:34.
② 比克斯.法理学:理论与语境[M].邱昭继,译.北京:法律出版社,2007:34.

也存在分歧"①。第四种概念主张目标,主要是设定标准,即研究对象或观察对象在成为该概念主张的指称对象之前,必须先通过概念主张的标准设定和检验。

目前,大多数宪法学者在讨论宪法实践机制时,其概念主张的目标主要是第三种和第四种,当然也有第二种。诸如"司法审查""宪法诉讼""宪法司法化"以及部分学者所主张的"宪法适用"概念,其概念主张的目标是第四种,即为宪法实践中的某些机制设定标准,并通过规范分析的方式,对中国宪法实践机制予以否定,简单来说,就是我国不存在"违宪审查"机制。这个标准,就是司法中心主义,要求对违反宪法的立法或政府行为通过司法程序予以审查,并对违宪的立法或政府行为宣告无效。审查的主体要求是司法机构,可以是普通司法机构也可以是特定司法机构,并且审查是以司法过程或司法的方式完成。除此之外的其他方式和机制无法被贴上"违宪审查"或"宪法审查"的标签。如果做更深一步的探究,其实这类概念主张的目标背后,隐藏着概念主张者对宪法审查这类宪法实践机制中"重要的"或"有意义的"的面向的判断,以及基于此判断所形成的理论共识。识别这类概念主张目标在我国宪法学者的学术讨论中相对比较容易,例如,"在民主与法治的条件下,这种矫正一般通过诉讼形式,严格地说,只能通过宪法诉讼的形式,宪政理想才有得以实现的制度基础"。② "宪法司法化"这一概念的提出,实际上正是迎合了理论界长期以来对美国"司法审查"机制在我国得以建立的期待,以及对司法模式解决宪法实践过程中的权利保护和权力限制这一问题的理论与制度的高度认可和共识。而且,基于这一评价标准,得出我国没有相应的宪法审查机制或宪法没有得到实施的结论,继而,在这些概念主张之下,讨论我国的"宪法审查"或"违宪审查"制度构建路径。

学者们在主张"宪法实施""宪法监督"及"宪法适用"等这些概念时,其目标并没有摆脱价值评判立场的困扰,虽然指向我国现行的宪法制度,但在其概念主张时却通过意义的添附,以便于这些概念也能指向其他国家的制度和机制,并在此基础上,对我国宪法监督或实施制度予以评判。其目标虽不像"违宪审查"那么明显,但最终的价值评价立场是一致的。如,有学者认为,"宪法实施实际上就是适用宪法规范处理宪法争议,矫正违宪行为的活动,其关键在于通过对公权行为的合宪性进行审查与监督以保护公民权利不被漫天飞舞的

---

① 比克斯.法理学:理论与语境[M].邱昭继,译.北京:法律出版社 2007:34.
② 韩大元,刘志刚.试论宪法诉讼的概念及其基本特征[J].法学评论,1998(3).

权力之剑所击伤。这是由宪法根本的价值取向与功能定位所决定的"。[①]

综上分析可知,学者们经常使用的概念,诸如"违宪审查""宪法诉讼"等等,其概念主张的目标基本上是明确的,即意图表明一种价值评判立场并设定检校制度的标准——只有司法的方式及制度安排才能更好地实现宪法保障人权的目标。然而,这些概念俱源自西方主要国家的宪法争议解决机制及实践,与我国的宪法制度并不相吻合。实际上,以西方某一国家宪法实践机制及理论为标准,来检验并建议中国应当学习并采纳何种宪法争议解决机制的争论是一个伪问题,因为以西方特定国家的宪法实践概念与制度为范本来检验、校正与评判中国宪法实践机制,无论是逻辑上还是实践上都不具有任何说服力,只具有参考价值。理由如下:

一是上述概念都是基于某一国家宪法实践中的争议解决机制而产生的,目的在于对本国宪法争议解决机制进行解释,因而具有特定的适用范围,并不具有普遍解释力。例如以美国的宪法争议解决机制和概念往往很难对法国、德国宪法实践机制进行有效解释。

其二,即使是对特定国家宪法争议解决机制具有解释力的概念,往往也只描述或说明该国宪法争议解决机制的核心部分,而对边缘部分往往并不能予以解释和说明。例如,"司法审查"只是解释美国宪法争议解决过程中的核心和常态机制,但是在对美国总统弹劾过程中,宪法扮演了什么角色?如果宪法在其中发挥了重要的功能与作用,并且总统弹劾问题是依照宪法来解决的,那么用宪法的司法审查概念和机制就无法解释这一过程。再如使用"宪法诉讼"来解释德国宪法审查制度,德国宪法法院职能之一就是对国会弹劾总统案进行审查,此时的宪法法院与其说是履行司法职能的司法机关,不如说是依照宪法规定的程序来最终解决一项政治争议的第四政治权力机关而已。

其三,当下各国宪法在功用上与实质性规范上具有同一性,例如权力授予与限制、人权保障等宪法原则在宪法规范中的体现,但是宪法实践中的宪法争议解决机制却存在差异,而且这种差异性是常态。我们耳熟能详的是美国的普通司法审查机制、德国的宪法法院机制、法国的宪法委员会机制,这种差异性,实际上是各国不同的政治传统及宪法观念造成的,体现出本土化特色。为何我国宪法学界对这种差异性视而不见,忽略中国政治实践及宪法历史的特殊性,却唯独要求中国的宪法争议解决机制与上述其中之一保持一致?

其四,中国宪法规范中有没有规定宪法争议解决机制?这是中国宪法学

[①] 苗连营.宪法实施的观念共识与行动逻辑[J].法学,2013(11).

者最为关注的问题,然而如果按照上述机制与概念来检校,很容易得出否定性结论——我国宪法没有规定宪法争议解决机制,或者即使有也是存在重大缺陷的,因为跟其所参照的标准概念和机制不相吻合。

因此,本书主张的"宪法适用"概念,其目标是显而易见的,即通过描述性的概念,揭示宪法实践中某些"重要的"面向,即如何通过宪法规范去解决宪法实践中的争议性问题,以及这一过程存在于宪法实践中的那些场域,除却司法过程的"强势范例",还包括非司法的过程中所发生的情形。简而言之,通过这一描述性、实证性的概念,对各种机制予以解释和说明,包括中国宪法实践机制在内。这一目标并非价值评价,或者以某种标准来评判各种机制的优劣,而是在承认这些机制存在的前提下,对这些机制予以说明,而不是相反,通过某种标准来否定这些已然存在的机制。

3.话语策略与政治语境

在学术争论中,各类概念因其指称对象、主张意义和主张目标的差异,已经导致对制度或机制认知的偏差和偏见,最为直接的后果就是无法达成理论共识或制度共识。当这些概念主张的目标无法获得理论上和实践上的共识,甚至产生反对时,主张者往往会根据需要重新对概念进行界定或选择其他概念主张。

林来梵教授在梳理各种"宪法审查"及其相关概念时,已经感觉到这些概念在被主张时的话语策略变化。"返观我国,指称该制度(注:指宪法审查制度)的用语则呈多歧化状态,但举其荦荦大端者,迄今为止大略有如下三种:第一种出现在早期,学者们多根据我国现行宪法的相关条文直接称之为'宪法监督实施',甚至简称为'宪法监督';第二种是此后流行的,即由于受到外国(尤其是日本)宪法理论和实践的影响,并基于一种微妙的话语策略,许多学者称之为'违宪审查',此语被广为接受,以致在宪法学界中大有取代传统的'宪法(实施)监督'说之势;第三种这是在晚近数年部分学者更加巧妙地加以使用的'合宪性审查'一语。"[①]

在我国宪法学研究过程中,政治语境通常是不可抽离的,这其中既有意识形态的限定,也有现行宪法制度自身的表达方式和政治语境的限定。因此,学者在概念主张时,必须考虑概念在法律语境和政治语境中同时被接受的可能性。因此,"宪法监督"和"宪法实施"基于宪法文本,有其宪法概念的性质,作

---

① 林来梵.宪法审查的原理与技术[M].北京:法律出版社,2009:序言.

为一个学理概念,可同时满足两种语境的表达需求,既符合宪法学语境又能满足政治语境的要求。但是在宪法学语境中,这两个概念无法充分有效地实现与国外宪法学概念的沟通和衔接,因此,学者们更多地选择了"违宪审查""司法审查"等概念来指称或表达其概念主张目标,其结果是在宪法语境中对现行宪法制度予以否定性评判,同时又于政治语境不相兼容。这也导致基于这些概念主张所进行的理论分析和制度建构一直不被政治话语所接受,甚至是被政治语境所否定。因此之故,学者们开始创设一些既能表达概念主张目标,又能被政治话语所接受的概念主张,如"合宪性审查""合宪性解释"等。直到目前为止,这种话语策略并未见效。

"宪法司法化"这一概念的横空出世以及所引发的诸多争议,不仅没有缓解学理概念话语、法律概念话语以及政治话语三者之间的紧张关系,反而加剧了政治话语对学理概念表达背后所隐藏的概念主张目标的警惕,最高人民法院在2008年废止关于齐玉苓案的批复,可以被视为这种警惕和排斥的直接后果。有学者在"宪法司法化"争论过程中已经发现了这一紧张关系,并将"宪法司法化"喻为"宪政的特洛伊木马"。①

党的十八届四中全会《中共中央关于全面推进依法治国若干重大问题的决定》中,所采用的话语仍然是宪法文本中的"宪法实施"和"宪法监督"概念,由此可以看出,理论界所采用的各类概念主张并没有被政治话语所吸收。

因此,在当下中国宪法学研究的语境中,有必要采取中立的、温和的话语表达,以便在特定的政治语境中能够被接受,以及被制度所吸纳,从而实现概念主张目标。选择一个什么样的概念主张,从而具有更为明确指向性,但又不与政治意识形态相悖,甚至能够满足对现有制度的解释力,确是一个难题。"宪政""宪法司法化""违宪审查"的话语策略选择在当下政治语境中的遭遇值

---

① 强世功教授指出,在宪法司法化的讨论中存在着内在隐蔽的话语悖论或者紧张。这种紧张不仅体现在人们对"宪法司法化"这个概念的不同理解,更重要的是体现在话语内容与话语策略之间的悖论。这种悖论已经使宪法司法化的讨论陷入理论和方法上的误区。宪法司法化在实际上却是一个话语圈套,因为一旦主张司法判断意义上的宪法司法化,也就自然地隐含了违宪审查的意涵。因此,宪法司法化就成了法官和法学家们的特洛伊木马,通过一个司法审判概念将国家权力分配的宪政概念偷运进来。宪法司法化表面上是一套关于司法判断的法理学说,而实际上是一种涉及国家权力结构的政治学说。参见强世功.宪法司法化的悖论——兼论法学家在推动宪政中的困境[J].中国社会科学,2003(2).

得反思,因为这种话语策略的失败,其后果可能导致这些概念主张背后的合理性目标诉求,连同这些概念主张一起被政治话语和制度所排斥。

"审查",如果和其他语词相连接,也许并不会被政治话语所否定,如"备案审查";但是一旦和宪法相连接,往往会成为政治语境中的"敏感词",正如"宪法审查"这一概念,在主张意义、指称对象和主张目标方面,均能被学理话语和制度概念所接纳,但是却有可能不被政治话语所容许。这种状况的形成,主要是意识形态限定的结果。在意识形态限定无法被突破的情形下,选择使用"宪法适用"这一概念主张似乎比较可取。首先,"适用"是比较中性的概念,主要是描述性的,不像"审查"具有强烈的对抗性和否定性色彩;其次,"适用"同时也是一个技术性概念,与已被政治话语所吸收的"宪法解释"具有内在一致性;最后,"适用"同时可以指称活动过程,即对机制或制度予以描述和说明,具有将学理概念与法律概念统合为一体的可能性。

(四)宪法争议的含义

什么是宪法争议,本身就是极具争议的学术问题。国内宪法学者在"宪法司法化"争论过程中,多次提到"宪法争议",但却很少对其进行严谨界定或分析。什么是宪法争议,以及区分是否构成宪法争议的标准是什么,这些问题在学术讨论中并没能形成清晰和明确的答案。[①]

在为数不多的关于宪法争议的讨论中,有学者认为,宪法适用是对已经发生的公权力行为是否合宪作出判断并解决由此引起的宪法争议。因为宪法调整两类最基本的社会关系:一类是国家权力与公民基本权利之间的关系,另一类是国家机构之间的权力冲突关系。宪法在调整这两类社会关系的过程中必然产生合宪性争议和宪法问题。所以宪法争议包括两类:合宪性争议和国家权力行使过程中产生的宪法问题。而合宪性争议主要有两类:一类是指公民认为国家的立法、行政行为侵犯了被宪法保护的基本权利,需要裁决法律、法规是否符合宪法;另一类是宪法规定的国家机构认为立法机构制定的法律有违反宪法之嫌,提交给专门机关予以审查以确定其合宪性。国家权力行使过

---

① 据不完全统计,从1998年1月1日至2014年1月1日,在中国知网公开的文献中,共有约1100余篇文章的学术讨论中使用"宪法争议"概念,但是对其进行界定和分析的寥寥无几。如郑贤君.宪法实施:解释的事业[J].法学杂志,2013(12);张翔.宪法教义学初阶[J].中外法学,2013(5);韩大元、刘志刚.试论当代宪法诉讼制度的基本功能[J].法学家,1998(2);张千帆.宪法实施的概念与路径[J].清华法学,2012(6);蔡定剑.中国宪法司法化路径探索[J].法学研究,2005(5)等等。

程中产生的宪法问题,主要是指政府高级官员的行为是否履行了宪法职责或者是否违反了宪法和法律。①

另有学者指出,"宪法争议"在我国宪法学理论研究中的长期缺位的现象,导致"我国的宪法学理论研究成果总是与宪法实践格格不入,宪法学者无法掌握有效地指导宪政实践的理论话语权"。② 根据莫纪宏教授的主张,宪法争议,就是关于宪法的争议,是宪法在具体发挥其规范指引作用的过程中,其自身的规范的确定性出现了矛盾,需要对这些不确定因素通过特定的程序和机制来加以解决,从而保证宪法发挥自身的根本法的法律功能。③ 据此,宪法争议的核心特征就是对与宪法规范本身、宪法实施和宪法适用相关的宪法的"确定性"产生了分歧性认识,宪法争议的目的就是为了更好地解决宪法的确定性问题。

此种观点基于宪法所具有的政治性和法律性特性,将宪法争议分为政治性宪法争议和法律性宪法争议。政治性宪法争议主要解决宪法的"合法性"问题,即宪法自身存在的正当性和合法性;法律性宪法争议解决的是宪法规范的确定性问题。两者的区分标准主要是看宪法争议能否依据宪法条文最终加以解决。根据此种标准,政治性宪法争议虽然存在并且有着相应的解决机制,但不会产生宪法适用活动。而法律性宪法争议与宪法作为法律规范的功能有关,根据宪法的法律功能,法律性宪法争议主要包括国家权力与国家权力之间的权限争议、国家权力与公民权利之间的冲突,以及公民权利与公民权利之间的权利冲突。④

究竟什么是法律性宪法争议,以及判断一项争议构不构成宪法争议的标准又是什么,这些问题在上述的讨论中并没有形成清晰和明确的答案。

英美宪法理论中较少使用"宪法争议"这个概念,而在德国宪法学和宪法制度当中,"宪法争议"却有着严格的意义界定和概念指称。施密特曾指出,"不论是从理论或从实务的角度来看,我们都不能从'宪法形式'这种想法出发来将宪法争议的概念加以形式化,亦即忽略宪法争议的具体意义及客体,而将所有的问题都视为应由'宪法法院'管辖的宪法争议。"⑤这也说明在当时德国

---

① 朱福惠.理性看待最高人民法院对齐玉苓案"批复"的废止[J].法学,2009(3).
② 莫纪宏.宪法学原理[M].北京:中国社会科学出版社,2008.466.
③ 莫纪宏.宪法学原理[M].北京:中国社会科学出版社,2008.466.
④ 莫纪宏.宪法学原理[M].北京:中国社会科学出版社,2008:468-472.
⑤ 施密特.宪法的守护者[M].李君韬,苏慧婕,译.北京:商务印书馆,2008.5.

宪法理论以及宪法制度中并没有对宪法争议予以明确界定。在制度层面上，依施密特之言，"帝国宪法第19条是通过判决先例之方式去确定'宪法争议'——这个无法以一个毫无限制之字眼'定义'（宪法争议是指所有关于宪法规定之争议）来界定——的概念、何谓'邦内部之宪法争议'"。① 这也意味着，宪法虽没有具体严格界定"宪法争议"，但却将其重任留给了国事法院，由国事法院通过具体判例来明晰何谓"宪法争议"，否则宪法争议就是一个宽泛意义上的学理概念，泛指所有关于宪法规定的争议。

在德国宪法制度和理论发展过程中，"宪法争议"逐渐成为一个有着明确指称对象的宪法概念。依据德国基本法第93条第1款第1项、联邦宪法法院法第63条及以下的规定，联邦宪法法院对两个宪法机构之间关于其源自宪法的权利和义务的争议作出裁判（所谓的机构争议）。人们以前基本上把这种宪法范围内主体之间的争议称为"宪法争议"，机构争议属于国务审判机构管辖范围核心组成部分。②因此，从严格意义或作为德国宪法制度中的宪法概念的意义而言，"宪法争议"仅指宪法机构和宪法机构之间发生的争议，宪法争议要求宪法机构之间必须存在一种"宪法法律关系"，而且必须具备宪法制度上的权力要素或职权活动要素，正是这些要素对其相互之间的宪法联系有争议。"宪法争议程序的标的是宪法机构之间的争议，即被申请人的措施或者不作为是否违反了基本法的规定和该规定是否承认申请人具有其诉请的权力"。③

国内学者在介绍德国宪法法院制度时，将宪法法院所管辖的所有争议都称之为宪法争议。如有学者在说明德国宪法法院制度时指出，"实质意义上的宪法争议是指一切由宪法规定的范围之内所发生的法律争议，包括参与宪法生活的各个国家机关之间的一切法律关系的总和，当然包括联邦与各州之间、各州彼此之间的关系，这种宪法争议构成了宪法法院管辖权的核心部分"。④ 根据这种界定，在德国宪法法院管辖权下，宪法争议的指称范围涵盖了包括宪法机构之间的争议在内的所有宪法规定范围内的法律争议，换言之，已经与德国宪法概念意义上的宪法争议（机构争议）完全不同，毋宁说是一个描述性的

---

① 施密特.宪法的守护者[M].李君韬,苏慧婕,译.北京:商务印书馆,2008.5.

② 施莱希,科里奥特.德国联邦宪法法院:地位、程序与裁判[M].刘飞,译.北京:法律出版社,2007:86-88.

③ 施莱希,科里奥特.德国联邦宪法法院:地位、程序与裁判[M].刘飞,译.北京:法律出版社,2007:103.

④ 刘兆兴.德国联邦宪法法院总论[M].北京:法律出版社,1998:5.

学理概念。也有学者不采用宪法争议这一概念来描述德国宪法实践,而是将德国宪法法院管辖权分为两类:宪政审查(constitutional review)与司法审查(judicial review)。宪政审查是指法院对宪法规定的政府机构之间的争议进行审查。它的目的是政治体制本身:通过控制行政权力,保护政府不因拥权自重而受到自身伤害。司法审查则是指法院对政府机构与公民之间的争议所进行的审查。其目的是保护公民的政治或法律权利不受政府侵犯。在实行司法审查时,法院有权根据宪法,去宣布立法、执法或司法决定违反宪法条款。①

因此,"宪法争议"作为学理概念,与作为德国宪法制度中有着严格指称意义的宪法概念比较而言,其指称范围并不相同。对后者而言,区分宪法争议和非宪法争议的标准,只能是严格依照德国基本法和宪法法院法所限定的宪法法院的管辖权范围。但是将"宪法争议"作为一个描述德国宪法实践中所有宪法争议的学理概念,其范围包括根据德国基本法和联邦宪法法院法的规定,由联邦宪法法院所管辖和审理的所有十六类宪法争议案。②

德国宪法实践中,基于宪法的概念主张而在制度中对"宪法争议"予以规范和界定,为我们在理论上认识和分析宪法争议提供了思路。宪法争议的概念主张反映了宪法的概念主张,或者说,宪法争议的概念主张是以宪法的概念主张为基础的,与宪法的概念主张意义和目标下的宪法功用密切相关。在德国宪法理论中的"实定宪法"的概念主张下,宪法功用包含了两个方面:一是作为"政治决断"的制度体现或国家政体存在的形式,宪法律必须对国家权力进行组织和配置,并保障授权政治权力机关能够行使其职权;二是对国家权力进行规范和限制,以保证宪法上的公民权利不受国家权力的侵害。

在宪法实现其第一个功用的过程中,不同国家机关之间不可避免地会对职权权限或权力行使(或按照德国宪法理论,称之为政治权力机关权利义务)产生争议,这些争议的解决有些可以而且应当适用宪法上的权力条款予以解决。例如联邦体制下,州政府的权力与联邦政府的权力之间发生争议,可以适用联邦宪法对联邦政府授权条款来解决;再如总统基于宪法理由否决议会的立法,以及议会对总统的弹劾情形等等。需要说明的是,这些宪法争议的解决机制可能并不相同,多数情况下,其争议的解决机制也并不同于德国宪法争议

---

① 张千帆.西方宪政体系:下册 欧洲宪法[M].北京:中国政法大学出版社,2001:176-177.

② 刘兆兴.德国联邦宪法法院总论[M].北京:法律出版社,1998:64-66.

解决机制——由一个特定第三方国家机关来解决。此类宪法争议的解决机制更多的被宪法律所限定或由一个国家的宪法惯例所决定。

在宪法实现其第二种功用的过程中,国家政治权力即便是被宪法规范和限制,但仍会出现国家机关的立法、行政以及司法行为对个人权利的侵害,此时,关于国家机关的权力行为是否侵害了个人的宪法权利,[①]很可能构成宪法争议。即便是在制定并很好地实施了宪法的国家都会存在国家的立法或政府的行政权力行使对个人宪法权利的侵害情形,因此,此类宪法争议往往备受社会和人民的关注。此类争议的解决,需要适用宪法上的权利条款,去审查立法及政府行为的合宪性问题。这类宪法争议的解决机制,通常也被称之为违宪审查制度、司法审查机制或宪法审查机制等等。此类宪法争议可能会由普通法院来解决,也可能会由宪法法院来解决,或者提交专门的宪法解释机构来解决,其争议解决机制最终取决于国家的宪法制度安排。

基于宪法的功用,宪法争议可以被界定为:宪法实践中发生的国家机关之间的职权或权力冲突,以及国家机关的权力行为可能或已经对公民的宪法权利构成侵害的情形,需要适用宪法规范予以判断的争议。

区分是否构成宪法争议的标准主要有两点:一是宪法争议的一方必须是国家机关,且与国家机关的权力行使相关。争议可能发生在国家机关与国家机关之间,也可能在国家机关与公民之间,无论哪一种情形,国家机关及其权力行为的存在都是必要条件。二是需要适用宪法规范来解决的争议才可能构成宪法争议,这是宪法争议构成的充分条件。并不是所有的权力争议都需要适用宪法规范来解决。同样的,国家机关的权力行为对公民权利的侵害也并不必然都需要宪法来予以救济。有些权力争议可能超越了宪法规范的范围,无法通过宪法适用的方式去解决,需要修改宪法或动用其他政治方式,如通过全民公决的方式予以解决。当然,如果后者在宪法律自身已经规定了全民公决的条件和程序的情形下,该争议也会构成一项宪法争议。公民权利受到权力侵害的情形,如果可以通过普通法律的适用加以解决,不需要适用宪法规范,这种情形也不构成宪法争议。例如行政执法行为对公民权利的侵害,如果通过行政诉讼即可解决相关法律争议,那么该争议就不构成宪法争议。另一

---

① 此处所使用的"宪法权利"概念,主要是描述性的,指称宪法文本或规范中确认的公民权利,它可以用来指称西方宪法理论和制度中的"人权",也可以指称我国宪法文本中的"公民基本权利"。

种情形下,如果法院在普通案件裁判过程中,发现行政机关执法的规范依据可能与宪法规范相抵触,或者当事人一方向法院提出该项审查请求,那么在法院对此问题进行判断的过程中,该争议就构成了宪法争议。

依据此标准对宪法争议进行界定和区分,可以有效避免所谓的"政治性宪法争议"在宪法适用上的困境,因为有些政治性质的争议无法适用宪法规范解决,也就可以被排除在宪法争议之外;而有些政治争议,由于宪法自身已经规范了其争议解决的路径和条件,这类政治争议就可以被纳入宪法争议的范畴。例如美国宪法中的总统弹劾的问题,虽然是政治争议,但是宪法已经规定了总统弹劾的条件,因此,对总统的弹劾动议必须适用宪法规范来解决。最为典型的范例,就是存不存在"违宪"的"全民公决"情形。全民公决是一种解决政治争议的途径,如果宪法限定了提交全民公决的事项、条件和机制,那么对于一项政治争议能否提交全民公决来解决的"决定及其依据",将会是一个典型的宪法争议。换言之,任何启动全民公决的动议都将会构成一项宪法争议。

二、宪法争议的类型

根据宪法争议的区分标准和形态,宪法争议包括两种类型:政治权力争议和宪法权利争议。

(一)政治权力争议

政治权力争议,也可以称为权力争议,主要是指国家机关在职权行使过程中在权力界限等方面发生的争议或宪法疑义,也包括特定国家机关在职权行使过程中与其他国家机关之间发生的权力对抗行为,此类行为的产生可能基于宪法在权力配置机制中已经预先设定的一整套权力制衡机制;也可能是国家机关基于对自身权力存在的维护,与认为对其职权进行干预的其他国家机关之间发生冲突。权力争议还包括,涉及国家整体性法秩序的统一,以及国家政治权力组织和配置的机制等,在维护和保障国家政体存在和发展的宪法秩序中所产生的宪法疑义,例如基于保障国家的民主政体的存在和发展,政党或政治团体、组织的行为是否违宪的宪法争议,以及在选举过程中和代议机关代表权力行使过程中,所发生的宪法争议,也可以被纳入权力争议当中。

对此类政治权力争议的详细分析和甄别,将有助于我们理解宪法争议和宪法争议解决的方法及机制问题。从宪法对国家权力的组织和配置,以及维持和保障国家政体决断存在与发展的角度,政治权力争议包括以下几类。

2.权限性争议

权限性争议,主要是指国家政治权力结构中的不同国家机关之间,围绕国家机关职权与权限所产生的宪法主张歧义与争议。这种争议产生的主要原因在于,在宪法对国家政治权力进行配置的过程中,并没有一个严格、清楚和明确的权力清单可供参考,事实上也不可能存在这样的清单。当宪法采用笼统的概念,如"立法权""社会事务""公共事务",以及"重要""其他"等外延和边界并不明确也不可能明确的修饰语词,对不同的国家机关予以授权时,这些机关与其他机关之间就某一事项的职权主张很可能发生争议。

在国外宪法实践中,经常会发生总统与国会在某些事务管理上的权限争议,新近发生的案例也清楚地展示了国家机关之间的权限性争议。如美国总统奥巴马签署行政令,宣布了新的移民改革措施,该措施一公布立即招致国会的强烈指责,众议院甚至通过了"防止行政大赦议案",该议案指出,"美国宪法、移民和国籍法以及其他联邦法律都没有授权政府通过行政命令的方式阻止遣返非法移民,政府部门与此有关的任何行政措施都没有法律效力";①奥巴马则公开表示,"希望在作为总统的合法权力范围内让该体系更完善",白宫发言人回应说,奥巴马总统认为,颁布无须国会批准的政令在他的宪法职权之内。② 简单而言,总统认为授予公民身份和国籍是国会的权力,而总统有权颁布行政令对非法移民进行大赦,但不授予国籍;而国会认为总统绕开国会解决非法移民问题,这是对国会权力的挑战,并没有宪法和法律的授权。③

在德国宪法制度中,权限性争议主要是指"机构争议""联邦争议"和"公法争议",这些争议都在联邦宪法法院的管辖权之内。德国联邦宪法法院法第13条规定了宪法法院的管辖权,其中第5项规定:"就有关最高联邦机关或者其他依据基本法或最高联邦机关的议事规程,具有一定权利的当事人,因为权利与义务范围内发生争议时对于基本法的解释(基本法第93条第1项第1款)";第7项规定:"关于对联邦和各州的权利与义务发生分歧,特别是州在执行联邦法和联邦在执行联邦监督时发生的分歧(基本法第93条第1项第2款)"。④ 据此可以认为,"机构争议"主要是联邦层面的总统、联邦议院、联邦

---

① 韩显阳.美国众议院:奥巴马移民新政无效[N].光明日报,2014-12-7.
② 廖政军.奥巴马移民新政引发政治风波[N].人民日报,2014-11-22.
③ 美国总统奥巴马涉及的宪法争议还不止这一单,他所推行的"医改方案"已被众议院提起诉讼。
④ 刘兆兴.德国联邦宪法法院总论[M].北京:法律出版社,1998:331.

参议院、联邦政府,以及被授予独立权力的这些机构的组成部分和内部组成单位,①关于各自职权范围与职责之间发生的争议。"联邦争议",主要是指联邦与州之间的权利义务分歧,不包括州与州之间的权利义务分歧,该争议主要限定于联邦政府和州政府之间的权力争议,议会被排除在外。② 依据联邦宪法法院法的规定,"联邦争议""联邦与州、州与州之间的公法争议"都适用于"机构争议"程序,因此,可以把这三种统称之为广义上的"机构争议"。

在联邦体制下,联邦与州之间的权限性争议是普遍存在的。美国宪法对联邦的权力予以明确列举,未列举的权力仍由各州保留,即便如此,仍然产生了大量的联邦与州之间的权限争议。在麦卡洛克诉马里兰州案中,首席大法官马歇尔就指出,"联邦政府拥有有限列举的权力,这一点已被公认……但是,授权的确切范围一直存在争议,并且只要我们这一体制存在,该问题将不断涌现"。③ 实际上,联邦体制及"联邦至上"原则正是通过不断涌现的宪法争议的判例得以确立和维系的。

权限性宪法争议是每个国家宪法实践中比较常见的问题,往往涉及中央与地方权力配置机制,以及横向层面的不同国家机关之间的职权争议。对这类争议的清楚界定,有助于我们去认知和了解此类争议的解决机制。例如,在我国宪法制度中,中央政府与地方政府的管理权限的争议,依据宪法第89条第4项的规定,由国务院来最终决定。这种解决机制实际上是对"中央集权制",或者我国宪法学者所采用的"单一制"的政治秩序和宪法秩序的维护和保障。在其他国家,美国或者德国的宪法实践中,此类争议却是由法院或专门的宪法机构来予以裁判。而采用何种解决机制,取决于国家政体、权力配置机制以及宪法秩序。

2.对抗性争议

对抗性争议,主要是指国家机关在其职权范围内,依照宪法规定,对其他国家机关的权力行为进行监督或制约所产生的宪法争议。采用"对抗性"来指称此类争议的特性,主要是说明此类争议主要发生在国家机关之间,并且是基

---

① 施莱希,科里奥特.德国联邦宪法法院:地位、程序与裁判[M].刘飞,译,北京:法律出版社,2007:86-88,93-103.

② 施莱希,科里奥特.德国联邦宪法法院:地位、程序与裁判[M].刘飞,译,北京:法律出版社,2007:111.

③ 北京大学法学院司法研究中心.宪法的精神:美国联邦最高法院200年经典判例选读[M].北京:中国方正出版社,2003:36.

于权力制约和监督而产生,通常表现为一个国家机关在对另一个国家机关行为进行否定性判断的过程中所产生的争议。与权限性争议不同的,争议主体之间并非就各自权限主张存在歧见,或通过权限性争议的解决排除其他国家机关对其职权的干预。恰恰相反,对抗性争议的存在意味着宪法已经安排了一种制度性干预机制,通过特定国家机关对其他国家机关权力行为的干预,来实现权力机关相互之间的监督和制约。对抗性争议是在这种宪法监督和制约的过程中发生的争议,即主体一方对另一方行为的否定性判断,而且该否定性判断主要是依据宪法规范作出。

国家机关之间的监督和制约过程,并非都会产生对抗性宪法争议,通常比较多的是法律争议。[①] 例如在诉讼过程中,司法机关对国家机关职权行为的"合法性"审查,主要就是对法律争议作出判断,而此过程也是司法机关依职权对行政机关的权力监督和制约过程。如果在此过程中,司法机关对国家机关据以作出职权行为的法律规范依据是否合乎宪法规范进行判断的话,那么,司法机关监督和制约的就不是作出职权行为的国家机关,而是制定法律的国家机关的权力行为,这种判断的对象就是宪法争议。

同样的,对抗性宪法争议并不必然与公民的权利保障相关。在很多对抗性宪法争议中,尤其是从美国司法审查的案例来看,对抗性宪法争议往往是司法机关或特定的国家机关对立法机关的立法行为,或行政机关的行政行为是否构成对公民宪法权利的侵害这一争议进行判断,该争议既涉及权力机关之间的制衡性,又关涉到公民宪法权利的保障。但很多时候,或在其他场合,对抗性争议与公民的宪法权利无关,而与宪法规定的国家机关职权范围和行使方式相关。

例如在弹劾总统的场景中,对总统是否违反了宪法规范,或其行为是否满足宪法规定的弹劾条件,并进行宪法判断的过程,往往与宪法上的公民权利条款无关。美国宪法第 2 条第 4 款规定,"合众国总统、副总统及其他所有文官,因叛国、贿赂或其他重罪和轻罪而遭弹劾并被判定有罪时,应予以免职"。因此,在总统弹劾案中,争议的核心是总统的行为是否构成"叛国、贿赂或其他重罪和轻罪"。在弹劾过程中,众议院依据宪法独自享有弹劾权,而参议院享有

---

① 此处所使用的"法律争议"中的"法律"是指除宪法以外的其他法律规范,并非广义上的法律概念(包含宪法律在内的所有法律规范)或最严格意义上的仅指"全国人大及常委会制定的法律"。

审理一切弹劾案的全权。据此,美国宪法制度安排是由国会通过弹劾权的行使去监督总统的行为,而对总统的其他行为可能涉及侵害公民宪法权利的宪法争议,则交由法院来解决。

在德国宪法制度中,总统只是国家元首,并无多少实质性权力,但德国宪法中关于总统弹劾的制度性安排,更加清楚地表明,总统弹劾更多涉及政治权力结构中的监督和制约要素,"因为联邦总统既不对议会也不对其他一个机构负有政治上的责任,这种程序的存在至少在理论上是有必要的"。①

因此,对抗性宪法争议的存在,主要是因为宪法对政治权力的制度性安排所引起的,其目的主要是通过制度性的国家机关之间的监督和制约,防止任何一种国家权力超越宪法的授权,以保障宪法所确立的政体和宪法秩序的存在及发展,而不是被某个国家机关的权力行为所异化。简而言之,在当下的宪法语境中,对抗性宪法争议的存在,就是通过宪法制度安排,防止国家从民主的、宪政的国家异化为独裁专制国家。这是对抗性宪法争议与宪法权利争议的主要区别。

对抗性宪法争议主要是指弹劾和否决,在美国宪法实践中,对美国总统的弹劾案,以及对法官的弹劾案等等。此外,美国总统享有对国会法案的否决权,其行使往往也会产生宪法争议。1789年至1840年间,(美国)总统否决了21个法案,但却"只有5个或6个是基于宪法以外的理由"。②

我国宪法制度也有关于对抗性宪法争议的制度安排。例如宪法第62条第11项和第63条规定,全国人民代表大会享有的职权包括"改变或者撤销全国人民代表大会常务委员会不适当的决定",以及对国家主席、国务院总理和副总理、中央军委主席、最高人民法院院长和最高人民检察院检察长等国家机关负责人的罢免权。此外,根据宪法第67条第7项和第8项规定,全国人民代表大会常务委员会享有撤销国务院制定的同宪法、法律相抵触的行政法规、决定和命令;以及撤销省、自治区、直辖市国家权力机关制定的同宪法、法律和行政法规相抵触的地方性法规和决议的职权。这就意味着,全国人大、全国人大常委会和其他国家机关之间存在的"罢免"和"撤销"机制,与国外宪法制度

---

① 施莱希,科里奥特.德国联邦宪法法院:地位、程序与裁判[M].刘飞,译.北京:法律出版社,2007:334.

② 图什内特.让宪法远离法院[M].杨智杰,译.北京:法律出版社 2009:17.图什内特在此处甚至认为,"我们可以从这些运作中得到一认知,那就是除非出现少数例外情况,否则要否决法案都必须是基于宪法上的理由"。

中的弹劾和否决机制相类似,具有相同的宪法功用。虽然在我国宪法实践中,对其他国家机关负责人进行罢免的情形从未发生过,但如同德国宪法实践中总统也从未被弹劾过一样,并不能据此否定这种宪法制度安排的必要性,以及在这种制度安排之下产生宪法争议的可能性。

3. 政治参与性争议

政治参与性宪法争议主要是指依据宪法规定,公民在参与国家政治生活过程中,或在国家机关中以特定身份履行职责过程中,所产生的需要适用宪法规范予以解决的争议。该类宪法争议包括两种情形:一是公民以个体身份行使选举权和被选举权,组建政治团体参与国家政治生活,以及全体公民以公决的方式决断国家政治事务的过程中所产生的宪法争议;二是公民以特定身份如议会议员或代表,在履行代表职责过程中所产生的宪法争议,例如依据宪法被罢免或取消代表资格,或被限制代表职责的履行,以及在保障代表职责履行的过程中,所发生的宪法争议。

之所以将此类宪法争议单独予以归类,主要是因为在现代民主政体下,对公民在国家政治事务中的自主权的宪法保障问题,这是现代民治政府和代议制的必然要求,也是防止民主政体异化的必然要求。通常情况下,这些问题都被归属为政治问题,或者说,很多情形下,这些问题的解决并不需要宪法,或者在宪法之外通过政治途径来解决。如果将这些问题归属在宪法争议下,并主张通过宪法适用来解决这些争议,很有可能会招致理论和实践上的强烈反对,但不可否认的是,这些看起来都属于政治问题的争议,是否构成宪法争议,取决于宪法制度本身。换言之,如果宪法规范对这些问题已有相应的规定,并且在宪法制度中对某些问题的解决限定了解决的机制,那么就有充分的理由将这些问题归入到宪法争议中。

选举制度,是保证公民以个体身份参与国家政治生活的重要制度途径,是公民行使国家主权的重要形式,也是现代宪法制度中的重要内容。在现代民主机制中,选举及选举制度,是国家主权及政权存在的"合法性"根基,国家的"正当性"就直接源于民主体制下的选举和选举制度。在选举过程中,选举资格的确定和选举是否有效的争议并不少见,美国宪法实践和德国宪法制度中都有选举争议的宪法解决机制。我国由普通法院审理选民资格案件,并且规定适用特别诉讼程序来解决争议,以示该类争议案件与普通民事权利争议案件存在差别。

当公民通过组建政治团体,尤其是以组建政党参与国家政治生活,甚至直接参与国家政治权力运作时,也会产生宪法争议,比较典型的就是宪法实践中的党禁案件。如果宪法规范了政党制度,那么依据宪法规范对政党组建的目的、宗旨和行为进行宪法审查就是非常典型的宪法争议,此时,该争议表现为"法律性争议",而不仅仅是"政治性争议"。固然,政党的存在及其限制本身就是一个政治问题,然而应该注意的是,宪法的重要作用就是"政治法律化",即通过宪法规范政治行为,从而保证宪法秩序的稳定和发展。德国宪法规定政党违宪案归联邦宪法法院管辖,虽然在宪法实践中极少有此类争议案,但政党违宪争议的确构成一项宪法争议。在1954年的联席决定中,德国联邦宪法法院把政党确定为"宪法机构",并认为,"通过参予形成人民政治意愿的过程,政党作为宪法机构而发挥职能。政党主要通过参予议会选举,来行使这项第21章所保障的权利。如果政党在这一领域内积极活动,并为这项来自我们宪政特殊职能的权利而奋斗,那么它们就有权在本院的宪政程序中行使其自身作为宪法机构之权利"[1]。

全民公决是现代民主国家国民主权原则的具体表现,也是人民实现自决权的一种重要形式。根据学者苏克西(Markku Suksi)的统计,当今世界160个主要国家的宪法中,有85部宪法,即相当于53.1%的宪法明确规定有某种形式的全民公决条款,而在规定了"全民公决"机制的国家,其宪法制度对"全民公决"启动的条件、议题和效力进行了规范和限制。[2] 因此,一项"全民公决"的动议及结果,是不是符合宪法规范,特别是在涉及"全民公投"的结果是否有效的争议方面,没有理由不被认为是一项宪法争议。例如1998年加拿大最高法院裁决,魁北克不能单方面决定独立,必须得到联邦和其他省份的认可。这就意味着魁北克1980年和1995年两次全民投票的结果都是无效的。1999年加拿大联邦政府又规定了今后魁北克省再就独立问题举行全民公决时,必须得到联邦政府的批准才能生效。因此,从宪法制度安排来看,加拿大宪法实际上是将魁北克独立公投的有效性建立在联邦的批准之下,而联邦是否批准则是一个政治议题,宪法并不做具体规制,但是宪法规定了这种政治议题的宪法解决机制,因此,全民公投的议题及结果的有效性就构成宪法争议。

除却前文所及公民以个体、政治团体或全体直接参与国家政治生活的形式以外,现代民主制度更多地强调通过代议制来实现人民主权和人民对国家

---

[1] 张千帆.宪法学导论[M].北京:法律出版社,2003:409.

[2] Markku Suksi. Bringing in the People: A Comparison of Constitutional Forms and Practices of the Referendum[M]. Boston: Martinus Nijhoff,1993:137-142. 转引自廉思.当代全民公决制度的类型研究[J].环球法律评论,2008(5).

事务的决定权。代议制意味着人民通过选举产生的代表或议员,在代议机关内,代表人民决断国家事务。在此过程中,议员或代表是作为人民意愿集中代表的"机构"来履行代表的职权,即使其往往表达的总是个人意见,但在宪法秩序中仍被视为"代表"了人民的意愿。德国宪法制度中,议员在特定情况下,也被视为"宪法机构",并享有在联邦宪法法院主张其权利和义务的权利。"这样,议员在机构争议中就可以提出,其在全体大会发言权被剥夺或联邦众议院的提前被解散损害了其与其议员地位相联系的权力,或者是以违宪的方式使其丧失了议员的法律地位。在此,他是以自己的名义来诉求自身的法律地位,而不是仅仅是作为宪法法院法第 63 条中规定的机构的组成部分。"[1]并且,议员只有在诉求其作为议员的法律地位所具有的权力时,才能启动机构争议程序,而在其他情形下,议员只能作为公民提起宪法诉愿。当议员或代表依据宪法规范主张自身权力时,所欲解决的就是一项宪法争议。

在我国宪法实践中,人大代表的权利和义务在宪法文本中有明确规定,而且现实中,人大代表的权利极易受到不适当的限制、侵害或剥夺。但是很少有人关注这种宪法争议的情形,或者将其视为政治问题或争议,而不是在宪法秩序中考察此类状况,其结果并不利于保障代表履行其权力。例如,人大代表有没有权利缺席人大会议?迟到或缺席能不能成为限制或剥夺其代表职权的行使条件?或者对其进行处罚?[2] 一个有趣的案例是,2011 年浙江永康市人大代表团为了整顿会议纪律,颁布了一个"临时规定":只要有代表开会迟到,罚款 1000 元起步;如果缺席半天以上,最高罚款 5000 元。[3] 在此事件中,能不能对迟到的人大代表可以罚款?有没有宪法规范上的依据?如果没有的话,该惩戒措施明显违反了《中华人民共和国宪法》《中华人民共和国全国人民代表大会和地方各级人民代表大会代表法》以及《中华人民共和国地方各级人民代表大会和地方各级人民政府组织法》等宪法和宪法性法律。

在宪法实践中,代议机关可以对议员或代表的不适当或违反纪律的行为进行惩戒,但必须有严格的宪法性法律的依据。如果涉及代表资格的中止或剥夺情形,则应该有宪法上的依据,这是代议制民主制度在宪法秩序中的必然

---

[1] 施莱希,科里奥特.德国联邦宪法法院:地位、程序与裁判[M].刘飞,译.北京:法律出版社,2007:99-100.
[2] 依据《中华人民共和国全国人民代表大会和地方各级人民代表大会代表法》第 49 条的规定,未经批准两次不出席本级人民代表大会会议的,其代表资格将被终止。
[3] 胡倩.迟到 2 分钟,罚款 1000 元[N].钱江晚报,2011-4-27.

要求。因此,此类争议需要而且应当适用宪法规范予以解决。

(二)宪法权利争议

宪法权利争议,主要是指国家机关或政治权力机关的权力行为,可能或已经对公民的宪法权利构成侵害,需要适用宪法规范予以判断的争议,简称为权利争议。此类争议主要围绕公民的宪法权利是否被侵害,或可能被侵害而展开,争议的对象主要是国家机关的立法行为、行政行为或司法行为是否符合宪法权利规范。这也是学术界经常讨论的"违宪审查""宪法审查"或"宪法诉讼"等机制主要指向的宪法争议类型。对于宪法权利争议及其解决的价值、意义、机制和方法的研究成果极为丰富,此处不再赘述,只就与宪法争议讨论相关的几个重要问题予以说明。

一是宪法权利争议,虽然涉及公民的宪法权利保障,但此类争议的发生可能与公民个体无关。换言之,虽然争议的核心是公民的宪法权利,但争议的主体可以是具体的公民个体与国家机关,例如在个案审理中的附带性审查,以及德国的宪法诉愿中,宪法争议的主体与具体的公民个体相关涉,但也可以是两个不同的国家机关,例如对国家立法机关的立法所进行的抽象审查中,虽然与公民的宪法权利相关,但与具体的公民个体并无直接关系。

二是宪法权利争议,与前述的权力争议的宪法适用不同的是,后者主要适用宪法中的权力规范,而前者主要适用的是权利规范。在宪法权利争议中,主要考量的是,国家机关所制定的法律、行政机关所发布的行政命令和决定,以及司法机关所作出的司法裁判,是否构成对宪法规范中的公民权利的限制或剥夺,或者没能为受到侵害的公民权利提供足够的法律救济,导致公民的宪法权利无法得以实现。

三是宪法权利争议,应当与法律上的权利争议区别开来。并不是所有的"权利争议"都构成一项宪法争议,只有当穷尽普通法律的适用无法解决该争议,并只能通过宪法适用来解决时,该争议才能构成宪法争议。这就意味着在争议解决过程中,首先应当进行"合法性"审查,即一项法律规范是否与更高效力位阶的法律规范相符合,或者在行政诉讼过程中,首先审查政府行为的"合法性",而不是直接适用宪法规范予以解决。在"齐玉苓案"中,法院并没有严格遵守这一点,并且在诉讼性质的判断上出现严重失误,这才导致所谓的"宪法司法化"和"宪法私法化"的问题。如果学校和政府部门在齐玉苓的"学籍"和"户籍"的管理中没有违法行为的话,就不会出现齐玉苓被冒名顶替上学的结果,因此,该案首先是一个行政诉讼案,并且完全可以通过对行政主体的行政行为的"合法性审查"来为齐玉苓提供法律救济。

四是宪法权利争议的产生,并不必然以公民宪法权利实际被侵害为前提。它可以是一种可能情形,如对尚未生效的法案或政府决定进行的前置性审查。在此情形下,法案尚未生效或政府行为尚未作出,并没有对公民宪法权利产生实际侵害,但不意味着不会产生涉及公民宪法权利的宪法争议。这一点尤其体现在法国宪法委员会对议会通过的法案进行前置性宪法审查的情形,也体现在我国宪法实践中的备案审查机制当中。

最后,需要特别指出的是,宪法权利争议,其争议解决并不必然与具有最终宪法解释权的国家机关相关。虽然在很多情形下,这些争议最终都由享有宪法解释权的国家机关来解决,但是相反的情形也同样很多,尤其是当争议解决机关作出"合宪性"或"违宪性"判断的情形下,该争议虽然并没有最终得以解决,但是已经适用宪法规范并进行了宪法判断,而且该机关所作出的宪法判断直接影响着解决争议的后继程序的启动或终止。最为典型的情形就是,在德国宪法实践中,普通法院在案件审理过程中,如认为某一法律违宪,而该法律又与其审理中的案件裁判结果密切相关,法院应中止案件审判,并向联邦宪法法院请求解释。在此过程中,法官对法律是否合宪这一宪法争议已经作出了宪法判断,如果作出"合宪性"判断,那么该争议被视为已经解决,案件将适用该法律进行裁判;如果作出"违宪性"判断,那么法官应将其判断的理由同时呈上联邦宪法法院请求予以解释。"在此,'法官的责任和作出裁判的负担',绝不比宪法法院因一个规范违反宪法和无效而决定其不予适用时更小。一般法院所不拥有的仅仅是最终的、具有普遍性约束力的决定法律不予适用的权力——此项权力被保留于联邦宪法法院。[①]"统计表明,在德国宪法实践中,联邦宪法法院基于普通法院对法律违宪的解释请求所作出的裁判的数量居于宪法诉愿之下的第二位,而渊源多于其他所有的程序种类。[②]

据此可知,普通法院在一般案件裁判中,如果当事人提出案件裁判所应适用的法律违反宪法,或者法官认为该法律可能违反宪法时,宪法争议由此产生。此时,法官必须对法律是否违反宪法作出判断,并且该判断的作出将直接影响此项宪法争议的后继解决程序是否启动。无论是"合宪性"判断还是"违宪性"判断,实质上都是适用宪法规范对法律规范进行审查的结果。由此可以

---

① 施莱希,科里奥特.德国联邦宪法法院:地位、程序与裁判[M].刘飞,译.北京:法律出版社,2007:22.
② 施莱希,科里奥特.德国联邦宪法法院:地位、程序与裁判[M].刘飞,译.北京:法律出版社,2007:154

认为,不具有宪法最终解释权的普通法院也需要解决案件审判过程中的宪法争议。

认识到这一点非常重要,因为在我国宪法制度中,只有全国人大和人大常委享有宪法解释权,这种权力就像德国联邦宪法法院所保留的权力一样,但是并不能据此否定和排除普通法院,以及其他国家机关在行使法定职权过程中,对可能发生的宪法争议作出宪法判断的宪法适用活动。而在此过程中,这些国家机关必须对宪法规范和法律规范进行解释,以判断两者之间是否相符或相冲突,此时,宪法解释作为宪法争议解决的方法必然存在,这种解释与享有最终解释权的国家机关所进行的宪法解释是不同,后者基于宪法权力制度具有与宪法规范一样的普遍效力和最高效力,而前者只对个案具有阶段性的效力和程序效力。下文将会对此问题予以详细分析和论证。

三、宪法争议的解决机制

(一)宪法争议构成的强化与消解

宪法争议构成的强化与消解,是宪法争议构成判断上策略选择的结果。宪法争议的强化,主要是指在宪法实践中,争议一方主体,基于目的性考量、风险性考量或替代性考量的策略选择,通过宪法制度性安排,将原属政治争议或其他争议的事项纳入宪法秩序并转化为宪法争议,通过适用宪法规范来解决该争议。

将原本不属于宪法争议或不构成宪法争议的事项转化为宪法争议,主要的策略选择依据包括了对该争议解决的目的性考量。例如,通过将其构建为一项宪法争议,并通过宪法制度予以解决,有助于消弭政治冲突,或降低该争议解决可能导致的政治冲突的扩散,从而保证政治体制或宪法秩序的稳定。目的性考量的另一种情景是,为维护和保障法治国下公民宪法权利,以及实现对国家政治权力的限制和对抗功能,宪法在构建政治体制或宪法秩序时,将原本属于政治权力自我调节和解决的事项,纳入宪法制度框架内予以解决。

基于目的性考量而将某项争议强化为宪法争议方面,美国宪法实践提供了足够多的案例。最为经典的当属马伯里诉麦迪逊案的争议解决策略考量。在该案中,马歇尔大法官首先面对的就是一项简单的法律争议,即依据《联邦司法法》,马伯里应不应该获得委任状,以及联邦最高法院应不应该发出执行令的法律问题。该项法律争议的解决在马歇尔或其他法官看来,基本上属于比较简单的法律适用问题。不过马歇尔对最高法院可能导致的尴尬情形作出了充分的估计,因为签发执行令,但总统不予执行,最高法院一点办法都没有,只会损害最高法院的司法权威;而如果不签发,更会损害最高法院的司法权威。不过马歇尔大法官却成功地将其转化为一项宪法争议,并通过该争议的解决,化解了政治冲突以及确保了联邦最高法院的权威,甚至让联邦最高法院获得了宪法制度中原本并没有予以明确规定的权力,即对国会立法和总统行为的宪法审查权,从而实现宪法制度中权力的制衡功能和宪法秩序的稳定性。一方面,马歇尔宣布总统及其官僚行为违法,这一判断对美国宪法秩序而言非常重要,确立了最高法院对总统行为的司法审查的权力;另一方面,宣布最高法院据以签发执行令的《联邦司法法》因违反宪法而无效,所以拒绝颁发执行令,从而又确立了最高法院对国会立法的司法审查权力。马伯里案本属于一项法律争议,但是该争议的解决更能会引发更为严重的政治冲突[1]或宪法危机,即司法机关不仅成为"最小危险的部门",而且成为最无权威的部门,无法实现宪法秩序中所欲的司法权对行政权和立法权施以制衡的目标。

在能够解决争议并实现争议解决所欲达致的目的时,如果有多种解决途径可供选择,那么争议主体可能会基于风险性考量的结果,选择将一项争议构建为宪法争议,并通过宪法适用机制来降低争议所带来的政治风险或法律风险。在现代民主政治发展过程中,国家政治体制面临基于"民主"的诸多变革诉求,这类诉求往往会产生政治冲突并对国家政治体制的稳定产生重要影响。在解决这类冲突的过程中,基于风险性考虑,在可能的情况下,往往会将这些冲突转化为宪法争议,并通过宪法制度内的解决,来降低民主政治争议所带来的社会分化和政治对立的风险。尽管在某些时候,这样做实际上并没有能真正降低政治风险,甚至可能会加剧政治冲突的爆发。

美国学者皮德斯曾指出,在过去的二三十年间,"关于民主制度与民主核心过程设计的议题日益成为世界范围内的宪法问题",并将这一转变称为"民主政治的宪法化(constitutionalization of democratic politics)"。[2]皮德斯列举了美国宪法实践中,通过联邦最高法院的判决,美国宪法中联邦或州内所有选举的筹资,以及公司、工会与政党在选举中的角色,目前都为宪法实质性地限制。不仅如此,联邦最高法院的判决已经改变了直接民主的性质,各州不再能

---

[1] 在该案中,马伯里委任状事件的背后,实际上隐藏的是当时联邦党和民主共和党之间的政治冲突,联邦党人即将卸任总统,在最后一天通过突击委任大量的联邦党人为地方治安法官;而民主共和党人即将宣誓就任总统,对联邦党这种行为甚为不满。

[2] 理查德·H.皮德斯.民主政治的宪法化[A].田雷,译.却伯等.哈佛法律评论·宪法学精粹[C].张千帆,编译.北京:法律出版社,2005:152-153.

够构建符合它们自身关于参与式民主的直接民主。宪法还改变了司法选举长期以来的性质,类似的,投票技术和选票计算程序的议题现在也成为宪法事务,当然,宪法也支配着有争议的总统和其他选举的解决方案。① 发生在美国宪法制度中的变革,即通过将选举、政党、公决等民主政治争议,转化为宪法争议并在宪法制度内予以解决的现象,也在其他国家宪法实践中正在发生。皮德斯认为,"尽管宪法明确保证了政党的权利,但欧洲人权法院和西班牙、土耳其、印度和以色列的高等法院也被要求去解决政府是否有权禁止某些政党。"②前文所言及的加拿大最高法院同样将地区全民公投的议题予以限定,同样也是将政治争议强化为宪法争议的策略选择的结果。

民主运动及其规制,长期以来一直被视为一个政治议题,应该通过政治冲突解决机制来最终解决。但是,在现代民主政治运动中,此类政治议题的解决风险越来越高,甚至会导致国家的政治分裂,其结果并不是宪法秩序所能承受的。因此,基于风险性考量的结果,将这类政治议题成功地转化为宪法争议,并纳入宪法制度框架下解决,从而可以降低此类政治争议所带来的社会风险和政治风险。

而替代性考量因素的影响,主要情形是某项争议,除了通过宪法制度或以宪法争议的方式予以解决,并无其他解决的途径或可替代的解决方式;或者其他解决途径并不能实现争议解决所欲的目标,以及无法保证争议解决的公平性或公正性时,选择通过宪法适用的方式予以解决。

对于普通法律争议,除了通过司法诉讼这一解决途径以外,还存在其他替代性纠纷解决机制可供选择,甚至后者在解决此类争议时,比司法诉讼方式更为快捷和有效。但是有些争议,尤其是涉及宪法权利的争议,往往没有其他的替代性纠纷解决机制。因此,为保障人权或公民的宪法权利,只能选择通过强化此类争议作为宪法争议的特性,并在宪法秩序中予以解决。最为典型的当属德国宪法实践中的"宪法诉愿"制度。宪法诉愿,主要是指公民对其基本权利受到的损害,在完全用尽了其他法院向其开放的法律途径的情况下,可以向联邦宪法法院提出宪法诉愿。通过宪法诉愿,公民可以诉请对最高审级的生效法院判决进行审查以及(在例外的情况下甚至直接地而不用绕过其他法院

---

① 理查德·H.皮德斯.民主政治的宪法化[A].田雷,译.却伯等.哈佛法律评论·宪法学精粹[C].张千帆,编译.北京:法律出版社,2005:153-154.

② 理查德·H.皮德斯.民主政治的宪法化[A].田雷,译.却伯等.哈佛法律评论·宪法学精粹[C].张千帆,编译.北京:法律出版社,2005:155-156.

地)对法律进行审查。① 将公民在终审判决的权利争议——在很多国家的宪法制度和诉讼制度中,争议至此被视为已经解决——强化为一项宪法争议,并由联邦宪法法院予以解决,其功能不仅仅是对公民基本权利提供一种无替代性的救济途径,而且在此过程中,实现了对立法权力、行政权力和司法权力的宪法审查,"在此意义上,可以认为宪法诉愿同时也是一种特别的对客观宪法的法律保护方式"②。在策略选择上,决策者往往会基于目的性考量,寻找一项争议的解决策略和方案,一旦认为除了在宪法框架内解决以外,并无其他可替代性解决方案,或其他可供选择的解决方案并不能有效实现争议解决的目标时,往往会将一项争议构建成宪法争议。在这方面,制度性考量或决策者的宪法意识或政治信仰也会成为策略选择中的影响因素,即在"可替代性"的判断上,某些政治意识或制度性因素,以及对特定目标的主张,会成为"不可替代"的强势理由。

冲突并不一定需要通过强势主张来予以解决,妥协或自我控制往往也是解决问题的有效途径和方式之一。将一项宪法争议转化为政治争议或可以通过协商、妥协与合作的方式予以"合理"处理的非法律性问题,回避或避免通过宪法制度解决所产生的刚性判断,以及减弱不同国家机关之间在宪法秩序中的对抗性,防止争议扩展为更为明显地政治对决,以及由此可能导致的社会分裂和宪法秩序的崩溃。这种策略选择的结果,可以被称之为宪法争议的消解。

任何法律性判断,包括宪法判断在内,都是适用规范对具体争议事项所作出的"刚性裁判",即适用主体必须在对错或是非面前作出明确和具体的选择。这就意味着适用宪法规范解决宪法争议必须对争议主体一方或双方的行为作出符合宪法的肯定性判断,或不符合宪法的否定性判断。不管哪一种情形,对争议主体一方或另一方,甚至作出宪法判断的主体,都会可能产生消极性的政治评价或社会评价。为避免出现这种情况,争议主体或判断主体往往会基于目的性考量、风险性考量以及替代性考量等因素,将一项原本属于宪法争议的事项解构为其他争议或将其置于政治解决机制内,而不是在宪法争议解决机制内予以最终解决。

基于目的性考量而消解宪法争议的情形,主要表现为在国家民主政治冲

---

① 施莱希,科里奥特.德国联邦宪法法院:地位、程序与裁判[M].刘飞,译.北京:法律出版社,2007:204-205.

② 施莱希,科里奥特.德国联邦宪法法院:地位、程序与裁判[M].刘飞,译.北京:法律出版社,2007:207.

突或争议,以及基于宪法秩序保障的考量,争议主体或判断主体对其他国家机关的宪法职权的尊重,以及对自身行为的克制和妥协。在此方面最佳的例子就是美国联邦最高法院所阐释的"政治问题不审查原则"。联邦最高法院历来在违宪审查方面备受指责,其中最主要的理由就是联邦法院不适当地介入了原本属于民主政治解决的争议。而联邦最高法院在一系列案件的裁判过程中,逐步发展出"政治问题不审查原则"司法审查原则,将提呈的宪法争议案件消解为政治争议,并回避或拒绝对此作出宪法判断,或将争议交还给其他国家机关来决定,或最终由选民作出最后的判断。① 在其他国家宪法实践中,"政治问题"也是消解宪法争议最主要的策略主张,无论是日本宪法实践中的"统治行为"、法国的"政府行为",还是英国的"国家行为"等以不同面目出现的这些"阻却"机制②,实质上都是基于目的性考量对宪法争议的消解策略。

  而在另外一些宪法争议消解的情形中,争议主体往往基于风险性考量对权力进行自我限制和约束,并试图通过将一项宪法争议消解为政治争议或政策争议,以争取更合适的政治协商和相互妥协的空间。在此方面最佳的案例,就是美国总统所享有的对国会法案的否决权。在近几十年间,总统很少使用宪法理由来否决法案,而是采取基于政策异见的理由,避免将总统与国会之间的直接冲突构建为宪法争议,通过将两者之间的分歧构建为政治争议或决策争议,从而套取更多的政治谈判、妥协和合作的空间。典型的宪法争议消解的案例,可以从克林顿政府对待"多南修正案"③的态度和策略选择的结果得以说明。克林顿政府可以基于宪法理由来否决该法案,这将会导致一项宪法争议,而军队高级将领一致反对该修正案,国会持放任态度。克林顿政府最终选

---

  ① 根据1962年美国Baker V. Carr一案的判决,政治问题主要指如下应该由政治机关处理的问题:(1)宪法条文明确规定交由其他政治部门作终局决定的问题;(2)缺乏明确、可操作性的司法标准的问题;(3)在其他部门的先决决定作出以前,司法机关无法判断的问题;(4)法院如独立加以判断则难免伤及对其他部门应有尊重的问题;(5)情况特别,需要无保留支持既定的政治决定之问题;(6)不同政府部门会作出不同的决定,有引发难堪之虞的问题。详见Baker V. Carr,369 U.S. 186-217(1962);转引自欧爱民.宪法实践的技术路径研究[M].北京:法律出版社,2007:40.

  ② 郑磊将"其内容本身不适合由审查机关作出实体裁决"而导致宪法事件未能启动或维系实质性审查的原因,统称为"特定阻却原理",并对此问题进行了富有成效的讨论和分析。详见郑磊.宪法审查的启动要件[M].北京:法律出版社,2009:258-312.

  ③ 在美国1996年《预算法》审查过程中,众议员多南(Robert Dornan)提出了一项修正案,要求军队必须将艾滋病检测呈阳性反应的人赶出军队。

择基于政策上的理由反对这一修正案,但没有否决该法案,而是在签署该法案的同时透过国会表明其立场,而国会也删除了多南修正案的条文。最终的结果是克林顿政府、军队和国会的多赢局面,并没有产生更多的政治争议或宪法危机。另一个比较经典的基于目的性考量的案例是里根政府对《竞争契约法》(*Competition in Contracting Act*)的处理方式。① 里根政府认为该法案违宪地侵入了总统的特权,但是里根政府最后退却了,因为该主张遭到了国会很有权力的几个委员会主席的反对,而里根政府必须跟他们合作才能制定其他的法律。里根政府最后的表态提到,"没有必要因此而引起宪政的对立,他们只是想要让司法部门判断《契约竞争法》是否合宪而已"。②

与基于风险性考量的策略选择相适应的,替代性考量也是非常重要的考虑因素,即存在可供选择的其他解决该争议的途径和方式,该途径和方式不仅能够有效地解决争议,并且其政治风险和社会风险要远远小于通过宪法争议途径来解决。可替代性考量要求该争议能够被转化为其他争议,或争议主体一方直接通过自我克制或妥协来消解掉宪法争议。比较典型的情境就是遭到弹劾的总统在弹劾启动前或过程中,以辞职的方式消解掉该项宪法争议,例如"水门事件"后尼克松总统选择辞职,以避免该争议的宪法解决给自身带来更大的政治争议或信誉危机。在我国宪法实践中,此类现象比较常见。例如在2003年"孙志刚事件"中,当对国务院制定的《城市流浪乞讨人员收容遣送办法》进行宪法审查的要求被提交给全国人大常委会时,国务院随即废止该《收容遣送办法》,并制定了《城市生活无着的流浪乞讨人员救助管理办法》,继而关于《收容遣送办法》是否违宪的宪法争议被直接化解,争议到此结束。在此过程中,全国人大常委会以及国务院并没有向社会公众明确宣告《收容遣送办法》是否违宪。通过全国人大常委会的自我克制,以及国务院的自我退让,将原本明确构成一项宪法争议的事项消解掉,从而避免由此所导致的政治风险和社会风险。③

---

① 根据《竞争契约法》规定,当审计总长通知行政部门某一契约有问题时,该行政部门就不得签署某一契约,而审计总长被设置在国会之下。所以里根政府认为这是立法权对行政权的侵入。
② 图什内特. 让宪法远离法院[M]. 杨智杰,译. 北京:法律出版社,2009:155.
③ 政治风险和社会风险的判断取决于争议主体及判断主体,具有非常强的主观性。同时,关于争议解决方式所具有的积极意义和消极意义,也取决于当事主体强烈的主观判断。

宪法争议的强化和消解的情境,及其背后的策略选择,可以用"通过法律的政治控制"和"通过政治的法律控制"来予以说明。"通过法律的政治控制",强调政治问题解决法律化,甚至"政治司法化",以满足对政治争议和政治冲突的宪法及法律规制的强化,保证国家政治运行的稳定性和宪法秩序的稳健发展。正如托克维尔对美国政治运行机制的判断所言,"美国所出现的政治问题很少有不转为司法问题的,因为或迟或早这些问题都要归结为司法问题"。①而在"通过政治的法律控制"情境中,则强调政治权力机关对政治争议的判断权,以及通过民主机制来解决问题的途径,要求宪法包括法律为民主政治的自我决断和政治秩序的自我调整预留一定的空间,并要求法律机关在政治争议和冲突中保持中立或削弱法律机关对政治问题的判断,将法律问题或宪法问题转化为政治问题来解决。

宪法实践必须在"通过法律的政治控制"和"通过政治的法律控制"之间保持适当的平衡,虽然这个要求非常困难,但却是十分必要的。否则要么是僵化的宪法和法律解决机制及"刚性判断",限制了政治冲突的合理性的自我解决,导致政治冲突的升级和宪法秩序的崩溃;要么是政治议题和政治争议的泛化,将本属于在宪法框架内予以解决的宪法问题和法律问题,置于制度外解决,最终会导致宪法和法律的虚化,以及法治和宪法秩序的崩溃。

(二)宪法争议解决主体的确定

一项明确构成宪法争议的事项,应该由谁来解决?以这样的方式提出问题会带来两种歧义明显的答案。作出"应该"的判断有两种方式,一是规范方式意义上,基于价值判断的结果来回答这个问题,为实现公正、公平,应该由一个中立的第三者居中解决争议,这个答案已经成为宪法学界讨论宪法争议解决机制的共识基础,但凡主张由司法机关、宪法法院或者独立的"第四个权力机关"(譬如宪法委员会)等特定的、独立于立法与行政机关的国家权力机关来行使宪法审查权力的,都可归入此种共识基础下的回答。另一种是实证方式意义上的,基于制度分析的结果来回答这个问题,如果宪法制度已经规定了争议解决的主体,那么该主体在价值判断意义上是否合适或更合适,对于争议的解决已经无关紧要了。

第一种回答问题的方式及其答案,虽然非常有价值和意义,尤其是在宪法制度对宪法争议解决主体缺乏明确限定的情形下,但是这种考量和判断,将会

---

① 托克维尔.论美国的民主:上卷[M].董果良,译.北京:商务印书馆,1988:310.

导致对实际存在的非常明显的宪法争议解决主体视而不见,或有意无意地将其排除在宪法制度之外。尤其是那些没有宪法最终解释权的主体,在解决宪法争议过程中所应承担的职责,以及基于宪法规范所作出的宪法判断,都在这种回答面前被否定掉了。例如在诸如弹劾等宪法争议中所作出的"合宪性"或"违宪性"判断的议会,以及在权限争议中所作出判断的行政机关等等,都在此类"应该"的主体名单中被轻易地划掉了。

第二种回答问题的方式,也同样存在这个问题。宪法制度往往只对涉及行使宪法最终解释权来解决宪法争议的主体予以限定,但是对普遍存在的并不涉及宪法最终解释权的宪法争议并没有予以规范和说明,因此,很难通过宪法制度的检视来明确宪法争议的主体。

在宪法争议解决主体的确定方面,应该回到宪法争议自身来予以考察和分析。正如前文所呈现出的宪法争议在构成类别及其强化和消解的策略选择情景中,宪法争议的解决主体,在一项争议是否构成宪法争议的策略选择过程中,也被置于政治决断和宪法秩序中予以考量,并在宪法实践中表现出多样性和复杂性的特征。

在确立宪法秩序和政治决断过程中,在对国家政治权力进行配置和建立国家机关相互之间的权力关系考量过程中,往往会基于目的性策略选择,将特定类型宪法争议的解决交由特定的主体。例如为保证国家机关之间的相互制衡,宪法会将总统与国会之间产生的权限性争议和对抗性争议,直接交由双方解决。如在美国宪法制度中,总统可以否决国会的法案,而国会同样有权通过两院联席表决的方式来否决总统的否决。通过这种制度安排,将两者之间可能产生的宪法争议,直接交由双方来解决,直到其中的一方选择退让或双方达成妥协。通过这种方式,宪法争议中的实质性歧见,透过民选的国家机构的相互对抗性,交还给人民和代表民意的国家机构来解决,从而能够保证宪法秩序下的民主政治目标的实现。正是在此意义上,很多学者质疑将此类争议提交法院予以解决的"正当性"和"合理性",并认为对于大多数政治议题所涉及的宪法权力争议,甚至是宪法权利争议,都应当交给民选的政治机构来解决,以保证民主政治在宪法秩序内的有效运转和真正实现。①

而涉及国家机关侵害公民宪法权利的宪法争议,并不适合交由作为争议一方的国家机关来解决,而是交给对公民宪法权利而言具有"最小危险"的国家机关来解决。此时,基于目的性考量的结果,一个中立的、独立的司法机关或特定国家机关来解决此类宪法争议,往往会成为政治决断中的策略选择结果。例如,在涉及公民权利的普通案件裁判过程中,法院(不仅仅是具有宪法最终解释权的最高法院)在法律适用过程中,如果出现宪法争议,那么法院对立法或政府法令所作出的"合宪性"判断,比起立法机关或行政机关自身的判断,更加值得信赖。所以,司法机关作为宪法争议的解决主体,具有"天然"的正当性,不过司法机关在解决宪法争议中如何保持克制,不至于不适当地"侵入"其他政治权力的权力范围以及民主政治自我决断的"宪法地盘",却是宪法实践中不断通过政治博弈和自我调整的复杂动态图景。

在政治决断和宪法秩序构建过程中,在宪法争议解决主体确定问题上,跟目的性考量紧密相关的还有权威性考量,即基于国家机关在政治决断和宪法秩序中的权威地位,来确定相应国家机关在宪法争议解决中的角色。不同的政治决断和宪法秩序,对权威性的理解和判断并不一样,在强调法治秩序的国家,宪法秩序更强调宪法和法律的权威,因此由宪法机关或法律机关来解决宪法争议往往比其他国家机关更具有权威性。而在强调人民意志和主权具有绝对权威的宪法秩序中,宪法争议往往会交给由代表民意的国家机关所产生的特定机构,或者直接由主权机关来解决。例如,在我国人民代表大会制度下,宪法最终解释权在全国人大及其常委会手中,这种制度安排的目的在于保证宪法解释的权威性,以及对全国人民代表大会作为最高国家权力机关的权威地位的保证。

应当注意的是,基于此种考量下的策略选择结果,宪法争议的解决主体并

---

① 美国宪法学者图什内特的观点比较有代表性。在《让宪法远离法院》一书中,图什内特提出"厚"的宪法和"薄"的宪法之分,并主张让宪法远离法院,将宪法交还给人民,让人民透过政治自己决定。(详见图什内特. 让宪法远离法院[M]. 杨智杰,译. 北京:法律出版社,2009.)此外,美国学者桑斯坦对法院在国家宪政秩序中的作用也予以深刻的剖析,并认为,既考虑宪政理想又考虑自身在国家秩序中的有限地位,一个最低限度主义的最高法院能够促进国家的民主制度和审议式民主的发展,反之,法院就是在越俎代庖地阻碍民主进程。详见桑斯坦. 就事论事:美国最高法院的司法最低限度主义[M]. 泮伟江,周伟,译. 北京:北京大学出版社,2007.

没有仅被严格限定于最高政治权威或法律权威机关,后者往往只是宪法争议的最终解决主体,甚至在宪法秩序中并没有被明确为最终解决主体。例如在美国宪法制度中,联邦最高法院享有对国会立法的宪法审查权,很多学者据此认为联邦最高法院享有宪法的最终解释权,但是却忽略了国会可以通过二次立法的方式推翻联邦最高法院对其法案的违宪判断结果。如果国会冒着巨大的政治风险和宪法风险决定这么干的时候,它完全可以,因为国会也享有宪法的解释权,而且宪法并没有明确何者享有的解释权才是最终解释权。

当宪法制度没有明确限定最终解释权归属时,宪法争议解决主体的确定以及选择策略,往往会基于恢复性考量来进行判断。所谓的恢复性考量,简单而言,就是这种争议以前是由谁来解决的,那么还是交给该主体继续去解决好了。这种策略选择的风险性比较低,而且这种选择往往会得到较强的惯例性理由的支撑。恢复性考量的策略选择,对其他可供选择的宪法争议的解决主体和途径往往会产生排斥性。因为后者与前者相比,可能会带来不可预计和无法有效评估的政治风险,这时,争议主体一方会强化沿袭既有的争议解决途径的重要性。恢复性考量的策略选择结果,在强化某一主体解决宪法争议的角色时,也可能会将该主体推入政治争议及冲突的漩涡,导致该主体政治评价和社会评价的降低,以及自身权威性的损害。比较典型的情形就是美国的联邦最高法院在宪法争议中的角色问题。在本章中美国联邦最高法院经常被用来作为案例来说明宪法争议的某些情形,主要原因是,联邦最高法院因其在宪法争议中的角色和地位,所遭受的批评与享有的赞誉几乎一样多。特别是,当2000年美国总统选举争议的双方选择了最高法院来解决争议时,这种选择就是基于恢复性考量的结果。因为之前几乎所有的宪法问题或争议,都是由最高法院来解决的,那么没有比它更适合来解决这个棘手的选举争议问题了。联邦最高法院的表态也充分说明了这一点,"没有人比本院的成员更明了司法权的根本限制(the vital limits),在尊重宪法的设计——通过他们的立法机关让人民并由政治来选择总统——方面没有比本院更坚定。但是,当诉讼双方启用诉讼程序后,我们就必须处理诉讼中的联邦以及宪法问题,这是我们义不容辞的责任。"① 虽然联邦最高法院作为争议解决主体的适格性问题被社会和学术界广泛讨论,但既然争议双方选择了由它来解决该争议,并且尊重联邦最

---

① Bush v. Gore,531 U. S. (December 12,2000)转引自任东来等. 美国宪政历程[M].北京:中国法制出版社,2004:498-499.

高法院对争议所作出的宪法判断时,对联邦最高法院作为争议解决主体的适格性批评并没有消解或降低联邦最高法院的权威性。而在另外一些情形中,宪法制度明确限定的宪法争议解决主体虽然也像美国联邦最高法院一样,对选举争议进行解决,但是并没有获得相应的尊重和遵守。例如在东南亚或非洲一些国家,选举争议虽然被解决,但是争议双方往往并不认同解决结果,并采取更为激进的方式去主张自己的权力,最终导致国家政治秩序和宪法秩序的崩溃。由此来看,基于恢复性考量的宪法争议解决主体的策略选择结果,并不一定比宪法制度中的明确限定方式糟糕,尤其是社会民众和政治力量已经习惯于某一主体的角色和权威地位时,恢复性考量的策略选择的风险性往往是最低的。

当目的性考量和恢复性考量相结合时,宪法争议解决主体的确定往往会比较清晰和明显。例如在我国宪法实践中,基于目的性考量的结果是各级人民代表大会在宪法制度和宪法秩序中具有"法律上的"优越于同级的其他国家机关的地位,因此,在宪法和立法法中都会授予人大及其常委会对同级政府和下级人大制定的行政法规、规章和地方性规范的审查权,在行政系统内的各级政府制定的政府规章和其他规范性文件,不仅要提交同级人大常委会备案审查,同时要提交上级人民政府进行备案审查。这种审查机制和争议解决主体的确定,一方面是对人大权威地位的保障,另一方面也是对系统内上级政府权威地位的保障。但是,当法院在案件审理过程中发现存在宪法争议时,法院并不被认为是一个适格的争议解决者。当法院认为存在明显违宪或违法的情形时,法院往往会基于恢复性考量的策略选择,(这事不归我管)选择不适用该争议法律条款;或采取德国普通法院的做法,(这事归人大管)将此争议提交给上级法院来处理,由上级法院向人大常委会提请法律解释,并最终解决该争议。如果法院在案件裁判中,直接作出并宣布系争规范涉及违宪的宪法判断,将会被视为对人大权威地位的侵犯,以及对宪法秩序的破坏。

(三)宪法争议解决机制的宪法限定与惯例

基于目的性、权威性、风险性、替代性和恢复性等考量因素,对宪法争议构成的强化与消解,以及对宪法争议解决主体确定的策略选择结果,直接影响并决定了一个国家宪法争议的解决机制,即特定主体在何种情形下可以针对特定争议适用宪法规范并作出宪法判断的宪法适用机制。宪法争议解决的机制并不是静态的,而是动态的复杂有机系统,它既包括基于国家政治决断和宪法秩序的特定考量而被宪法文本限定的特定机制,也包括在宪法文本没有限定的空间内通过宪法实践逐步形成的宪法惯例;它既有着宪法权利争议解决机制所呈现的显性的一面,也有着权力争议解决机制隐藏在国家机关职权活动中所体现的隐性的一面;有些宪法争议解决机制因争议解决主体的不断自我强化而呈现出积极活跃的特性;也有些宪法争议解决机制因政治权力主体不断消解特定宪法争议而进入休眠状态。宪法争议解决机制的扩展与限缩,往往与国家的政治运行和宪法秩序的存系发展密切相关。当国家政治运行比较平稳,宪法秩序比较稳定时,宪法争议解决机制往往会得到扩展;相应的,当国家政治冲突加剧,宪法秩序处于调整状态时,宪法争议解决机制往往会自我限缩。宪法争议解决机制的生成与发展,同时也与宪法争议解决的自我塑造密切相关,尤其是特定的宪法争议的解决,都会对争议解决机制产生持续的和长远的影响。

宪法实践中,政治权力争议的解决机制,尤其是权限性争议和对抗性争议的解决机制,包括解决主体和争议事项的构成,往往会在宪法文本中予以限定。这种限定作为宪法制度性安排,是在政治决断和宪法秩序建立过程中,已经考虑到争议发生的可能性,并透过制度性安排,将此类争议的解决纳入宪法秩序中予以解决。这种制度性限定的目的和主张是非常明确的,即保证特定政治意识形态和宪法秩序的存系和发展,以及国家政治权力运行的可控性,并通过制度性安排实现对国家权力的自我制衡。例如美国宪法文本中限定了总统和法官的弹劾机制,明确了弹劾适用的宪法规范和争议解决主体;德国宪法制度中也限定了总统的弹劾机制,并且在制度安排上与美国并不相同。宪法制度对争议事项及其解决机制的限定,并不仅仅针对政治权力争议,也有可能对宪法权利争议的解决机制予以限定,尤其是当宪法制度中明确了某个特定国家机关专司解决宪法争议的主体功能时,往往会将权力争议和权利争议一并交予该国家机关最终解决。例如德国宪法制度中的联邦宪法法院,享有几乎所有宪法争议的最终管辖权。

宪法文本中对宪法争议解决机制的限定,往往与宪法解释权相关联。一般而言,能够对宪法争议(包括权力争议和权利争议)作出宪法判断的国家机关,宪法制度往往会授予该主体对宪法的解释权,而且此类解释权往往是最终解释权。但情况也并非决然一致,美国宪法就将宪法解释权授予总统、国会和联邦最高法院,而且并没有规定三者之中谁所享有的解释权具有优越性,不过实践中,总统和国会往往会尊重联邦最高法院对宪法的解释权,很少会去挑战联邦最高法院的宪法解释权威。宪法制度对宪法最终解释权的限定,并不意味着宪法争议解决机制中只有享有宪法解释权的主体才能够解决宪法争议,宪法制度并不排斥和否定其他主体在依据职权或在职权行使过程中对产生的宪法争议予以解决的情形。例如我国宪法制度规定,由国务院规定中央和省、自治区、直辖市的国家行政机关的职权的具体划分。该规定意味着如果省、自治区和直辖市的人民政府与中央政府在职权上发生宪法争议时,是由国务院来解决该类权限性争议,而国务院并没有宪法解释权。德国宪法制度中对普通法院在宪法争议解决中的角色和作用进行了规定,依照德国基本法和联邦宪法法院法的规定,普通法院法官在案件裁判过程中,可以作出合宪性判断,也可以作出违宪性判断,当出现后者情形时,普通法院必须中止案件审理并将系争规范和作出违宪宪法判断的理由和依据提交联邦宪法法院予以裁判。

宪法制度对宪法争议解决机制的限定,往往只针对可预期的宪法争议并作出制度性安排,但是国家民主政治发展过程中,基于策略考量的结果,很多政治争议都被纳入宪法秩序中予以解决,或原本构成宪法争议的事项被消解为政治争议或其他争议,并通过宪法惯例或宪法判例的方式对宪法争议的解决机制进行调整或重新形塑。比较典型的就是政治参与性权力争议,通过对此类争议的强化将其转化为宪法争议,并由特定主体予以解决,事实上扩展了宪法争议解决机制。而在争议解决主体的确定方面,宪法惯例和宪法判例的作用也不容小觑。在实行判例法的国家,司法机关往往会在案件裁判中确立自身对某类宪法争议的裁判权。马伯里诉麦迪逊一案之所以被视为美国违宪审查制度的里程碑式判决,就是因为该案确立了联邦最高法院对国会法案和总统行为的违宪审查机制。而在成文法国家,宪法惯例的形成同样对宪法争议解决机制有着重要影响,例如法国宪法委员会在 1971 年《结社法决定》中宣布该法案第三章违宪,并由此开始"对宪法所规定的分权和基本权利发展了相当丰富的案例法"。[①]

对不同国家宪法争议解决机制的观察表明,基于宪法制度限定和惯例的影响,宪法争议解决机制在争议解决主体方面表现出分散性和集中性相结合的多样性,在宪法争议事项方面则呈现出较强的可转化性,以及在争议解决路径方面表现出层级性和阶段性特征。

宪法争议解决机制中争议解决主体所表现出的多样性,主要是指争议解决主体并不仅限定于某个国家机关,而是多个国家机关都可以成为宪法争议的解决主体,但是宪法争议的最终解决却高度集中于某个特定的国家机关。例如美国宪法实践中,普通法院都可以对管辖的普通案件涉及的宪法争议进

---

① 张千帆.宪法学导论[M].北京:法律出版社,2003:161.

行"附带性审查";各个州的地方法院也有权对州法是否违反州宪法及联邦宪法进行"附带性审查";总统可以对涉及国会法案所产生的宪法争议作出宪法判断;国会也在弹劾案中对相关宪法争议予以判断。但是基于宪法判例和惯例,联邦最高法院享有对宪法争议作出"最终"的宪法判断的权威。在德国宪法实践中情况也基本相似,普通法院在案件裁判过程中也会对宪法争议作出判断,国会在总统弹劾案中同样享有对相关宪法争议的判断权,但是所有的宪法争议的最终判断权集中在联邦宪法法院手中。在我国宪法实践中,行政机关在权限性争议、行政规范性文件备案审查过程中也享有对相关宪法争议的判断权,法院在案件裁判过程中也需要对产生的宪法争议作出自己的判断,但是最终的宪法争议解决主体是全国人大及其常委会。

宪法争议解决机制表现出的第二个特点就是,宪法争议事项在宪法实践中往往会发生转化。上文就宪法争议构成的强化和消解的分析已经指出,基于各种考量的策略选择,往往会将应构成宪法争议的事项消解为政治争议或其他争议,或者将本属于政治争议或其他争议的事项强化为宪法争议来解决。而且,即便是宪法制度中已经限定某类宪法争议及其解决机制,但在宪法实践中,基于政治风险性和可替代性考量,这些宪法争议仍然会被消解掉。比较典型的情形就是美国总统行使否决权的主张理由的变化所导致的宪法争议的消解,以及我国宪法实践中基于政治风险的考量,将宪法制度内解决的宪法争议转化为制度外的政治和法律议题,并透过不公开的机关之间的沟通等方式予以解决。同样,在不同国家也都存在通过将某些争议强化为宪法争议予以解决,以维护政治决断和宪法秩序的稳定。在我国宪法实践中,也不乏此种情形。例如全国人大常委会在吴嘉玲等诉香港入境事务处一案后,通过对香港基本法的解释,重申和强化了全国人大常委会对香港基本法的最终解释权,以及否定了香港终审法院有权对全国人大及其常委会制定的法律进行审查的主张。①

宪法争议解决机制的第三个特点就是在解决路径上所表现出的层级性和阶段性特征。宪法争议解决机制的层级性,主要源于争议解决主体的分散性。从机制上而言,宪法争议解决主体的多元构造和分散性,决定了宪法争议的解决往往会向最终解决主体集中的趋向。因为,分散性多元主体在解决宪法争

---

① 对该案的详细分析,可参见:张千帆.宪法学导论[M].北京:法律出版社,2003:267-276.

议过程中,会产生结果的不一致或不正确规则所带来的政治风险和宪法秩序风险,这种风险需要通过层级解决来予以降低或消除。例如,在美国宪法实践中,普通法院对宪法争议所作出的判断,可以通过层级上诉至联邦最高法院,并获得一个最终的具有普遍拘束力的宪法判断。在德国宪法实践中,普通法院在案件裁判过程中对宪法争议所作出的宪法判断也可能最终会被导向联邦宪法法院。在我国宪法实践中,不同国家机关在作出宪法判断时,尤其是作出违宪性判断时,该判断最终将会通过层级审查的路径进入全国人大常委会的宪法解释权视野之内。只有在中央国家机关之间发生的权力争议的解决才不会产生层级解决的问题。

正是由于普遍存在的宪法争议解决的层级性特征,决定了宪法争议事项的解决具有阶段性。换言之,在每一层级对同一宪法争议事项的解决,都可以被视为一个独立的针对宪法争议作出宪法判断的过程,而每一层级的解决只是该宪法争议最终得以解决的不同阶段而已。例如,普通法院在案件裁判过程中,必须对系争法律是否合宪和违宪作出判断。当法官作出合宪的判断,该项宪法争议只是被阶段性解决,因为一旦当事人提出上诉,上诉法院法官必须就此争议作出宪法判断,直至当事人用尽所有审级而结束。在法官作出违宪的判断时,意味着法官已经对此宪法争议事项作出了宪法判断,如果法官选择拒绝适用系争法律规范而选择其他替代性规范来裁判案件,那么该宪法争议的解决也同样只是阶段性的,因为仍然可能会面对上诉情形。当法官对宪法争议事项作出违宪判断,并中止案件审理,将系争事项和违宪判断的理由提请具有宪法最终解释权的机关进行判断时,意味着该项宪法争议已经完成阶段性解决,同时法官的判断已经启动了该争议事项的下一阶段的解决程序。因此,不管普通法院作何选择,事实上他已经对宪法争议事项作出了宪法判断,虽然该判断不是终局性的。

正如前文所言,不同国家宪法争议的解决机制都是一个动态的复杂的过程,尤其是当宪法争议的可转化性与宪法争议解决机制的层级性和阶段性相结合的时候,宪法争议的解决机制就更加复杂和多变。因此,将目光仅停留在宪法争议解决机制中的显性特征和某些"有趣"的面向,将会导致对宪法争议解决机制的多样性和复杂性视而不见,或对宪法争议解决机制作出简单的、僵化的直观判断,这种忽视或直观判断,将会导致对宪法争议及其解决机制作出武断或轻率的研究结论。

四、宪法判断

(一)宪法判断的概念

宪法判断是国家机关依据宪法规范对宪法争议作出的具有法律效力的判断,是基于宪法解释所寻求的对特定宪法问题的结论。在此,宪法判断主要是以一种事实形态存在的对宪法争议进行判断的结果,而不是强调在宪法判断中所包含的对宪法规范进行解释的状态,和对宪法争议作出判断的过程。[①]

对争议或纠纷所作出的判断或结论,在某些情境中也被称为"裁判"。"裁判",在汉语中的意义是非常明确的,即"法院对诉讼案件所作的有拘束力的决定,包括判决和裁定"[②]。除却"裁判"作为"裁判员"的简称意义之外,"裁判"在法学语境中的指称对象和主张意义是非常明确的,即由"法院"对争议或纠纷作出的有拘束力的决定。在此概念主张下,"裁判"所强调的是,一个独立于争议双方或多方的主体——主要是法院或司法机关——居中作出决定。此外,"裁判"并不仅仅指向司法机关所作出的裁判结果,有时也指称作出这一结果的"裁判"过程。因此,"宪法裁判"这一概念,会将"司法审查"——由司法机关对宪法争议作出决定——这一范例绝对化,并导致其他主体被排斥在"宪法适用"之外。我国学者也基本上是在"司法审查"或"宪法诉讼"等语境中使用"宪法裁判"这一概念,[③]并且通常在"裁判结果"和"裁判过程"双重主张意义上来交替使用而不做严格区分。

与"裁判"相比,"判断"并不强调作出结论的主体特性,更强调结论作出的过程和结果。"判断"在汉语中同样有多重涵义,从语义上而言,在法学讨论的语境中,"判断"既可以指向"辨别、断定"的结果,也可以指向为作出"辨别、断

[①] 关于宪法判断的分析和讨论,我国宪法学界在"方法"意义上对其讨论比较多,尤其是在涉及违宪审查的学术议题上,对宪法判断的方法,或审查的方法的研究比较集中,并在此基础上对宪法判断的效力等问题也予以探讨,但是比较分散,而且研究并不深入和严谨。林来梵教授主持的"宪法审查原理与技术"项目对"宪法判断"进行了比较详尽和严谨的分析论证。

[②] 夏征农,辞海编辑委员会.辞海[Z].上海:上海辞书出版社,2002:152.

[③] 我国宪法学者在分析美国或德国宪法审查机制时,更倾向于使用"宪法裁判",例如熊静波、郑远民.形式主义与现实主义的双重变奏——以美国宪法裁判为中心的一个考察[J].法制与社会发展,2005(5);刘志刚.政治冲突的司法解决与宪法裁判的政治化倾向——谈宪法诉讼的性质[J].比较法研究,2003(6);刘国.宪法裁判与民主的悖论[J].现代法学,2005(3)等等。

定"的思维过程。不论是指向结果还是指向过程,"判断"并不必然与特定主体相关,换言之,"宪法判断"这一概念能够有效地包含"宪法裁判",同时也可以涵括其他主体对宪法争议所作出的"断定"。

因此,"宪法判断"比"宪法裁判"更具有中立性。"宪法裁判"概念在使用语境中,基本上已经预设了讨论的前提,即司法机关——不论是美国式的普通法院和联邦最高法院,还是德国的联邦宪法法院——作为具有独立性的国家权力机关,对宪法争议或宪法案件所作出的判断。在该前提下,法院或特定司法机关居中作出的"裁判",因内含"司法"这一属性,而天然地具有公正性和适切性。但"宪法判断"并不作此价值预设或标准设定,它更关心"判断"本身而不是"谁来判断"或"由谁来判断更合适"的问题。

虽然"宪法判断"更适合于说明或描述不同国家宪法适用机制中由不同的主体对宪法争议所作出的"判断",但由于"判断"既可以指称过程,又可以指称结果,这种双重性导致"宪法判断"在学术讨论中的概念主张并不明晰。例如有学者强调"宪法判断"的过程属性,认为宪法判断的目标是着眼于宪法结论的得出,因此,"宪法判断"是"如何得出宪法结论的方法",即"宪法审查得出结论的思考框架和方法"。① 在此意义上,"宪法判断"指向的是宪法适用过程中的具体方法和准则,与"宪法审查的方法"相等同。

也有学者对"判断"的语义进行了严谨的分析,并认识到"判断"具有指称过程和结果的双重属性,认为最广义的判断一词可以指包括为作出最终结果的"判断"而进行的一系列行为与程序的总称。广义的判断指为判断而进行的思维过程及最终的决定行为,狭义的判断则仅指最终的决定行为。② 通常,在学术讨论中更多地采用"宪法解释"来指称适用宪法规范的过程和方法,为避免语义混乱和歧义,"宪法判断"仅指对宪法争议所作出的结论或判断,而不包含宪法适用的过程和方法。

宪法判断作为宪法适用主体对宪法争议所作出的一种结论或断定,并不必然地表现为"裁判",甚至可能与"司法"毫无干系。前文关于宪法争议的讨论已经表明,在对抗性权力争议的解决过程中,即便是只有争议的双方存在,只要在宪法规定的职权范围内,争议的一方完全可以对争议作出宪法判断,毋需第三方主体来居中作出判断。例如在总统基于宪法理由而行使否决权的过

---

① 翟国强.宪法判断的方法[M].北京:法律出版社,2009:1.
② 林来梵.宪法审查的原理与技术[M].北京:法律出版社,2009:407.

程中,总统既是宪法争议的一方,同时也是作出宪法判断的主体。而在总统弹劾案中,例如美国总统弹劾案中,针对总统行为违宪的弹劾,如果将众议院和参议院视为一个整体意义上的国会,那么国会既是提请宪法争议的一方当事人,同时也是作出宪法判断的主体。在德国总统弹劾程序中,弹劾案的启动和弹劾决议由联邦议会或联邦参议院独自作出。在我国宪法实践中,全国人大常委会对香港基本法进行解释的情形,以及在备案审查中对宪法争议所作出的判断,都表明在宪法争议解决过程中,并非需要一个第三方主体的存在。

在很多情形下,针对宪法争议所作出的宪法判断并不是最终性的,或者说并不具有终局裁决性质。由于宪法争议的解决具有层级性和阶段性,因此,不能以终局性和最终拘束力来否定大量存在的针对宪法争议所作出的判断,特别是不具有宪法最终解释权的判断机关所作出宪法判断。例如德国普通法院在一般案件审理过程中对宪法争议所作出的宪法判断,虽然不具有终局性,但它仍然构成一项宪法判断。

(二)宪法判断的内容与形式

结合宪法争议的不同分类,宪法适用的结果即宪法判断的内容与形式也不尽相同。宪法判断的内容主要是指依据宪法规范对争议事项所作出的结论,从各国宪法实践的情况来看,宪法判断的内容主要有三类:合宪性判断(肯定性结论),违宪性判断(否定性结论),解释性判断(确认性结论)。

已有学者对各国宪法实践中宪法判断的内容进行分类研究,如有学者认为,如果宪法审查主体不回避宪法判断,则可能会作出合宪和违宪两类宪法判断。合宪的结论,是审查主体采取回避违宪判断的方法而得出的结论,其中,合宪限定解释是得出合宪结论的主要方法;违宪结论,包括法令违宪和适用违宪两种情形;法令违宪,包括法令全部违宪,即某部法律整体违宪或某条法律的整体违宪;法令的部分违宪,即部分法条违宪或某条法律的部分规范违宪。而适用违宪主要是指法令本身并不违宪,但是适用于当下个案构成违宪。[①]这种分类研究对于当下明晰宪法实践中种种宪法判断的现象是十分必要的,但是该分类并没有严格区分回避宪法判断的方法和作出宪法判断的方法,尤其是将合宪性宪法判断视为回避宪法判断的一种"方法",似乎在宪法审查机制中只有"违宪判断"才是真正"适格"的"宪法判断"。

对宪法判断进行分类研究之所以会产生混乱,主要原因在于将"宪法判断

---

① 林来梵.宪法审查的原理与技术[M].北京:法律出版社,2009:341-398.

的方法"——宪法适用的方法——与"结论意义上"的宪法判断混为一谈,即没有将"适用过程中"的宪法判断与"适用结果中"的宪法判断区别开来。另外一个很重要的原因在于,没有意识到"回避宪法判断"的方法实质上就是前文所强调的"宪法争议的消解"策略选择,而是将其视为宪法适用过程中作出宪法判断的方法。如果采取"回避宪法判断"的策略,即是将宪法争议转化为政治争议或法律争议,将不会产生宪法判断,也就是说不会产生所谓的"宪法判断"。如果不对宪法争议进行消解,那么在宪法适用过程中对争议法律事项作出合宪解释,其结果将毫无争议地构成一项"合宪性宪法判断"。

事实上,宪法学研究并不否认"结论意义上"的合宪性宪法判断的存在及其意义,以及为作出合宪性宪法判断所采取的种种宪法解释方法和法律解释方法的存在及其意义。[①] 在各国宪法实践中,甚至"合宪性宪法判断"的数量要远远多于"违宪性宪法判断",只不过实践中后者更受关注而已。不过,被忽视的还有第三类宪法判断,即"解释性宪法判断"(确认性结论),当大家都将目光聚焦在司法中心主义下的宪法判断时,这种宪法判断几乎没有得到关注和分析。

与合宪性判断和违宪性判断不同的是,解释性宪法判断并不对国家机关的行为或立法是否合符宪法规范予以宣告或确认,而只是对宪法规范予以解释,通过对宪法规范的明晰和确认,来解决宪法实践中的宪法争议问题。换言之,当宪法争议并不涉及国家机关的行为或立法是否违反宪法的问题时,对宪法争议的解决或作出的宪法判断就不可能涉及合宪或违宪的认定问题。这种宪法判断存在的主要情形就是涉及权限争议和政治参与性争议的解决,或者当宪法文本中特定条款的含义不明确、存在多种解释情形并且将影响到其他国家机关行为或立法的,需要对该特定条款进行解释并确认该宪法规范的具体内容时,就需要具有宪法最终解释权的国家机关作出解释性宪法判断。

解释性宪法判断的作出,往往与规范意义上的宪法解释相关联,其解释结

---

① 学界关于合宪性宪法判断和违宪性宪法判断的分析与研究非常之多,尤其是基于宪法审查技术和方法层面,对违宪性宪法判断的形成方法、方式、效力等问题进行了多层面多角度的观察和分析。本章将讨论的重点放在被学者所忽视的其他类型的宪法判断上面。关于合宪性宪法判断和违宪性宪法判断的分析与研究,可参见:韩大元,莫纪宏.外国宪法判例[M].北京:中国人民大学出版社,2005.胡锦光.违宪审查比较研究[M].北京:中国人民大学出版社,2006.莫纪宏.违宪审查的理论与实践[M].北京:法律出版社,2006.林来梵.宪法审查的原理与技术[M].北京:法律出版社,2009.

果或对宪法规范的确认,具有与宪法规范同等或高于普通法律的效力地位,并对涉及宪法争议的国家机关的行为或立法具有拘束力。解释性宪法判断的最为典型的案例就是在我国宪法实践中由全国人大常委会对宪法争议所作出的解释性宪法判断。例如我国1954年《宪法》第37条规定,"全国人民代表大会代表,非经全国人民代表大会许可,在全国人民代表大会闭会期间非经全国人民代表大会常务委员会许可,不受逮捕或者审判"。那么该"审判"包括民事审判和刑事审判等所有的司法审判类型,还是不包括民事审判?该条款含义亟须通过宪法解释来予以明确。1957年全国人大常委会办公厅在答复天津市中级人民法院的请示时,常委会办公厅在《关于全国人民代表大会代表毕鸣岐因民事纠纷被诉法院可否传唤问题的答复》中指出:"经全国人民代表大会法案委员会讨论,认为我国宪法第三十七条的规定,在于保护全国人民代表大会代表的人身自由不受侵犯,以便其执行代表职务。但民事案件并不涉及限制人身自由问题,因而不属于宪法第三十七条规定的范围。毕鸣岐代表因民事纠纷被诉,法院可以依法传唤,无须经过全国人民代表大会常务委员会许可。"[1]在该案例中,存在一个宪法争议,即宪法条文中的"审判"包不包括民事审判的问题,而全国人大常委会对此条款予以解释,法院据此可以行使其相应审判职权。在此案例中并不存在国家机关的行为或立法究竟合宪还是违宪的问题,只是需要明确宪法规范的具体含义。另一个典型案例就是2005年全国人大常委会对《香港基本法》第53条有关新的行政长官任期作出的解释,解决了继任行政长官的任期争议,从而化解了有可能产生的香港宪制危机。

其他国家宪法实践中也同样存在此类的解释性宪法判断,例如在加拿大宪法实践中,1996年加拿大联邦政府就魁北克独立公投事件所涉及的宪法争议问题提交到最高法院寻求法律上的解决。这些争议问题包括三个方面:一是依据加拿大宪法,魁北克的国民议会、立法机构和政府能否采取行动单方面脱离加拿大联邦?二是国际法是否给予了魁北克的国民议会、立法机构和政府一个权利,使其能单方面脱离加拿大?基于这种考虑,是否有一种"自决权"使得魁北克的国民议会、立法机构和政府可采取行动,单方面从加拿大脱离?三是就魁北克的国民议会、立法机构和政府是否享有单方面从加拿大脱离的权利规定有矛盾时,国际法和国内法相比较,哪个优先?1998年加拿大最高法院就魁北克脱离事件作出了裁决。裁决认为,法治原则要求自决权必须在

---

[1] 周伟.宪法解释方法与案例研究[M].北京:法律出版社,2007:74.

宪法的框架内行使,否则就是对民主的破坏。自决权不等同于"单方面宣布脱离的权利",国际法或"自决权"都没有赋予魁北克一个"单方面脱离的权利"。除非魁北克人表达出清楚的独立意愿,并得到了"明确的多数"的支持,加拿大政府将必须与魁北克省政府进行协商。① 根据最高法院的意见,2000年加拿大联邦议会制定了《公决明确法》,又称"清晰法案",对独立全民公投的事项和程序予以规范。

在很多情形下,宪法争议并不必然地如很多宪法学者所想象的那样,由争议双方提交给司法机关或特定国家机关予以裁判。在宪法实践中,并不是所有的宪法争议都需要一个明确的"合宪"或"违宪"的结论。从宪法争议及其引发的宪法问题的解决过程和结果来看,宪法判断呈现出更多的可能面向。也许有些宪法判断在内容上而言,并不是学者们所追求的"真正意义"上的宪法判断,甚至拒绝给这些宪法判断冠之以"宪法判断""宪法解释"或"宪法审查"的名号,但并不影响这种类型的宪法判断在宪法实践中所发挥的作用和具有的宪法意义。② 例如在德国宪法实践中还存在一种"吁请性宪法判断",就是联邦宪法法院确认法律"仍然还"是合宪的,但是向立法者提出吁请,要求其行动,以形成完全合宪的状态,或防止违宪状态在将来的出现。③ 联邦宪法法院对立法者制定的法律作出与德国基本法的规定"不一致"判断的同时,并没有宣告该法律违宪或无效,只是告知立法者必须为此制定新的规范,以避免产生违宪的风险。例如在财产税法一案中,联邦宪法法院并没有确认财产税法的自始无效性,而是认为其与基本法的规定是不一致的,并且给予立法者一个很长的期限,在该期限内立法者可以以旧的形式征收财产税,并告知立法者要为财产税制定新的规范。但是最终联邦宪法法院的计划落空了,自从财产税法的适用期限届满后,立法者既没有撤销该财产税法,也没有修正该财产税法,

---

① 关于加拿大最高法院对魁北克脱离问题的意见,详见:余民才.国际法专论[M].北京:中信出版社,2003:56-57.耿焰.对少数人自决权的宪法解释[A].陈金钊,谢晖.法律方法:第11卷[C].济南:山东人民出版社,2011:228-238.

② 我国宪法实践中,全国人大常委会以"批复"或"答复"等形式作出的很多"宪法解释",但学术界对此类"宪法解释"的定性存在很大的争议,很多学者认为其中很多"答复"并不能被视为宪法解释。

③ 施莱希,科里奥特.德国联邦宪法法院:地位、程序与裁判[M].刘飞,译.北京:法律出版社,2007:441.

而是不再征收这种财产税。①

　　为真正有效的解决宪法争议,在不损害宪法秩序或业已形成的法律秩序的同时,又能兼顾政治考量的后果,宪法适用机关作出一项具有何种内容的宪法判断,也有着基于宪法、政治与法律等各种因素相互交织的策略考量。类似如"不一致"和"吁请"等各种形式的宪法判断结论,实质上就是在"合宪"与"违宪"之间,对宪法秩序和法律秩序的最大程度的维护,同时又能保证自身作为宪法适用机关的权威性的一种折中选择。

　　宪法判断不仅在结论上有着多样性,而且在形式上也并不仅仅只有一种方式——具备充分、严谨的说理与论证的一种正式的、书面的结论。作出宪法判断的方式,或者作出结论的方式,在司法中心主义的机制中,在很多情形下,的确以一种经过严谨的论证的书面结论的形式呈现在社会公众面前,就像普通法院对案件作出的裁判文书一样,其中包含了案件事实的描述、法律依据以及裁判理由。这种言说式的论证结论,其实只是宪法判断的一种形式而已,在其他情形下,宪法判断可能会以其他面貌出现,例如以投票表决等积极行动的方式。

　　几乎所有的涉及宪法权利争议的宪法判断,都必须经过严谨和详细的说理与论证,才能最终达致令人信服的判断结论,主要是因为关涉到宪法权利被国家权力侵害的情形,要么是立法机关制定的法律可能违反宪法权利规范,要么是行政机关的行为(包括行政立法行为)可能违反宪法权力规范。无论哪种情形,都需要对系争法律规范或行政法规范进行解释,同时也需要对宪法规范进行解释,以明确两者之间是否存在抵触或不一致的情形。在规范解释技术和宪法解释方法上而言,这都属于法律专家的专业"技艺"的范围,必须经过严谨和专业的规范分析与论证,才能基于法律方法得出宪法判断的结论。在维护和保证宪法秩序与法律秩序的统一性和完整性层面上而言,这种严谨而充分的说理论证尤显必要。因为轻易地对法规范作出合宪或违宪的判断,极易损害其他国家机关,尤其是立法者,以民意或公意之名维护社会秩序和公共利益所作出的努力,以及这种立法背后所反映的民主治理的正当性。在司法机关作为宪法审查的最高和最终机关的宪法适用机制中,这种政治秩序与宪法秩序中的民主与司法审查的冲突更为凸显和集中。故而,在美国等宪法适用机制中,宪法适用机关特别注重和强调宪法判断中的说理与论证,并通过此类

---

① 《德国联邦宪法法院判例集》第93卷121页及以下,转引自:施莱希,科里奥特.德国联邦宪法法院:地位、程序与裁判[M].刘飞,译.北京:法律出版社,2007:446-447.

专业法律方法与技术的运用,表明其在公民宪法权利保护与尊重国家政治权力机关的权威之间作出判断时的审慎。

但是在政治权力争议的解决过程中,作出宪法判断或结论时,并不需要这种专业、严谨和充分的说理与论证,尤其是在对抗性争议和政治参与性争议的宪法判断结论中,往往只需要作出结论即可,该宪法判断的权威性来自于宪法对适用主体职权和地位的规定性及明确性。在此类权力争议中,争议双方需要的只是基于宪法中明确的职权规定,以及基于此规定所需要表达的宪法观念或政治立场,有时并不需要对其作出的判断进行严谨、专业的论证与说理,只需要通过行动来表达结论即可。

例如在美国总统弹劾过程中,众议院司法委员会需要对弹劾动议进行审查,认为确有必要,可提交众议院对该动议进行表决,多数通过后再提交参议院进行弹劾,而参议院也是以表决的方式作出判断。在此过程中,弹劾案的动议、司法委员会的审查以及弹劾的依据,都是基于宪法中对总统任职的要求和弹劾的宪法理由。值得注意的是,参议院表决结果无论是多数通过还是少数否决该弹劾案,都无须对表决结果进行说理和论证。当议员在投票时,只需要检视总统行为是否真的构成对宪法规定的"叛国、贿赂或其他重罪和轻罪",并不需要对其作出的判断进行说理和论证。真正需要进行说理和论证的过程,是在表决之前或司法委员会对动议的审查过程,但是这种说理和论证只是为议员的表决提供参考,而不是决定意义上的。例如在克林顿总统弹劾案中,曾有四百多名法学教授联名向当时的众议院发言人写信,认为宪法规定的"重罪和轻罪"的一个必要元素是"行使职权中的严重失职行为",而克林顿总统涉嫌作伪证的行为与总统的职权行使无关,不构成渎职或严重失职。① 但是众议院在通过的弹劾决议中仍然采用克林顿做伪证的弹劾条款,并没有采纳法学家的说理与论证,也就是说众议院的表决结果或作出的宪法判断是:克林顿在大陪审团前作伪证的行为构成了宪法规定的"重罪和轻罪"。参议院在随后的表决中又否决了众议院提出的弹劾决议,一票之差的表决结果所表明的宪法判断或结论是:克林顿作伪证的行为并不构成宪法上的"重罪和轻罪"。虽然最终克林顿免于弹劾,但是我们无法得知作出这一结论的严谨说理与论证。假如投票结果通过了弹劾决议的话,宪法判断的结论就是克林顿的行为构成

---

① 144 Cong. Rec. H9649-03 (daily ed. Oct. 6, 1998) (Dec. 18, 1998) (letter read into the record by Rep. Furse).

"违宪",而这一结果同样也不需要严谨说理与论证。

在很多情形下,类似"克林顿总统的行为是否真的构成违宪"这一宪法结论并不重要,关键是通过弹劾等方式能及时有效地在宪法秩序内解决宪法争议而不至于引起宪政危机。换言之,作出宪法判断或结论解决宪法争议,保证和维护宪法秩序的稳定与发展,才是宪法适用的最终目的和意义。如果在此过程中能够对相关争议进行充分和严谨的说理论证更好,不过在政治权力对抗意味较重,并且需要更多地发挥民主机制的功能,或者需要体现民选国家机关权威的情形下,以积极的行动如表决等方式作出的宪法判断或结论并不需要充分的说理与论证。

(三)宪法判断的功用

宪法判断的功用,可以从两个方面来分析:一是实质性的,即宪法判断的作出,有没有实现对政治决断或宪法秩序的保证和维护,或有没有对宪法权利予以明确并保证其免于国家权力的侵害;二是程序性的,或者形式意义上的功用,即宪法判断的作出有没有解决宪法争议。

一项合宪性判断的作出,实质上已经实现了对立法者和其他国家机关的行为所涉及的争议事项的宪法审查,并且通过对具体行为的合宪性确认,宪法判断机关或适用主体维护和保证了其他国家机关在宪法规定职权范围内职权行使的正当性及其权威,并实现政治决断所确立的政治权力架构体系和组织体系的完整性。如果争议事项涉及宪法权利,那么一项合宪性宪法判断的作出,实质上在公权力行使和公民权利保障之间划定了界线,并确认了民意代表机关作为立法者基于公共利益或国家利益对公民权利的合理规制。在对抗性争议或政治参与性争议的宪法判断中,合宪性判断的意义在于明确和保证了宪法秩序所确立的权力制衡机制的有效运作,以及宪法秩序下的民主政治运行与发展的可能界限。

在各国宪法实践中,不论是美国的联邦最高法院,还是德国的联邦宪法法院,在作出一项宪法判断时,优先考虑的还是系争法律或行为的合宪性解释,以保证其他政治权力主体在其职权范围内对其管辖事项的自主权,避免对政治决断下的权力格局或宪法秩序造成冲击或破坏。在 Atkin v. Kansas 一案中,美国联邦最高法院明确指出,"公共利益迫切要求:立法机构体现着人民意志;除非明显无疑地侵害宪法的基本原则,其所制定的法律应得到法院的承认与行使"。① 在 1953 年 United States v. Five Gambling Devices 一案中,联邦最高法院更是阐明这一立场,即"尊重两院制国会的多数所作出的审慎判断,尤其是当一个立法行为被认为具有宪法的正当授权或者对于执行一项宪法权能而言是必要而适当之时"②,合宪性推定被认为是正当的。正是基于对其他立法者职权的尊重和对宪法秩序的维护,实践中,"迄今为止,美国联邦最高法院共审查了大约 4000 件与宪法有关的案件,其中仅有 135 件联邦法律、数百件州法律被宣布违宪无效"。③ 在德国宪法实践中,联邦宪法法院同样认为优先作出合宪性解释是非常必要的,并在多个宪法案件中指出:"如果可以对某一规范作出多种解释,并且部分解释所形成的结果是该规范是违宪的,部分解释所形成的结果是该规范合宪;那么该规范就是合宪的,必须对之作出合宪解释。"④

但是,当立法者或其他国家机关的权力行为已经超越了政治决断所确立的权力限度,或构成了对宪法秩序的明显违反,以及对宪法上确认的公民权利构成侵害,那么一项违宪性宪法判断的作出,在实现对政治决断和宪法秩序的保证上,以及对公民宪法权利的保障上,其实质性功用和意义更为凸显,这也让违宪性宪法判断得到社会和宪法学者的更多关注。对其他国家权力机关职权行使违反宪法的情形通过宪法判断予以确认,宣布该行为或立法主体因违反宪法所应承担的相应的宪法责任或法律责任,以实现对其他国家机关权力行为的监督和制约,并为宪法权利受到侵害的公民提供宪法救济,并在最终目标上,实现对宪法秩序的保障和维护。在此意义上,宪法适用的主体或作出宪

---

① Atkin v. Kansas,191 U.S. 207,223(1887)。转引自:张千帆.西方宪政体系:上册·美国宪法[M].北京:中国政法大学出版社,2000:58.
② United States v. Five Gambling Devices,,346 U.S. 441,449(1953)。转引自罗伯特·C.波斯特.宪法的法律权威之形成:文化、法院与法[A].却伯等.哈佛法律评论(宪法学精粹)[C].张千帆,编译.北京:法律出版社,2005:362.
③ 胡肖华.宪法诉讼原论[M].北京:法律出版社,2003:196.
④ 详见《联邦宪法法院判例集》,第 64 卷,229(242)页;第 69 卷,1(55)页;第 74 卷,297 页(299 页、345 页、347 页);第 88 卷,203(331)页。转引自:施莱希,科里奥特.德国联邦宪法法院:地位、程序与裁判[M].刘飞,译.北京:法律出版社,2007:449.

法判断的主体,的确可以被称之为"宪法的守护者"①。

关于美国、德国等国家宪法实践中所作出的违宪性宪法判断对保障公民宪法权利而言的作用和积极意义,相关研究可谓汗牛充栋,而且我国宪法学者基本上更倾向于相信"违宪审查"对于控制国家权力和实现人权保障而言,是一个国家宪法实践中必不可少的一个重要环节或机制。林来梵教授在论及宪法审查的两种价值目标时指出,人权保障和法制统合是宪法审查的价值追求或目标,并认为"美国宪法审查的历史,其实就是一部保障和发展人权的历史"。同时,基于凯尔森的观点,宪法的司法保障(宪法审查)作为一种技术性制度机制,其目的就是为了保证国家法制的统一,以维护宪法在国家法律规范体系中的至上性。② 违宪性宪法判断在解决不同类型宪法争议过程中,其主要出发点或最终目的,仍然是宣告无效而将"违宪"的权力行为或立法排除在法律秩序之外,以保证宪法秩序的统一和稳定。③

解释性宪法判断同样对于维护政治决断和宪法秩序的统一与发展具有重要意义。在解释性宪法判断作出的情境中,解释性判断不仅是基于满足对宪法规范进一步予以明确的要求,而且作出判断本身即意味着对判断者在宪法秩序中的地位、功能和权威的一种宣示。这种宣示可以是对政治决断所安排的民主机构或人民意志在国家政治权力运作中的最终决定权和最高权威地位的明确而有效的宣告,也可以是对宪法秩序所要求的特定国家机关的宪法角色或权威功能的尽职履行。在此意义上,解释性宪法判断虽然并不一定需要对其他国家机关的行为作出明确的"合宪"或"违宪"的判断,但是其对宪法规范的解释,以及该解释所具有的对特定国家机关的拘束力或普遍约束力,对于维护政治决断和宪法秩序而言仍然是非常必要的。例如在我国宪法实践中,全国人大常委会对香港基本法有关条款的解释,对解决香港政制争议及保证"一国两制"充分有效地实施具有重要意义。加拿大最高法院通过对宪法的解释,有效地化解了地方通过公民独立公决等方式脱离联邦的宪法争议,其基于

---

① 德国宪法学家卡尔·施密特在《宪法的守护者》一书中明确指出,不仅法院(包括宪法法院)可以成为"宪法的守护者",其他国家机关或者宪法机关都可以而且应该成为"宪法的守护者"。施密特所言及的"宪法"并不仅仅指宪法文本,更指向实定宪法。

② 林来梵.宪法审查的原理与技术[M].北京:法律出版社,2009:14-23.

③ "宪法秩序的统一"比"法制统合"具有更为强烈的和直接的主张对象及目标,前者强调的"宪法秩序"包括了后者所谓的"法制统一性",但外延比后者更为广阔,依据施密特的分析,前者实际上可以涵盖政治决断中的权力秩序以及法治国要求下的人权保障等内容。

宪法秩序对公民自决权行使以及脱离联邦成为独立主权国家的机制的宪法解释获得了联邦政府以及魁北克政府的赞同，从而将政治参与性争议纳入宪法秩序解决，有力地保证了政治决断和国家宪法秩序的统一与稳定。因此，解释性宪法判断，以及被学者所忽视的其他类型的宪法判断，为实现宪法功用所发挥的作用和意义，理应得到理论和实践上的承认与重视。

不论是"合宪性判断""违宪性判断"抑或"解释性判断"，都是对宪法争议所作出的一项结论，在形式上而言，其目的都是为解决宪法争议。因此，在程序意义上，宪法判断的功用非常简单，就是宣告宪法争议的结束，就像一项司法裁判宣告诉讼结束一样的道理。宪法争议判断主体必须就争议事项作出结论，不论以何种形式——论证或行动，该结论对争议主体和判断主体而言都有着程序上的确定力和拘束力。

当判断主体经过相应程序就争议事项作出结论后，不得再基于相同事项启动争议解决程序或机制，也就是通常所言的"一事不再理"规则，这一点从判断主体的职权角度而言，应该是非常明确的。同样的，宪法判断对争议主体而言，也具有拘束力，争议主体不得再就该系争事项向同一判断主体再次提出解决请求，但是确定力并不意味着该争议被提交其他更高级别的判断主体予以解决。

如果将宪法判断置于宪法适用机制中去考察，就很容易发现，在具有宪法最终解释权的宪法适用机关面前，一项宪法判断的作出，实质上已经宣告宪法争议的解决，并且该判断对争议双方都具有严格的确定力和拘束力，即不得再就同一事项再次启动宪法适用机制。在多数对抗性和政治参与性宪法争议的解决机制中，一项宪法判断的作出，实质即为宪法争议的终止宣告，因为在宪法规定的权力架构中，作出宪法判断的机关已经是宪法秩序中最终的判断者。此类宪法争议往往只需经过一次宪法适用的过程即被宣告解决。在德国宪法适用机制中，联邦宪法法院对宪法争议的裁判具有终局性，美国联邦最高法院所作出的宪法裁判通常也具有同样的程序性功用，即宪法争议到此为止。

值得注意的是，即便是在不具有宪法最终解释权的宪法适用主体手中，一项宪法判断的作出，实际上也宣告了宪法争议的解决，这一点常常被忽略了。也许会有学者认为，当不具有宪法最终解释权的机关适用宪法作出宪法判断，只具有宪法适用的阶段性特征，而不是宣告宪法争议的解决。前文已经提到宪法争议解决的层级性和阶段性特征，并且强调每一层级和阶段的宪法争议解决都应被视为一个独立的宪法适用，即当适用主体或判断主体作出宪法判断时，即宣告宪法争议在此层级和阶段的结束。当争议主体在宪法判断作出后,不再就争议事项向其他层级适用主体提请解决时,该项争议也应当被视为已经终止。但这并不妨碍或禁止争议主体或判断主体向更高层级或具有宪法最终过解释权的机关提请解决该争议,当他们这么做的时候,实际上已经启动了新的宪法适用过程或宪法争议解决过程。

最为典型的情形就是在德国宪法实践中,普通法院在案件审理中对系争事项进行裁判所需适用的法律规范是否符合宪法规范进行判断时,这是一次独立的宪法争议解决过程。当其作出"合宪性"判断时,即宣告该宪法争议得以解决,并适用系争法律规范裁判案件。当法院作出"违宪性"判断时,也即宣告该宪法争议得以解决,只不过此时法院必须中止案件审理,并启动新的宪法适用机制,即向联邦宪法法院提请对系争法律规范与宪法规范之间的宪法争议作出宪法判断。此时,普通法院对宪法争议所作出的判断,即一项宪法争议的结束,其程序上的后果即为启动了由不同的宪法适用主体对该宪法争议进行判断的新的程序。

在美国总统弹劾机制中也存在同样的情形,当联邦众议院就总统弹劾案作出决议并通过该决议时,实际上已经作出了一项宪法判断,并完成了对总统行为是否构成宪法上弹劾条款的宪法适用过程。当决议案被提交给联邦参议员进行表决时,参议院的表决结果将是一项新的宪法判断,不论其与众议院的决议结果是否相同,都是一项对总统行为是否构成宪法上弹劾条款的新的宪法适用过程。但是,如果没有众议院的宪法适用行为,就不会产生参议院对宪法争议进行判断的情形,因此,一项宪法判断在程序意义上的功用不仅仅是对宪法争议在其层级或阶段结束的宣告,同时也可能是启动新的宪法适用或宪法争议解决机制的开始。

如果将宪法判断的作出视为宪法争议的解决,那么我们会发现,在各国宪法实践中,大量存在的并不是那些享有宪法解释权(最终解释权)的国家机关对宪法争议的最终解决,而是普通国家机关依职权对宪法争议作出宪法判断的宪法适用过程。在诸如美国联邦最高法院、德国联邦宪法法院、法国宪法委员会等这些具有宪法最终解释权的国家机关所作出的宪法判断的耀眼光环之下,这些大量的宪法判断只能存在于阴影之中,而没有或极少进入观察者的视野。实践中,正是这些不起眼的宪法争议的判断,解决了大量的宪法争议,并建立起一种过滤和筛选机制,从而只让一小部分或具有重要宪法价值和意义的宪法争议呈现在那些享有宪法最终解释权的宪法适用主体面前,后者所享有的"宪法守护者"或"法治的基石",以及"人权保障的最后一道屏障"等等溢美之辞和耀眼光环,离不开普通国家机关在宪法适用机制中的付出和努力。

第四章 议会人权保障职能的专门化

"享有充分的人权,是长期以来人类追求的理想"。① 人权的享有与人权的保障密不可分。是否能充分享有人权,不仅仅取决于人权观念与人权立法的发展程度,更取决于人权保障的发展程度。在各类人权保障机制中,司法人权保障一直被视为"人权保障的最后一道防线",然而,议会人权保障同样是人权保障不可或缺的重要环节。

从历史上看,议会本身就是在限制王(君)权、保障人权的过程中不断发展而来的政治组织,近现代议会作为最直接反映全体国民意志的机关,必然要求其在保障人权方面发挥重要的作用。在议会制度确立之后的相当长一段时期内,议会在限制君权、反抗教权等过程中,间接保障了特定阶层的权利。资产阶级革命胜利后,针对人权进行的制宪及立法活动,使议会开始直接保障人权。在人权谱系不断丰富,以及国际和区域人权机制的不断发展的背景下,自20世纪中叶以来,议会人权保障出现了专门化的趋势,具体体现为各国在议会内部设立了专门的人权机构以履行人权保障职能。本章将以议会人权机构作为主要考察对象,对议会人权保障专门化的趋势作出分析和研究。

一、议会人权保障的历史演进

议会制度的萌芽最早可以追溯至公元 8 世纪左右英国的贤人会议,并于 14 世纪左右在英国得以确立。人权概念的萌芽最早可以追溯到古希腊时期,但真正意义上的人权概念和学说则形成于 16、17 世纪。虽然严格意义上的"议会"与"人权"这两个概念在产生时间上并不相同,但议会制度之所以能够演变为民主政治的主要实现方式,就是因为其理论上代表了民主政治中的公民,并能够与人权主体的普遍性相契合。因此,从历史上考察,议会制度与人

---

① 中华人民共和国国务院新闻办公室.1991 年中国的人权状况[EB/OL]. http://www.scio.gov.cn/ztk/dtzt/90/11/Document/1253739/1253739.htm,2016-3.

权保障之间的关系十分密切。

(一)古代议会对人权的间接保障

在人权的概念与学说确立之前,虽然议会并没有"发现"人权,但不意味着当时的议会没有保障人权。但必须明确的是,此时的议会对于人权的保障仍然是一种间接的保障,在议会与君权、教权对抗的过程中,所获得间接保障的人权也仅仅是贵族、教士等特定阶层的权利。可以说,在这一历史时期,议会对于人权的保障是"无人权保障之名、但有人权保障之实"。

1. 萌芽形态的议会与人权保障

对议会历史的考察,最早可以追溯至公元8世纪左右英国的贤人会议。贤人会议的职能可以归结为:选举、废黜国王;审判大案要案;表达民情;协商国务和协商立法。[①] 有学者认为,贤人会议是议会的前身。[②] 也有学者指出,贤人会议是盎格鲁—撒克逊时期拥有立法、司法、行政权力的中央机构,同时对王权有制约作用。[③]

从8世纪到13世纪,议会从"贤人会议""大会议""小会议"和"御前扩大会议"逐渐演变而来。在议会的萌芽阶段,其职能主要涉及内政、外交、宗教、王室婚姻等重大国是。在13世纪以前,英国的立法与司法很难区分,每一次判决既是一次司法活动,同时也是一次立法活动。虽然根据学者的研究,贤人会议、大会议与小会议、御前扩大会议等在事实上都参与了立法,[④]但在这一时期,立法、司法与行政职能是糅合在一起的,立法职能在议会的职能中并不突出。

需要指出的是,13世纪之前的议会(或议会的萌芽形式)是作为英王的封君法庭和国家中央会议机构出现在历史舞台之上的。只有当议会能够逐渐使得国王在财政、立法等重大国是中降格为参与决策的一方时,才能够具备对人权实施保障的必要条件。正如英国宪政史学家乔里夫所言,当议会的性质变化时,"它不再是最高封君的堡垒和心甘情愿的仆人,转而一心独立、批评和不信任……它变成议会,不再是王庭"。[⑤] 如果不具备这一条件,即使议会能在司法、立法或行政领域对人权进行某种程度的保障,也难以被认定为"议会的

---

① 蒋劲松.议会之母[M].北京:中国民主法制出版社,1998:9.
② 刘建飞,刘启云,朱艳圣.英国议会[M].北京:华夏出版社,2002:3.
③ 阎照祥.英国政治制度史[M].北京:人民出版社,1999:13.
④ 沈汉,刘新成.英国议会政治史[M].南京:南京大学出版社,1991:14.
⑤ 蒋劲松.议会之母[M].北京:中国民主法制出版社,1998:13.

意志"。

2.13 至 16 世纪议会对人权的间接保障

学界通常认为,"模范议会"标志着英国议会制度的确立。但也有一种观点认为,英王爱德华二世(1307—1327 年在位)期间为英国议会制度确立的时间。[1] 无论"模范议会"的是否标志着议会制度的确立,自"模范议会"之后,英国初步建立了有限王权的宪政制度,即"君临议会"(King in Parliament)。这使得英王只有在议会中才能享有最高国家权力,而不能凌驾于议会之上。"恰恰是这个意义上的议会制使中世纪的英国君主制区别于该阶段其他国家的君主制"。[2] 此后英国在对财政、立法等重大国是作出决策时,必须由国王、贵族与郡县代表组成议会,并在议会中协商决定。也恰恰是由于这种多元主体之间的博弈关系,决定了任何一方哪怕是相对强势的王权,都无法完全漠视其他社会主体应有的权利。

(1)铜币的两面——限制王权与保障人权

在英王与其他社会权利主体之间的博弈关系中,博弈的最主要对象是财税。如果把财税比作一枚铜币,那么限制王权与保障人权就如同这枚铜币的两面。从 13 世纪开始,英国议会对人权间接保障的主要是通过不断地抗拒国王的征税权、扩大经济自主权体现出来的。

在历史上,英国的国王与贵族之间的关系是既相互依赖又相互斗争的关系。国王与贵族同样都是封建主,两者在根本利益上是趋同的,即维护整个封建阶级的统治地位。但国王加强王权的同时,不可避免地会侵犯贵族的利益,国王加强王权的主要手段是施行王室的最高司法权,而这会侵犯大贵族们在其领地内行使司法权时所获取的利益。但由于英国的贵族们并没有拥有封建割据的实力,因此他们与国王的斗争主要集中在议会这一"舞台"之上,通过议会,贵族们和国王相互争夺对国家的主要控制权,而在当时,批准税收的权力则是争夺控制权的核心内容。

根据英国的封建习惯,国王收入的来源一方面是作为封君征收的封建税,另一方面是作为国王征收的国家税款。按惯例,国王个人的开销与用度来自于封建税,而如果征收国家税款,则应征得国民的同意。因此国王在征收国家税收时,总是力图宣称是为了全体国民的共同利益。但频繁征税引发了大贵

---

[1] 沈汉,刘新成.英国议会政治史[M].南京:南京大学出版社,1991:38.
[2] 蒋劲松.议会之母[M].北京:中国民主法制出版社,1998:14.

族的反抗。英王约翰执政期间,在英国推行了一系列违反惯例的政策,又肆意征税,引发了国内的广泛不满。英王约翰不得已与 1215 年 6 月 15 日与大贵族们达成协议,签署了贵族们拟定的文件,即《大宪章》(Megana Carta)。

《大宪章》的内容大部分是在重申作为封君的国王和贵族之间的权利义务,它"陈述了旧法律,但并未制定新法律"。① 《大宪章》共有 66 个条款,核心内容是限制王权,保障贵族、教士与自由民的财产权和人身权。尤其是第 39、40 条之规定,以今日的眼光视之,已可见现代人权保障的雏形。②

《大宪章》虽然是贵族和教士与国王王权抗争的结果,但其目的并不是推翻英国的君主政体,而是通过一份封建契约,使贵族、教会和工商业者的利益得到确认和保护。《大宪章》关于征税权的约束,直接削弱了国王的财政力量并影响了王权对行政权和司法权的影响力。《大宪章》对英国宪政历程的影响深远。据统计,在英国历史上,从 13 世纪到 16 世纪,议会曾迫使英王 32 次重新确认《大宪章》并重申接受《大宪章》的约束。③ 英国 19 世纪的学者威廉·斯特普斯(William Stubbs)甚至认为,整部英国的宪政史,不过是对《大宪章》的一份长篇注释而已。④ 在英国历史中,将《大宪章》视为最重要的一份历史文献亦不为过。

《大宪章》标志着英国制度化保障人权的开始。⑤ 虽然《大宪章》的内容只是将已经存在于英国的封建惯例予以列举,但它却使得英国逐渐走出了"朕即法律"的君主专制时代。《大宪章》成为了英国乃至世界人权保障过程中的重要历史节点,但在当时《大宪章》并没有对底层民众的权利予以保障。《大宪章》里所提及的人民只是封建贵族和教士,所提及的自由也主要是封建贵族的自由,所提及的税收也并不能等同于现代社会的税收,但它首次使国王正式确认了封建法,隐含的确认了法律至上的原则。《大宪章》对贵族、教士和商人所保证的权利和自由,后来逐渐扩及平民。艾沃·詹宁斯(Ivor Jennings)曾写道,"《大宪章》所列条款对于新的一代和新的时代的意义,与它们本来试图表

---

① 闫照祥.英国政治制度史[M].北京:人民出版社 1999:44.
② 第 39 条规定"任何自由民,如未经其同级贵族之依法审判,或经国会判决,皆不得被逮捕、监禁、没收财产、剥夺法律保护权、流放,或加以任何其他损害",第 40 条规定"不得向任何人出售、拒绝或延搁其应享有之权利与公正裁判"。
③ 程燎原,江山.法治与政治权威[M].北京:清华大学出版社,2001:67.
④ 刘文彬.西洋人权史[M].台北:五南图书出版公司,2005:15.
⑤ 张爱宁.国际人权法专论[M].北京:法律出版社,2006:57.

达的意义之间可谓差之千里,而且它们逐渐地被视为并非贵族自由的基础,而是平民自由的基础"。① 许崇德教授在论述《大宪章》的人权保障意义时也曾指出,《大宪章》是"有助于保护民权的一部宪法性文件",②诚如斯言,"有助于"这一提法,可谓精准地指出了古代议会在与君权的对抗过程中,对于人权的间接保障。

(2)利剑的双韧——宗教改革与保障人权

从14世纪开始,英国人民反抗罗马教廷的意识逐渐开始觉醒,并视罗马教廷为压迫者。教会不但拥有数量巨大的财富,也独揽着任命教职的权力。16世纪的宗教改革不仅仅基于宗教因素,政治上民族意识的觉醒与经济上对教会横征暴敛的反抗,使得宗教改革成为了人民争取信仰自由与争取平等权利的运动,人权开始与教权相抗衡。

以议会为主要舞台,英国从亨利八世开始,经过爱德华六世、玛丽女王,直至伊丽莎白一世制定并经议会通过《三十九条信纲》,英国国教的法律地位最终得以确定。亨利八世之所以能够以一国之君对抗整个罗马教廷,其背后英国民众的民族主义不容忽视。14世纪中期,英国议会通过的《圣职任命法案》与《王室侵害法案》,是英国反抗罗马教廷的第一次具体行动,这两个法案的目的都是为了限制罗马教廷对英国教会的干预。这种反抗教廷的意识也是英格兰民族意识形成的诱因之一,英国民众基于民族自尊心,不愿与罗马教廷维持附属关系。在亨利八世时期,修道院已经是英国最富有的地主阶层,英国民众认为修道院已经丧失了最初的功能,而成为了剥削信徒的工具。因此,当亨利八世与罗马教廷决裂时,英国民众大多数给予了支持,这也是亨利八世能够成功对抗罗马教廷的重要原因。③

在同一历史时期的法国,宗教改革运动导致了1562—1598年的雨格诺战争(War of Huguenots,又名胡格诺战争)。因信仰不同,法国不同教派之间相互征战与杀戮,战火持续数十年,直至法王亨利四世颁布了《南特诏令》才得以平息。

相对于战火纷飞的法国,英国的宗教改革运动虽然也经历了短暂的"血腥玛丽"的时期,但主要采取的都是相对温和的宗教政策。得以最终确立的英国

---

① 艾沃·詹宁斯.法与宪法[M].龚祥瑞,侯健,译.北京:新知三联书店,1997:8.
② 许崇德.人权思想与人权立法[M].北京:中国人民大学出版社,1992:173.
③ 刘文彬.西洋人权史[M].台北:五南图书出版公司,2005:34.

国教,也是在一种调和、妥协的宗教政策下催生的新教与旧教相互融合的产物。这种宗教政策使得英国并没有像法国那样发生大规模的宗教战争。之所以这种宗教政策能够得到成功的运用,与英国的议会制度有着密切联系。英国所进行的一系列宗教改革,基本上是通过议会的各项法案来实现的。英国议会自13世纪开始,就成为了各种政治力量角力的舞台,在英国民族主义的助推下,逐渐推动了其国内的宗教改革。这使得英国的宗教改革进程相对平和渐进,而并没有像法国等欧洲其他国家那样爆发国内新旧教徒之间互相残杀的宗教战争。

宗教改革对人权的影响是深远的。一方面,宗教改革不但导致了西方基督教的分裂,结束了罗马教廷对宗教信仰的直接控制,也使得对《圣经》的解释不再专门归属于罗马教皇,个人信仰不再受到教廷的独裁控制,每个人均有理由认为其与上帝可以"沟通",信仰自由与个人自由的观念开始滋长并融合。在反抗教廷独裁统治的过程中,自由理论得以提出,并成为了近代自由主义的先驱,对近代民主政治与自由思想作出了贡献。一些教派(例如格尔文教派)在其内部组织管理上,采用了信徒民主选举教士的方式,也使得在宗教事务上习惯民主方式的信徒更倾向于政治上的民主。① 英国的清教徒为了信仰自由而向美洲大陆移民后所建立的政治制度,不能说没有受到这一时期宗教改革的影响。但在另一方面,极端个人主义也开始增长。新教的领导者在教会的组织以及宗教仪式上,维护自己意见的表达权利上,大多诉诸个人主义,这种信仰上的个人主义后来走向了极端,对不赞同其教义的人士实施迫害。极端的个人主义反而成为了人权实现的阻碍。宗教改革运动就如同一把利剑的两刃,从一个极端走向了另一个极端。

从13世纪到16世纪,议会对于人权的保障,是议会在反君权、反神权、反教权与封建特权的过程中进行的。在这一历史时期,封建贵族向英王抗争以保障其财产权利,宗教改革者向教会抗争以保障其信仰自由的权利,底层民众则向封建领主争取人身自由的权利。之所以将这一历史时期议会对于人权的保障称之为"间接保障",是由于彼时的议会所针对的并不是人权本身,而是作为各种政治力量利益博弈与斗争的舞台,在反抗君权和教权的过程中,间接地保障了人权。

这一历史时期也是英国议会十分重要的发展阶段。下议院的产生和发

---

① 刘文彬.西洋人权史[M].台北:五南图书出版公司,2005:46.

展,可视作在限制王权、保障人权的过程中,英国的自由民阶层在保障其财产权和自由权方面所获得的成果。下议院地位的上升,改变了英王、贵族与平民代表之间的力量平衡,下议院不断要求英王修改和纠正损害贵族和平民权利的政策,与此同时,保障贵族和平民权利的政策则逐渐成为法律,这为日后议会的人权立法铺平了道路。

(二)近代议会对人权的直接保障

近代议会制度的确立,与近代人权思想和理念的传播密不可分。在"天赋人权"的理论影响下,资产阶级在革命中擎起了人权的旗帜。议会对于人权之保障,也从间接保障进入了直接保障的历史阶段。在霍布斯、斯诺宾莎、卢梭、洛克等人权思想家所提出的人权学说的影响下,自然法思想中的正义观念逐渐转变为一种权利的要求,并被当时的新兴资产阶级所推崇,人权也由此成为了资产阶级夺取政权过程中的有力武器。这一时期的议会对于人权的保障不再是与君权或教权对抗中的"副产品",而是直接针对人权本身。

1. 人权制宪与人权立法

近代议会保障人权最主要的方式是通过制宪活动与立法活动确认并保障人权。许崇德教授将人权立法分为三个阶段,分别对应着不同阶段的权利内容。[①] 在17、18世纪,议会的人权制宪和人权立法集中于保障生命权、自由权、平等权和财产权等在当时被人权思想家和资产阶级革命者们视为最应珍视的权利,这既是对人权的保护,也是对资产阶级革命胜利果实的保护。

(1)确立"议会至上"与"天赋人权"原则

从17世纪开始,经过英国内战、克伦威尔独裁、斯图亚特王朝复辟,直至光荣革命,英国经历了资产阶级革命并最终确定了君主立宪制的政体。在这一历史进程中,议会担当了重要的历史角色。至1688年,"光荣革命"彻底解决了自英国1642年内战爆发以来悬而未决的政治和宗教问题,议会成为了国家权力的实际拥有者。议会通过一系列的立法,在英国确立了君主立宪制。至此,新兴资产阶级以议会为舞台、在反对君权神授,主张天赋人权的斗争中取得了胜利。作为革命胜利成果的"议会至上"和"天赋人权"等原则,主要由英国议会以通过《权利请愿书》《人身保护法》与《权利法案》等一系列法律的方式予以巩固。

《权利请愿书》强调对王权的限制,并重申了《大宪章》中的部分规定。对

---

① 参见许崇德. 人权思想与人权立法[M]. 北京:中国人民大学出版社,1992:198.

英美法系国家产生重要影响的正当程序原则,在《权利请愿书》中已具雏形。《人身保护法》虽然没有规定任何实体权利,但从司法程序的角度,限制了君权和司法机关的任意性。有学者认为,《人身保护法》标志着人类对个人权利法律保护的真正开始。① 该法中的许多规定,后来被上升为司法原则,并被认为是英国司法制度的法律基础之一,对后世的立法起到指导和约束的作用。1689 年的《权利法案》不仅重申了人权保障的内容,还突出保障了议员的权利,同时也极大地限制了王权,将国王的权力置于议会之下。1694 年,议会通过了《三年法案》,作为对《权利法案》的重要补充。1701 年,议会通过《王位继承法》,重申了议会至上的原则,在法律上根除了斯图亚特王朝复辟的可能性。《权利法案》《三年法案》《王位继承法》等一系列法案奠定了英国的君主立宪政体的基础,同时也是人权保障的重要成就。

然而,英国的光荣革命也有不光荣的一面,其所确认的权利注重维护的是新兴资产阶级和新贵族的利益。从这一时期对选举权的财产资格限制以及《权利法案》中极少涉及人民的权利可以看出,普通英国民众的政治权利并没有获得足够的重视。这一历史时期的英国议会,也不可能真正体现出人人平等的人权观念。有学者认为,若以现代人权的角度观察,"光荣革命是一场'地主夺权''国王丧权''人民无权'以及'国教有自由''异教无自由'的及不平等也不自由的革命"。②

(2)人民"权利主体"意识的觉醒

1776 年,北美 13 个州的代表举行会议,宣布脱离英国殖民统治,并通过了《独立宣言》。虽然从严格意义上说,《独立宣言》并不是一部正式的法律,但宣言确立的原则,却成为了随后美国各州议会、美国国会进行人权立法的思想基石。《独立宣言》宣布建立政府的目的就是为了保障人权,"为了保障这些权利,人类才在他们之间组建政府,而政府的正当权力是经被统治者的同意而产生的","当任何形式的政府破坏这些目标时,人民就有权改变它或推翻它,以建立一个新的政府"。

《独立宣言》产生之后,北美殖民地各州的议会相继制定了新的州宪法,但大多以财产资格和纳税资格限制选举权,并没有贯彻《独立宣言》的平等原则。部分州宪法除了以财产和纳税资格限制选举权外,还规定了宗教条件,担任公

---

① 徐显明.人权研究:3[M].济南:山东人民出版社,2003:25.
② 刘文彬.西洋人权史[M].台北:五南图书出版公司,2005:56.

职者必须经过财产资格和宗教资格的审查。① "美国革命主要是一场独立运动,而非社会革命,当时也没有改变限制选举权的强大社会力量"。②

1787年的《美利坚合众国宪法》分散地列举了一些个人权利。这些个人权利主要是继承和发展了英国历史上和北美殖民时期的传统权利,但并没有包括言论自由、结社自由等重要的权利。而此时,大多数州议会已经制定了权利法案,或在州宪法中加入了权利保证的宣言。美国国会在研究了各州州宪法和各州对宪法提出的修正意见后,通过了第一至第十条宪法修正案,即《权利法案》,并于1791年正式成为美国宪法的一部分。

1787年美国宪法以及1791年美国宪法修正案,以世界上第一部成文宪法的方式,证明了近代欧洲人权思想家的人权理论可以作为反抗政治压迫的理论武器,开创了在成文宪法中明确保障人权的先例,其对于人权保障的历史意义之显著,无须着墨太多。但《权利法案》并没有废止奴隶制,也并没有禁止联邦政府实施种族歧视的政策。当时美国各州议会和美国国会所致力保障的人权,并不是普世性的,未能给予黑人、妇女、奴隶以及印第安人平等的公民权。

(3)对"人权革命"成果之巩固

关于法国大革命的性质,学界通常认为是社会革命或政治革命。然而,有学者认为,无论是社会革命或政治革命,均难以完整解释法国大革命的性质。因为社会革命论者夸大了资产阶级的势力,并过度渲染了其领导第三阶级革命的力量,忽视了农民作为当时法国社会构成之主体的情况,而将焦点集中于资产阶级对贵族的斗争。政治革命论则企图模糊当时法国贵族和资产阶级的界限,以避开阶级斗争学说,③并据此指出,法国大革命的性质是一场"人权革命"。④ "人权问题是革命运动的核心所在……法国大革命虽然含有社会革命和政治革命的成分,但不宜纯粹以传统的政治和社会革命眼光视之"。⑤

为了巩固"人权革命"的成果,1789年8月,法国制宪会议通过了《人权和公民权利宣言》。但是,宣言所宣布的平等原则在当时并不能得到真正的实现,宣言第1条指出社会差异可以因为公共福利而存在,为以后不平等的宪法

---

① 陆镜生.美国人权政治[M].北京:当代世界出版社,1997:133.
② 陆镜生.美国人权政治[M].北京:当代世界出版社,1997:134.
③ 刘文彬.西洋人权史[M].台北:五南图书出版公司,2005:126-130.
④ 刘文彬.西洋人权史[M].台北:五南图书出版公司,2005:130.
⑤ 刘文彬.西洋人权史[M].台北:五南图书出版公司,2005:131.

条文埋下了伏笔。1791年,国民议会通过了新宪法,将《人权和公民权利宣言》的原则制度化。但该宪法将人民分为"积极公民"和"消极公民",前者为交纳一定的纳税额度者并享有投票权,后者则不享有投票权。1793年宪法则不再承认任何世袭权力,并废除了选举权的财产资格,确立了议会在政治生活中的主导地位。但1793年宪法未得到真正的执行。1795年的新宪法又再次恢复了对选举前的财产资格限制,只有拥有一定数额的财产,并交纳直接税的人才能成为公民并享有选举权。事实上,早在国民议会在讨论制定宣言时,便有官员代表指出,"为什么要把那些人弄到一座高山上,给他们看到他们各方面的权利呢?因为我们随后不得不回到山下,确定权利的界限,让他们回到真实的世界,在哪里,他们将会在每一步上都碰到种种限制"。[①] 尽管如此,但《人权和公民权利宣言》对后世人权保障影响依然十分深远,有学者指出,"1948年《世界人权宣言》的内容沿袭了1789年法国《人权和公民权利宣言》所建立的模式"。[②]

议会通过上述人权制宪与人权立法活动,不但使资产阶级革命的成果得到巩固,也使人权得到宪法和法律的确认。这一历史时期,议会对人权的保障开始直接指向人权本身,人权成为衡量君权或国家权力运作的标尺之一。但是,此时议会对于人权的保障并不是普世的,无论在欧洲的英法等国,还是在北美大陆,社会底层人民并不能充分享受到人权保障的果实,贫民和妇女无法享有选举权政治权利,黑人奴隶则没有完整的自由权和人身权。可以说,17世纪至18世纪的议会人权保障,是"虽有其名,但实未归"。

2.人权主体范围之拓展

自19世纪开始,直至20世纪中叶,议会对人权的保障,逐渐呈现普遍化的趋势。一方面,议会不断扩展人权的主体范围,具体体现为议会通过法案取消选举权的财产限制、确认妇女的选举权,废除奴隶制度等方面。另一方面,在工人争取劳工权利的背景下,议会开始关注特定群体的权利,具体体现为社会保障方面的人权立法。

(1)废除奴隶制度与拓展政治权利主体

各国议会逐渐扩展人权主体范围的标志是通过立法废除奴隶制度。

[①] 王养冲."人权和公民权宣言"与1789年原则[M]//刘宗绪.法国大革命两百周年纪念论文集.北京:三联书店出版社,1990.

[②] 科斯塔斯·杜兹纳.人权的终结[M].郭春发,译.南京:江苏人民出版社,2002:94.

英国的废奴运动从18世纪80年代开始兴起。在1788年,议会曾通过决议,决定在下届议会中讨论奴隶贸易问题,但由于西印度集团势力依然强势,谴责奴隶贸易的动议最终被否决。直至1807年和1833年,英国议会先后通过废除奴隶贸易和奴隶制的法案。在北美,为了阻止美国从海外输入黑人奴隶,并限制黑人奴隶从蓄奴州通过贸易流入自由州,美国国会于1808年通过《禁止奴隶买卖法》。但奴隶制度在美国仍在不断扩大,每一个新的州加入联邦时,都会引发自由州与蓄奴州之间政治权力的对抗。南北方对于奴隶制度存废的斗争,"实质上反映了两种不同的社会制度,即奴隶制度与自由劳工制度之间斗争"。[①] 随着美国内战的结束,奴隶制在美国得以废止。1864年,美国国会通过了宪法第13条修正案,其中第一款规定"苦役或强迫劳役,除用以惩罚依法判刑的罪犯外,不得在合众国境内或受合众国管辖之任何地方存在",宣布在美国及其所管辖的领土上永久废除奴隶制。第13条修正案不仅彻底废止了各州奴隶制法律的合法性,也取消了州政府对于奴隶制度的司法权。[②]

各国议会逐渐扩展人权主体的范围的另一个标志,是通过立法以缓和基于财产、肤色和性别差异而导致的不平等,逐渐扩大政治权利主体的范围。

在美国建国之初,各州的宪法均限制选举权,因为当时的资产阶级认为试图修改州宪法以扩大人民权利的做法是一种危险的实验。[③] 随着19世纪初美国西部的拓荒与开发,以及美国东部工人阶级的壮大,人民开始提出修改州宪法以取消选举权限制的要求。1866年,美国国会通过了宪法第14条修正案,正式废止了1787宪法关于一名黑人奴隶作为五分之三个人的计算方式。1869年,美国国会通过了宪法第15条修正案,规定"合众国政府或任何州政府,不得因种族、肤色或因以前曾服劳役而拒绝给予或剥夺公民的选举权"替代了第14条修正案第二款。但上述宪法修正案未能确认印第安人的政治权利,直至1924年美国国会通过法令其成为美国公民。印第安人选举权的获得,则是在1948年之后。美国妇女的选举权也是在1920年宪法第19条修正案生效之后才获得保障。

法国1789年制宪会议曾把公民分为积极公民和消极公民,并实行有限选

[①] 陆镜生.美国人权政治[M].北京:当代世界出版社,1997:235.
[②] 王希.原则与妥协——美国宪法的精神与实践[M].北京:北京大学出版社,2004:280.
[③] 陆镜生.美国人权政治[M].北京:当代世界出版社,1997:187.

举制。1791年宪法确认了积极公民和消极公民的区别,并设定了财产资格限制。当时法国2600万人口中,有选举权的积极公民只有430万。[①] 1848年宪法将选举权扩充到所有成年男性,并将象征着特权阶级的上议院废除,使法国国会成为一院制。普选权原则虽然得以确认,但其巩固和完善依旧经历了长期的斗争,法国妇女直至1944年才获得与男子平等的选举权。

对德国人民参政权影响最为深远的当属1919年德国国会通过的《魏玛宪法》,该宪法规定了20岁以上的男女均享有选举权。然而,由于依据《魏玛宪法》建立的议会民主制不断被政治力量所削弱,联邦国会无法充分履行宪法规定的职权,最终导致了魏玛议会民主制的失败。[②]《魏玛宪法》所确认的相对详尽的人权,无法在有缺陷的议会制度下得以实现,"在希特勒统治时代,魏玛宪法并未被正式废止,但实际上近乎无效,议会也被保留下来,但唯一的作用是每隔十年将'授权法'延长一次"。[③] 这也恰恰从反面说明了完善的议会制度对于人权保障的重要性。

英国发达的议会制度,使得议会人权保障的历史与其他国家相比,发展甚早。但英国扩大政治权利主体范围的改革,仍是从19世纪开始的。19世纪30年代,英国国内的民主改革运动空前高涨,英国议会以1832年的《改革法案》、1867年的《第二次改革法案》、1884年的《人民代表制法》进行了三次改革,但财产资格限制依然存在,富人尚享有复数投票权,而贫困人口和妇女依然没有选举权。从20世纪初开始,英国议会又陆续制定了有关公民政治权利的法律。1918年的《国民参政法》首次确认了部分妇女的选举权,并取消了对选民的财产资格限制。1922年的《国民参政法》是对1918年《国民参政法》的修正,在英国历史上第一次实现了全部成年公民的普选权。复数投票权则在1948年的《人民代表法》中被取消。

(2)议会对特定群体人权的保障

从19世纪开始,在议会逐渐扩大权利主体范围并对人权保障实现"去阶级化"的同时,议会的立法活动也逐渐开始关注特定群体的人权保障。

关于劳工权利立法可谓是这方面的典型例证。伴随着工业革命的发生,从19世纪中后期开始,欧美主要国家逐渐进入工业化时代,而工厂制度的弊

---

① 洪波.法国政治制度变迁[M].北京:中国社会科学出版社,1993:325.
② 吴友法.冒险、失败与崛起——二十世纪德国史[M].武汉:武汉大学出版社,1992:105.
③ 胡锦光,韩大元.当代人权保障制度[M].北京:中国政法大学出版社,1993:72.

端也逐渐呈现。劳工权利起初并不被法律认可,从19世纪开始,欧洲主要国家对于劳工权利的保障逐渐呈现出积极态势。德国的《劳工疾病法》和《意外保险法》等一系列法案,规定了严格的工厂检查制度,限制雇佣妇女和儿童,并规定了最高工作时间。法国自1890年之后也陆续通过了一系列保障劳工权利的法律。英国议会虽然于1834年便已通过了《济贫法修正案》,可谓较早实行社会保障立法的国家,但英国对于劳工权利的立法保障则于20世纪初期才开始跟进,如英国1906年的《工人赔偿法案》、1909年的《工会法》,1911年的《国民保险法》等。英国在劳工权利方面的人权立法之所以落后于德法两国,有学者认为,与英国强调个人主义(重视契约自由)、德法两国强调国家责任主义(重视政府责任)的社会传统差异有关。①

在这一段时期,除了劳工权利之外,少数族裔的权利、妇女和儿童的权利、老年人权利等也逐渐得到议会的关注。李步云教授认为,集体人权包括国内集体人权与国际集体人权两类,"国内集体人权,又称特殊群体权利……国际集体人权,又称民族人权"。② 如果采用这种分类方法,那么这一时期议会所关注的集体人权,应属国内集体人权,因为各国议会对于民族自决权、环境权、发展权等集体人权的关注,则须待第二次世界大战之后。

从17、18世纪开始的议会人权制宪与人权立法活动,标志着议会开始从间接保障人权转变为直接保障人权。从19世纪后期开始,议会逐渐扩大人权主体的范围。从13世纪的议会"无其名但有其实"地间接保障人权,在历经了八百余年的发展之后,至20世纪中叶,议会对于人权之保障终于进入了"名至实归"的阶段。

二、议会人权保障的专门化

20世纪中叶之后,议会人权保障出现了专门化的趋势,并在20世纪90年代之后得以快速发展。

根据《现代汉语词典》的解释,"专门"一词主要有三层含义,一是"特地"(specially),二是"专从事某一事项的"(specialized),三是"表示强调经常做某类事情"(frequently)。③ 在法学研究中,"专门"一词主要指其中的第二项含

---

① 参见刘文彬.西洋人权史[M].台北:五南图书出版公司,2005:182.
② 参见李步云.论个人人权与集体人权[J].中国社会科学院研究生院学报,1994(6).
③ 中国社会科学院语言研究所词典编辑室.现代汉语词典[M].北京:外语教学与研究出版社,2002:2516.

义。"专门"一词也已被我国学界所广泛采用,用以描述专司某一事项的部门(或机构等)。"化"在汉语中则具有"变化、使变化"(change; turn; transform)等含义。①"专门化"一词,主要表述的是从"非专门"到"专门"的变化过程。为此,本章使用"专门化",主要是为了指代在 20 个世纪中叶之后,各国议会通过设立专门从事人权保障事务的人权机构的方式,以履行议会的人权保障职能这一历史现象。

(一)议会人权保障专门化的主要体现

议会人权保障的专门化的主要体现是议会人权机构的设立。对于这类人权机构,学界并没有统一的标准称谓。"各国议会联盟"(Inter-Parliamentary Union,以下简称 IPU)②在描述这类人权机构时,所使用的是"Parliamentary Human Rights Body"一词。

根据 IPU 在 1990 年的统计,当时世界上仅有 44 个议会人权机构。法国是较早在议会内部设立人权机构的国家,法国议会的"议会各党派人权工作组"(All-party Parliamentary Group of the Human Rights League)成立于1922 年,其主要职能是使议会辩论和立法案符合人权伦理标准,并提请议员和公众关注人权事务,并在人权被侵犯时采取相应的行动。③ 20 世纪中叶之后,少数国家开始设立议会人权机构。例如,加蓬共和国于 1961 年在其议会内部设立了"法律、行政事务和人权委员会"(Committee of Laws, Administrative Affairs and Human Rights)。

通过分析 IPU 官方数据库所提供的数据,可以观察出议会人权机构在数量上的变化趋势。在 20 世纪 80 年代之后,各国议会人权机构的数量开始缓慢增加。自 20 世纪 90 年代之后至本世纪伊始的十余年间,各国议会人权机构的数量迅速增加。在最近十年则逐渐趋于稳定。

本章通过对 IPU 官方数据库的检索,并辅以其他相关文献进行的统计结果表明,目前各国已经设立的位于议会人权机构已经从 1990 年的 44 个,增加

---

① 中国社会科学院语言研究所词典编辑室.现代汉语词典[Z].北京:外语教学与研究出版社,2002:835.

② "各国议会联盟"成立于 1889 年,总部位于瑞士日内瓦。其将自身定义为"议会间国际组织"(international organization of the Parliaments)。本文所采用的数据主要来自该机构的数据库 http://www.ipu.org/parline-e/parlinesearch.asp.

③ 各国议会联盟数据库,http://www.ipu.org/parline-e/reports/instance/2_139.htm,2015-3.

至 2016 年的 164 个(含一个国家建立多个议会人权机构的情况)。① 其中欧洲 76 个,非洲 29 个,美洲 34 个,亚洲和大洋洲 26 个(关于各国议会人权机构具体设置情况,可参见附录一)。

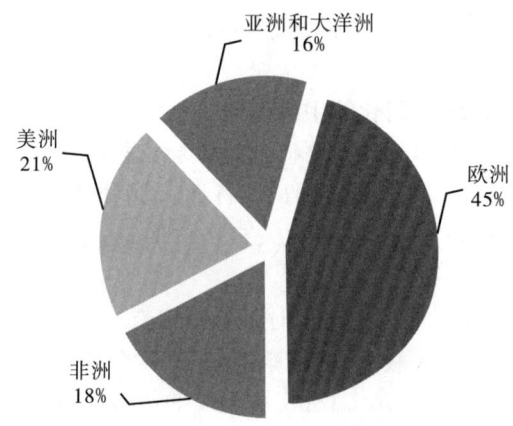

图 1　议会人权机构区域分布

(二)议会人权保障专门化的成因

议会人权保障专门化的产生,有其深厚的历史背景。从人权的主体和人权的内容来看,不仅二战后各国议会拓宽了人权的主体范围,人权的内容也从消极权利向积极权利不断扩充。从各国国内背景来看,二战后,议会制度、议会的人权保障职能在各国得到普遍的确认,为议会人权保障专门化趋势提供了制度基础。从国际环境来看,人权保障国际化的发展为议会人权保障专门化的趋势提供了外部条件。正是在上述背景下,各国议会人权机构自上个世纪中叶逐渐产生,并在上个世纪 90 年代之后迅速发展。

1. 履行演变中的议会人权保障职能

随着人权谱系的不断扩充,不仅议会的人权保障职能发生了变化,为了履行变化中的人权保障职能,其履行方式和手段也发生了相应的变化。这是议会人权保障专门化最主要的推动力。

---

① 各国议会联盟数据库中的数据统计有误,其数据库中新加坡国会中的议会人权机构为空,但仍然纳入了统计。而笔者根据各国议会联盟于 2004 年在瑞士日内瓦举办的"议会人权机构研讨会"会议材料,比利时议会的人权委员会应属于比利时议会的内部人权机构,但各国议会联盟在统计中未将其计入。

(1)近代议会人权保障职能的履行方式

自议会制度产生以来,直至上个世纪中叶,议会履行人权保障职能时,主要有三种方式。

第一种也是最主要的方式是人权立法。在议会制度确立之后相当长的时间内,议会并未直接针对人权进行立法,而是采用立法的方式在限制君权、反抗教权的斗争过程中间接起到人权保障的作用。在资产阶级革命后,议会逐渐开始通过人权立法来行使人权保障的职能。"立法机关作为国家的权力机关,对人权保障产生直接的影响。如果立法机关不尊重人权或者在立法过程中人为地限制人权的话,人权保障也就失去了基本的法律依据"。[①] 如果将人权的实现视为对社会资源的利用,那么立法本身就是国家配置社会资源的分配过程。如果将人权视为一种价值观念,那么立法也是一种价值衡量的过程。议会的人权立法,正是以保障人权为目的,在对社会资源进行分配的过程中,对人们的权利和义务进行价值衡量,并以法律的形式予以表达。因此,人权立法,就是"国家通过制定法律、法规和行政规章的方式,认可和确立人权的内容、范围及其实现和保护的程序的活动"。[②]

第二种方式是人权立法救济。人权的立法救济是指,"通过在立法上废除或修改侵犯人权的规定或者规定保护人权的措施而对人权侵犯的受害者所实施的救济"。[③] 当立法者在制定法律时受到主客观条件的限制,或者在客观上已经出现了立法内容与社会现实的冲突而引发了侵犯人权的现象时,立法机关有义务及时对人权实施立法救济,有学者也称之为"立法改善义务"。[④]

第三种方式是受理公民请愿以保障人权。英国议会制度确立后,骑士和平民代表将议会视为向英王申冤和请愿的场所,下议院可以向英王提交请愿书,进行申诉,以要求国王解决他们面临的问题或承受的不公正待遇,以及要求国王改正错误的判决等。在现代议会制度下,议会同样具有处理公民因权利受到侵害而提出的各种请愿的职能。例如,德国宪法规定,"所有人均有以个人方式或与他人共同的方式书面向主管机构或代议机关提出请求和申诉的

[①] 胡锦光,韩大元.当代人权保障制度[M].北京:中国政法大学出版社,1993:267.
[②] 徐显明.人权法原理[M].北京:中国政法大学出版社,2008:302.
[③] 杨成铭.人权法学[M].北京:方正出版社,2004:362.
[④] 胡锦光,韩大元.当代人权保障制度[M].北京:中国政法大学出版社,1993:269.

权利"。① 罗马尼亚宪法规定,"公民有权向公共权力机构呈致其联署签名的请愿书"。②

(2)现代议会人权保障职能履行方式的演变

进入20世纪之后,人们对于人权的关注逐渐从以消极权利为中心转变为消极权利和积极权利并重。与此相对应,国家保障人权的义务,也从最初对消极权利的保障逐渐延展到对积极权利的保障,国家人权保障义务不仅体现在国家的消极克制上,也体现在国家的积极作为方面。作为对国家人权保障义务发生变化的回应,议会人权保障职能的履行方式也出现了相应的变化,议会需要专门的人权机构以履行处在演变过程中的国家人权保障义务。

第一,议会需要专门人权机构以应对人权立法的专业化需求。随着人权谱系的不断发展与丰富,人权立法的复杂性、专业性和规范性程度越来越高,这使得传统上由议会作为一个整体来行使的人权立法职能,愈发依靠专门的议会人权机构来行使。各国议会内部开始设立由在人权保障方面具有专业知识或丰富经验的议员所组成的议会人权机构,并使之承担包括举行人权立法听证会、起草人权立法案、对与人权保障相关的立法案进行修改和完善等工作。一项人权立法案最终是否能够成为法律,很大程度上取决于议会人权机构的工作。

第二,议会需要专门人权机构来检验既有的法律或立法案是否符合人权标准,以履行其人权立法救济或立法改善之义务。从文艺复兴、资产阶级革命到上个世纪中叶之前,人权一般被视为国内事务,且除了诸如劳工保护等少数领域外,鲜有国际社会公认的人权标准。但在二战后,由国际人权公约所确定的人权标准已经得到国际社会的广泛认可。议会人权机构的重要职能之一,就是用人权标准来检验现有立法,并提出立法建议。许多国家的议会人权机构,可以在审查的基础上提出法律修改动议或者否决动议。以英国议会的"人权联合委员会"(Joint committee of human rights)为例,其职能便是对议会的立法案与法律接受固定的审查,以判断是否符合人权法规,是否符合《欧洲人权公约》和其他国际人权公约所设定的人权标准。该委员会在其运作实践中,发展出了一系列审查方式,诸如对立法案的初期审查、要求政府部长对特定调

---

① 《德意志联邦共和国宪法》第17条。参见孙谦,韩大元.世界各国宪法:欧洲卷[M].北京:中国检察出版社,2012:180.

② 《罗马尼亚共和国宪法》第51条第1款。参见孙谦,韩大元.世界各国宪法:欧洲卷[M].北京:中国检察出版社,2012:393.

查作出书面回复并审议其回复、要求政府部长出席问询、对非政府人士和机构的意见和建议进行考量、出具对政府法案审查的报告等。[①] 自该委员会成立以来,其对《刑事司法与警察法案》《国籍、移民和庇护法案》《国际刑事合作法案》《住宅法案》等多部立法案进行了审议,其所出具的报告直接导致了对这些法案作出重大修改。

第三,议会需要专门人权机构来受理公民的人权申诉或请愿。由于人权谱系的扩充,国家人权保障义务也相应地多元化,尤其是在积极权利保障方面。作为被申诉对象的国家权力机关(主要是行政机关)是否不当侵犯了人权或未履行应尽的人权保障义务,需要具有专业人权知识的机构作出判断。虽然各国的议会人权机构在申诉调查程序和处理程序上有很大的差异,但越来越多的国家赋予其议会人权机构通过调解或仲裁的方式来解决公民的人权申诉或请愿。由于议会人权机构所作出的决定,一般并不具有司法判决的既定力和强制力,为此,在一些国家,议会人权机构可以选择将案件移送法院,或专门法庭解决人权机构未决的申诉。

第四,议会需要专门人权机构开展人权调查并对国家机关实施人权监督。议会监督是议会作为代议制机关的重要职能。随着现代国家行政权的不断扩张,行政权成为最有可能对人权造成大规模侵害的国家权力,甚至在某些情况下,这些侵权行为在严格意义上并不是"违法的",但可能造成对人权的歧视或忽视。而对于司法权而言,虽然其具有中立性与被动性,但仍不能排除被滥用的可能。因此,在20世纪中叶之后,各国议会衍生出了诸如对人权状况开展监测、对国家机关侵犯人权的状况实施监察等职能,此类人权保障职能需要议会人权机构予以行使,因为在机构的可接近性上与专业能力上,其与传统的议会调查委员会相比更具优势。

上述议会人权保障职能的变化,使得现代议会在行使立法权、监督权,调查权等议会职能时,产生了设立专司人权保障职能的议会人权机构的需求,以履行演变中的议会人权保障职能。

2. 实现与国际人权标准和人权机制的衔接

第二次世界大战使人们认识到,单纯依靠国内救济不足以使人权得到充分的保障。瑞士学者托马斯·弗莱纳曾指出,对人权的最大威胁,"潜伏于那

---

① 英国议会网站:"人权联合委员会"[EB/OL]. http://www.publications.parliament.uk/pa/jt200102/jtselect/jtrights/93/9303.htm. 2015-6.

些统治者、那些吹嘘人权的人以及那些在选举宣传中滥用人权的人身上"。①日本的大沼保昭教授则直接指出了国内人权保障在逻辑上的困境,"保护人权的第一性行为主体当属国家,然而同时,国家尤其是拥有警察及军队等强制权力的国家机关,又是人权侵害的第一性主体","在此意义上,期待国家担负人权保护的机能,就在根本上违背逻辑。人权保障的本质在于要求来自国外的监视和纠正,其理由也就在于此"。② 进入上个世纪 90 年代后,全球性与区域性人权机制不断深化,联合国将上个世纪 90 年代定为"人权十年"。议会人权保障的专门化趋势,正是在人权保障的国际化与区域化的推动下产生的。

美国学者杰克·唐纳利在论述二战后的国际与区域人权保障机制时,曾将其分为"宣示型"(decleratoryregimc)、"促进型"(promotional)、"执行型"(implementation)和"强制型"(enforcement),并进一步分划为较强或较弱的促进型、执行型和强制型。③ 按照唐纳利的分析,如果以 10 年为一个时间间隔,会发现大部分的国际或区域人权保障机制逐步得到了强化。不仅强制型的机制得以出现,而且各类人权保障机制自身也不断从宣示型向强制型发展。宣示型的国际与区域人权机制对各国议会提出的人权保障义务并不苛刻,但是随着国际与区域人权机制不断从宣示型向强制型发展,各国所议会承担的人权保障职能无论是在人权标准和保障机制上,都需要实现与国际和区域人权机制的衔接。

(1)履行实质性义务以实现对国际人权标准的确认

国家在人权公约中所承担的义务,可以分为两类,实质性义务和程序性义务。国家的实质性义务主要是指公约在缔约国境内的实施。④

传统国际法理论认为,国际公约所规定的主要是国家的行为结果。而依据主要国际人权公约所建立起来的国际人权保障机制,除了注重公约实施的结果之外,还尤其注重缔约国是否依据公约实施了相关行为。各主要国际人权公约均为缔约国设立了"采取某种行动或提供某种手段的义务"。⑤ 二战后

---

① 托马斯·弗莱纳.人权是什么[M].谢鹏程,译.北京:中国社会科学出版社,2000:10.

② 大沼保昭.人权、国家与文明[M].王志安,译.北京:三联书店出版社,2003:95.

③ 参见杰克·唐纳利.普遍人权的理论与实践[M].王浦劬等,译.北京:中国社会科学出版社,2001:243-268.

④ 柳华文.论国家在《经济、社会和文化权利国际公约》下义务的不对称性[M].北京:北京大学出版社,2005:8.

⑤ 曼弗雷德·诺瓦克.民权公约评注:联合国《公民权利和政治权利国际公约》[M].毕小青,孙世彦等,译.北京:三联书店出版社,2003:55.

建立的国际人权机制和区域人权机制的最主要贡献,是对国际社会普遍适用的人权标准的确认。这种确认要求各缔约国在该国国内法上对人权标准予以内化。例如,《公民权利和政治权利国际公约》第 2 条规定,"凡未经现行立法或其他措施予以规定者,本公约每一缔约国承担按照其宪法程序和本公约的规定采取必要步骤,以采纳为实施本公约所承认的权利所需的立法或其他措施"。《经济、社会、文化权利国际公约》第 2 条规定,"每一缔约国 …… 以便用一切适当方法,尤其包括用立法方法,逐渐达到本公约中所承认的权利的充分实现"。《美洲人权公约》第 2 条规定:"遇有行使第 1 条所指的任何权利或者自由尚未得到立法或者其他规定的保证时,各缔约国承诺根据它们各自的宪法程序和本公约的规定采取为使这些权利或者自由生效所必需的立法或者其他措施"。《非洲人权与民族权宪章》第 1 条规定:"非洲统一组织各成员国即本宪章各缔约国均承认本宪章所包含的各项权利、义务和自由、并承诺采取立法措施或其他措施实现这些权利、义务和自由"。从这些规定上看,"立法或其他措施"这一表述表现出"立法措施的优先性"。①

因此,国家根据人权公约所承担的实质性义务,首先是一种行为义务,即要求各缔约国在其国内法上对人权标准予以确认。这种确认的过程,便是一国的国内法实现与国际人权标准的衔接。无论议会对人权实施的是间接的保障或是直接的保障,无论这种保障在权利主体或权利范围上是否足够广泛,各国议会在行使其人权保障职能时,主要方式依然是国内立法。国际人权标准则使得议会在立法的过程中承担了将国际人权标准以国内法予以确认的义务。

对于议会人权机构而言,其最重要也最具共性的职能,是推动人权立法或审查其他立法案对人权保障的影响。由于议会人权机构的组成人员往往具有人权保障领域的专业知识,因此在将国际人权标准以国内法予以确认方面具有其独特的优势。一些国家的议会人权机构也邀请议会之外的人权领域的学者、国内或国际人权机构的代表和非政府组织代表参与审议。

国家在人权公约中所承担的实质性义务,除了行为义务之外,还包括各缔约国的结果义务。权利的实现是多层次的,各缔约国通过立法对于人权标准的确认,只是其中"承认"的层次,权利的实现还需要国家履行其他层次的义

---

① 曼弗雷德·诺瓦克.民权公约评注:联合国《公民权利和政治权利国际公约》[M].毕小青,孙世彦等,译.北京:三联书店出版社,2003:56.

务,例如保护、向被剥夺者提供援助,或是促进的义务。这些实质性义务的履行,往往由立法、司法、行政等机关共同承担,议会人权机构拥有广泛的监督权,并按照人权标准对这些机构提出建议或进行监督。此外,议会人权机构还承担起诸如对人权状况开展监测、对国家机关侵犯人权的状况实施监察、与国际和区域人权机构开展合作、受理个人关于人权受到侵犯的申诉,以及开展人权研究和推广人权教育等职能。这些职能的履行,使得议会成为了在承担权利实现的多层次义务中的重要主体。

(2)履行程序性义务以实现与国际人权机制的衔接

国家依据人权公约所承担的国家义务,除了上述的实质性义务之外,还包括程序性义务。程序性义务主要是指国际社会为了保障和监督公约的实施而对国家作出的要求,"此种义务则并不直接实现相关的权利,而是从程序上提供监督和协助缔约国的手段与步骤"。①

在国际法的历史上,为了确保公约义务得以履行,一般采取的是"相互主义",但这种方法却无法应用在人权的国际保障上。例如,若一个国家侵犯其本国人民的人权,其他国家如果采取"相互主义",即意味着以同样侵犯本国人民人权的方式,来督促该国履行人权保障义务,这无疑是荒谬的。因此,在国际人权保障机制中,必要的并不是平等主权国家之间水平的法律规范的担保机制,而是"国际组织及人权条约上的机关——能够体现国际社会的公共价值的正统性,并且能担保公共价值的机关——所设立的人权保障监视和实现系统"。② 这些系统不仅包括联合国内部的人权机构,如人权理事会、人权委员会、妇女地位委员会、人权保护和促进委员会、人权高级专员等,也包括联合国设立的程序机制,如处理侵犯人权行为来文的"1503""1235"程序,审查特定国家人权状况或具体人权问题的专家制度,以及依据人权公约建立的条约机构、缔约国报告制度、国家间指控制度、个人来文或申诉制度、国际调查制度等。在区域人权机制中,也依据区域人权公约建立了人权法院、人权委员会等区域人权机构,并规定了报告制度、国家间指控制度以及个人申诉等保障机制。

在履行国家的程序性义务以实现人权机制的衔接方面,议会人权机构产生了相当的助益。以缔约国的报告义务为例,目前,几乎所有的国际人权公约

---

① 柳华文.论国家在《经济、社会和文化权利国际公约》下义务的不对称性[M].北京:北京大学出版社,2005:8.

② 大沼保昭.人权、国家与文明[M].王志安,译.北京:三联书店出版社,2003:96.

都规定了缔约国的报告义务,而随着各国所批准的国际人权公约数量的增长,许多缔约国难以完成公约所规定的报告义务。对于一个已加入核心国际人权公约的国家,一年所需提交的报告多达 9 份或 10 份,即使对于人权保障机制较为成熟的发达国家而言,及时履行相关的报告义务也是一个较为沉重的负担。因此,相当数量的缔约国无法及时提交公约所规定的人权状况报告。为此,联合国一直在致力于推动各人权公约的缔约国按时履行其报告义务。

在各国设立的议会人权机构中,相当数量的机构具有向国际人权公约的监督机构提交报告或对报告进行审查,或负责监督该国所加入的国际人权公约在其本国实施的职能。例如,英国议会的"人权联合委员会"(Joint Committee of Human Rights)有权对政府依据其签署的国际人权公约所递交的报告进行审查。南非议会的"提升妇女地位和生活质量联合监督委员会"(Joint Monitoring Committee on Improvement of Quality of Life and Status of Women)具有监督《消除对妇女一切形式歧视公约》在南非国内实施的职能,并密切关注南非政府对《北京行动纲要》的承诺履行情况。

尤其值得注意的是,一些国家的议会人权机构还具有向相关公约机构提交"平行报告"或"影子报告"的职能。虽然提交国家报告的义务主体通常是政府,而不是议会人权机构,但是一些国家的议会人权机构有权提交平行于国家报告的独立报告,即"平行报告",或者将自身的意见体现在非政府组织提交的报告之中,即"影子报告"。例如,1999 年,巴西并未按时向联合国经济、社会和文化权利委员会提交国别报告,巴西国会"人权委员会"(Committee on Human Rights)起草了一份平行报告并予以提交,迫使巴西政府不得不起草并提交其国别报告。[①]

除报告制度之外,缔约国间指控制度、个人申诉制度、"1235"和"1503"程序等诸多制度,均要求各缔约国在这些制度的执行过程中,在相关国际人权公约所规定的期限内,对相关机构和有关缔约国之间就人权问题的作出更具专业化的回应与说明。这些机制均对国内建立更加专业化的人权机构提出了需求。此外,议会人权机构作为国际和区域人权机制的衔接者,也在更积极地向公众提供各类人权公约机构工作的信息。

---

① Inter-Parliamentary Union & United Nations Development Programme, Seminar for Chairpersons and Members of Parliamentary Human Rights Bodies[R]. 2004:66.

(3)国际和区域人权机制对议会人权机构的促进

为了实现与国际或区域人权机制的衔接,联合国以及区域人权机制在推动各国议会人权机构的建立方面,付出了持续不断的努力。

第一,联合国对议会人权机构的促进。

自国际人权标准确立之后,联合国一直致力于倡导"将权利带回家"(bring rights home)运动。"对于联合国而言,核心问题在于实施国际人权公约,以确保国家人权标准能够确实转化为一国国内的实践"。①

以联合国开发计划署(UNDP)为例,自 1993 年开始,联合国开发计划署致力于在其援助计划中促进与保护人权。"联合国开发计划署旨在促进一种共识,即建立在人权基础上的发展与合作"。② 在联合国开发计划署的发展计划中,包含三类人权保障重点方向:一是所有的发展合作计划均应当促进国际人权公约中所确认的人权的实现;二是人权标准和原则应当对所有发展计划中所有阶段和所有任务起到主导作用;三是能力建设应当聚焦于帮助责任承担者履行其义务以及权利拥有者主张其权利。③

为此,联合国开发计划署与联合国人权高专办合作开展了"人权增强计划"(The Human Rights Strengthening Programme),该计划致力于帮助各国充分发挥其议会的人权保障职能,以促使议会其国内更有效地促进和保护人权。

在"人权增强计划"实施之前,联合国开发计划署主要致力于推进各国议会立法职能的建设,强化议会起草并通过法案的权力。在许多发展中国家,立法、行政与司法权力的配比并不均衡。许多发展中国家的行政机关拥有过大的权力,而立法权在许多发展中国家却处于弱势,并直接表现为议会的弱势。在这些国家的宪政传统中,法律的制定在很大程度上取决于该国的行政机关而非议会。例如,在伊朗议会中,大多数议员是由选举产生的,也有少部分由任命产生的议员。但是,前者在立法方面享有的权力要明显小于后者。联合

---

① Inter-Parliamentary Union & United Nations Development Programme. Seminar for Chairpersons and Members of Parliamentary Human Rights Bodies[R]. 2004:103.

② Inter-Parliamentary Union & United Nations Development Programme. Seminar for Chairpersons and Members of Parliamentary Human Rights Bodies[R]. 2004:101.

③ I Inter-Parliamentary Union & United Nations Development Programme. Seminar for Chairpersons and Members of Parliamentary Human Rights Bodies[R]. 2004:101.

国开发计划署采取的策略是支持并强化伊朗议会中经选举产生的议员的立法职权。①

在采取以人权为导向的计划后,联合国开发计划署开始强化议会的监督职能,并致力于强化议会作为监督者以保护弱势群体获得权利得以实现所需的资源。因此,"人权增强计划"支持直接在议会中设立人权委员会,或在议会委员会中设立人权小组委员会。联合国开发计划署认为,"强大的议会是建立强大的议会人权委员会的最佳保障"。②

第二,区域人权机制对议会人权机构的促进。

与国际人权机制相比较,由于区域人权机制内各国的历史传统、政治制度、经济与文化发展水平等更为接近,区域内部的人权标准更为统一,因此相对于国际性人权机制,区域性人权机制对议会人权机构的设立起到了更为直接的推动作用。

以区域人权保障机制最为成熟的欧洲为例。在1994年《欧洲人权公约第十一议定书》签署之前,已有大量的个人申诉导致欧洲人权委员会和欧洲人权法院案件积压。但在当时,《欧洲人权公约》框架下的个人申诉机制对缔约国而言是任择的,缔约国可以自行决定是否该个人申诉的结果对其具有强制约束力。而新的欧洲人权法院的组建之后,由于对于所有《欧洲人权公约》的缔约国具有强制管辖权,且欧洲人权法院的判决对各缔约国均有约束力。改革后的欧洲人权保障机制使得欧洲许多国家将议会的人权保障职能专门化,以监督其国内立法是否符合《欧洲人权公约》。

在英国,由于受到国际法与国内法二元论的影响,为了使《欧洲人权公约》能够在英国法院适用,必须将公约具体体现在其国内法案之中。为此,1998年英国议会通过了《人权法案》,将《欧洲人权公约》引入英国本国的法律体系之中。英国议会人权机构正是在这种背景下建立的。而另一个更为现实的考量,则是因为英国经常被欧洲人权法院裁定为违反欧洲人权公约。罗伯特·布莱克伯恩(Robert Blackburn)在研究英国议会的"人权联合委员会"时指出,"英国议会从未设立过具有审议公民自由和人权职能性质的委员会,也未曾设立过授权调查范围包括人权事务在内的调查委员会……是基于如下的传

---

① Inter-Parliamentary Union & United Nations Development Programme. Seminar for Chairpersons and Members of Parliamentary Human Rights Bodies[R]. 2004:100.

② Inter-Parliamentary Union & United Nations Development Programme. Seminar for Chairpersons and Members of Parliamentary Human Rights Bodies[R]. 2004:98.

统观念:议会以立法和行政的方式行使其'守夜人'职责时,已经对政府事务进行了有关个人自由和权利的特殊裁断,因此没有在议会两院中再设立特殊审查机制的必要","然而,英国经常性的被欧洲人权法院裁定违反欧洲人权公约……这将使得议会依据基本权利和自由的标准对政府的行为和立法建议进行审查显得至关重要"。[①] 2002年,英国在议会中设立了"人权联合委员会",将议会人权保障职能予以专门化,其职能便涵盖了英国所批准的国际人权公约和《欧洲人权公约》所确立的人权标准在英国国内的实施。1998年的《人权法案》要求负责立法草案的部长在提交法案时必须确保法案内容不构成对《欧洲人权公约》的违反。《人权法案》第19条的规定进一步加强了议会对政府法案的立法前审查力度,以确保议会通过的法律与公约权利相符,[②]而这种立法前审查的职能主要由于英国议会的"人权联合委员会"予以行使的。[③]

在以《欧洲人权公约》为核心的欧洲人权机制的影响下,德国、希腊、爱尔兰等十余个欧洲国家均在1998年之后建立了专门的议会人权机构。法国也于1999年在分别其参议院和国民大会中设立了新的议会人权机构。

(三)议会人权机构的类型

在各国的议会中,议会人权机构的组织形式和具体职能存在较大的差异。组织形式类似的议会人权机构,在不同国家其职能可能存在较大的差异,而职能类似的议会人权机构,在不同国家议会内的组织形式却不尽相同。即使是设立于同一个国家议会内部的多个议会人权机构,其设立形式和职能也存在区别。各国议会人权机构的组织形式不同、职能各异的背后,体现出各国议会制度本身的差异性以及各国政治传统的差异性。罗伯特·布莱克伯恩(Robert Blackburn)论述英国议会的"人权联合委员会"(Joint committee of human rights)与其他国家的议会人权机构的差异时曾经指出,"大部分国家

---

① ROBERT. BLACKBURN. A human rights committee for the U. K. Parliament — the options[J]. European Human Rights Review,1998(5).

② 英国1998年《人权法案》第19条规定:"(1)在法案二读之前,上议院或下议院中负责法案的部长应当:(a)作出一个其认为法案的规定与公约权利相符的声明;或(b)若不能作出相符声明,则应作出政府仍然希望议会继续审议该法案的声明。(2)声明必须是书面的,并且应当以作出该声明的部长认为恰当的方式予以公布。"

③ 参见童建华.1998年《人权法案》与英国违宪审查[J].社会科学论坛,2009(12).

的议会人权机构均带有显著的本土政治特色"。① 因此,本章在对议会人权机构进行类型化研究时,分别选取了组织形式和职能两个不同的视角。

1. 按组织形式分类

从各国设立的议会人权机构的组织形式来看,主要以议会下设的委员会(Committee)、包括常务委员会(Standing Committee)、联合委员会(Joint Committee)与小组委员会(Sub-committee),以及工作组(Working Group)的形式较为常见。

(1)人权委员会和人权工作组

经过对IPU数据库的统计,在目前106个国家议会内所设立的164个议会人权机构中,以议会委员会的形式设立的机构占比为93%。除了以议会人权委员会形式设立之外,少数国家议会人权机构还可能以人权工作组的形式出现。例如,英国议会中,除了"人权联合委员会"之外,还设立了人权工作组。英国下议院的全党派议会人权工作组(All Party Parliament Human Rights Group)将其自身定义为依靠捐助资金而设立"自愿委员会"(voluntary committee)。② 该人权工作组由150名下议院的议员组成,其主要作用在于聚集对人权问题感兴趣的议员,并就英国国内外的人权议题展开研讨,并在此基础上,对议会中的其他委员会和议会议员施加影响。

此类议会人权工作组,在性质上属于我国学者所称的"议会党团"。"议会党团是议会内由同一政党议员组成的组织,目的在于统一本党议员在议会中的行动。但也有同一政党议员分组几个不同的议会党团和几个政党合组一个议会党团的情况"③。

虽然议会党团并不是议会的正式机构,但议会党团却在议会的实际运作中发挥重要影响,尤其是在内阁制国家的议会中,议会党团对于其成员的约束程度更高,对议会运作的影响也更大。议会党团的作用主要表现为:在参加议会和委员会会议之前,议会党团内部会审议将要讨论的议案,统一成员立场,决定谁代表整个团体在辩论中发言。党团所作出的决定,党员议员都必须服

---

① ROBERT. BLACKBURN. A human rights committee for the U. K. Parliament — the options[J]. European Human Rights Review,1998(5).

② Inter-Parliamentary Union & United Nations Development Programme. Seminar for Chairpersons and Members of Parliamentary Human Rights Bodies[R]. 2004:41.

③ 田慧生,高秉雄,吴卫生苏,祖勤. 中外代议制度比较[M]. 北京:商务印书馆,2000:133.

从,否则会受到惩戒,包括从开除出议会党团到取消下次大选的候选人资格。① 基于议会党团对议会所产生的影响,学者在研究议会制度时,大多将议会党团纳入议会组织这一主题下进行考察。②

因此,这类由议员自发组建的议会人权工作组,虽然其不属于议会内部的正式机构,但是其在履行议会人权保障职能方面,仍发挥了重要作用。英国议会的人权工作组主席安·克鲁依德女士(Ann Clwyd)认为,该工作组的工作主要分为三个部分:一是致力于提升人权保障意识并出具涉及人权侵犯行为的报告;二是在特定人权议题实施"前期动议",即 EDM(Early-Day Motion)③;三是支持国际人权公约中所确立的人权标准。④ 瑞士议会的人权工作组(Parliamentary Group for Human Rights)会定期讨论由人权专家学者或政府部门提交的报告,并邀请非政府组织的代表参与。该工作组除了为人权政策的制定提供支持、参与构建反酷刑机制外,还在推动瑞士建立国家一级的人权机构方面作出了重要贡献。

(2)正式(formal)委员会和非正式(informal)委员会

在大多数国家,其议会人权委员会属于议会的正式(formal)工作机构。这些议会人权委员会的任期通常与议会的届期相同,因此,包括人权委员会在内的各类议会委员会,从每届议会产生直至该届议会解散的期间内持续存在,并受议会的委托履行其职能。但是,仍有少数议会人权委员会属于非正式(informal)的议会委员会。

例如,比利时议会专门负责人权事务的人权委员会(Human Rights Committee)是非正式的议会委员会。⑤ 该委员会"主要是一个讨论人权议题的机构","它没有正式的监督政府的职能,它只能'邀请'相关部长到委员会解释问题,它也无权对法案进行正式的审议,而只能采纳其他常设委员会所通

---

① 田慧生,高秉雄,吴卫生,苏祖勤.中外代议制度比较[M].北京:商务印书馆,2000:134.

② 有学者将议会组织分为五类,即指导机构、秘书长、委员会、议会党团和辅助机构。参见田慧生,高秉雄,吴卫生,苏祖勤.中外代议制度比较[M].北京:商务印书馆,2000:122-135.

③ 关于 Early-Day Motion,可参见本文关于议会人权机构职能的部分。

④ Inter-Parliamentary Union & United Nations Development Programme. Seminar for Chairpersons and Members of Parliamentary Human Rights Bodies[R].2004:42.

⑤ Inter-Parliamentary Union & United Nations Development Programme. Seminar for Chairpersons and Members of Parliamentary Human Rights Bodies[R].2004:83.

过的决议或建议"。①

2.按主要职能分类

从机构的职能上观察,各国设立的议会人权机构可分为两类,一类以人权保障作为该机构的全部职能,另一类则以人权保障作为该机构的部分职能。

(1)将人权保障作为其全部职能的议会人权机构

这类议会人权机构在各国议会内比较常见。这一类别又可以细分为两个子类别。子类别之一,是其职能针对人权保障的一般领域的议会人权机构,子类别之二,是其职能仅针对人权保障的特定领域的议会人权机构。

第一,履行一般人权保障职能的议会人权机构.

这类机构将人权保障作为其全部的职能,通常以"人权委员会"作为其名称。从名称可以看出,这类议会人权机构并不仅仅针对人权保障的具体领域,而是承担一般人权保障职能。相对其他议会人权机构而言,其人权保障的覆盖面较为广泛。

例如,巴西国会于 1995 年设立了"人权委员会"(Committee on Human Rights),有权接收针对人权受到侵犯或威胁所提起的申诉,并有权对申诉开展调查,并作出评估;该机构还具有构建监督政府行为是否侵犯人权的机制并监测该机制的实施、与国际和国内的人权保障非政府组织展开合作、对巴西的人权保障状况开展研究并出具报告,以及向其他议会机构提供补助经费等职能。② 哥斯达黎加议会于 2006 年设立了"人权特别委员会"(Special Committee on Human Rights),其主要职能是对侵犯人权的事项进行调查并出具报告;审议与人权相关的立法案并出具相关意见,根据监察专员和其他类似机构的建议开展调查,对涉及人权的政府公共政策进行监控,组织与人权保障相关的论坛、学术会议等。③ 阿根廷议会于 1983 年设立了"权利与保障常务委员会"(Standing Committee on Rights and Guarantees)。该委员会的主要职责是起草与国际人权公约在其国内实施相关的立法案,并有权受理个人

---

① Inter-Parliamentary Union & United Nations Development Programme. Seminar for Chairpersons and Members of Parliamentary Human Rights Bodies[R]. 2004:66.

② 各国议会联盟数据库. http://www.ipu.org/parline-e/reports/instance/2_143.htm[EB/OL]. 2015-3.

③ 各国议会联盟数据库. http://www.ipu.org/parline-e/reports/instance/2_27.htm[EB/OL]. 2015-3.

申诉,该委员会还有权就其职责范围内的事项向其国内或向国际社会提交报告。① 英国议会为了协调上下两院关于人权事务的议事,于 2001 年设立了由两院议员共同组成的"人权联合委员会"。该机构的主要职能是审议英国境内涉及人权保障的议题以及依据英国 1998 年《人权法》所采取的救济命令(remedial order)。该机构有权对所有提交至英国议会的立法案进行审查,以判断其是否符合 1998 年《人权法》以及英国所加入的国际人权条约,并对英国政府依据前述法律或条约所作出的报告进行审查,也有权对政府是否依据 1998 年《人权法》正确履行职责进行审查,以及审查救济命令,但该机构无权处理人权遭受侵犯的个案。② 奥地利议会于 1999 年设立了"人权委员会"(Human Rights Committee),该委员会的主要职责,是对涉及基本权利的议会立法案进行预先审议,这些立法案包括联邦政府、议会议员、联邦委员会以及公众提出的立法案,其人权议题涵盖了奥地利境内与境外的人权政策、种族问题、排外主义、反歧视问题,以及给予难民避难权等,欧洲人权公约以及其他国际人权公约也在该机构的议事权限范围内。③

第二,履行特定人权保障职能的议会人权机构。

人权保障可以细分为诸多子领域,一些国家基于其具体国情和人权保障重点方向的不同,在议会内设立了履行人权保障中某些具体职能的议会人权机构。在这些国家的议会内,往往存在多个处理特定人权事务的机构,分别行使人权保障的不同具体职能,多以人权保障职能的侧重方向来命名。

例如,斯洛文尼亚议会于 2004 年设立了"申诉、人权与机会平等委员会"(Commission for Petition, Human Rights and Equal Opportunities)、"民族社群委员会"(Committee for National Communities)、"健康、劳动、家庭、社会事务与残障者委员会"(Committee on Health, Labour, the Family, Social Affairs and the Disabled),以及"与邻国及其他国家中的斯洛文尼亚人关系委员会"(Committee for Relations with Slovenes in Neighboring and Other Countries)等议会人权机构。其中,"申诉、人权与机会平等委员会"的主要职

---

① 各国议会联盟数据库. http://www.ipu.org/parline-e/reports/instance/2_5.htm[EB/OL]. 2015-3.

② 英国议会网站."人权联合委员会的职责",http://www.parliament.uk/business/committees/committees-a-z/joint-select/human-rights-committee/role/[EB/OL]. 2015-3.

③ 各国议会联盟数据库. http://www.ipu.org/parline-e/reports/instance/2_22.htm[EB/OL]. 2015-3.

能是受理公民有关法律实施方面的申诉与建议;对个案进行审议并与其他相关机构共同予以处理;对公民提交的具有普遍意义的提案、建议或申请进行审查;就法律实施过程中遇到的问题告知议会的相关机构并提出对公民的权利、义务和法定利益产生积极影响的措施;监测关于机会平等的政策的实施情况以及男女在社会生活和工作中是否平等参与;监测斯洛文尼亚所加入的国际人权公约义务在其境内的履行情况;审议人权监察专员的年度报告和特别报告,或其他机构提交至议会的与人权问题相关的报告;审议与人权、自由或机会平等相关的立法案等。① "民族社群委员会"的主要职能是审议涉及意大利和匈牙利民族社群的地位与权利的立法案、讨论与上述族群的教育、文化、经济发展相关的议题、与上述族群的信息公开和出版相关的议题、与意大利和匈牙利两个族群关系发展相关的议题等,并对两个族群的权利保障提出具体措施。② "健康、劳动、家庭、社会事务和残障者委员会"的主要职能是负责审议与劳动关系、劳工权利、职业培训、家庭与社会事务,以及与残障者、战争致残者、退伍老兵、战争受害者等相关的立法案。③ 而"与邻国及其他国家中的斯洛文尼亚人关系委员会"的主要职能是处理邻国与其他国家的斯洛文尼亚人作为当地的少数族裔时的人权保障事务。

二战之后,一方面政治权利尤其是选举权从传统意义上"男人的权利"逐步扩及所有成年公民,女性的政治权利逐步得到了保障。但另一方面,这一时期女性在社会生活中处于劣势的地位的状况并没有迅速得到改观,因此,在这一类别的议会人权机构中,以妇女权利保障为侧重点的议会人权机构比较多见,且多与儿童、残障者或少数族裔权利保障并重。例如,南非议会的"提升妇女地位和生活质量联合监督委员会"(Joint Monitoring Committee on Improvement of Quality of Life and Status of Women)和"提升儿童、青年和残障者地位和生活质量联合监督委员会"(Joint Monitoring Committee on Improvement of Quality of Life and Status of Children, Youth and Disabled Persons),巴西国会的"妇女地位委员会"(Committee on the Status of

---

① 各国议会联盟数据库. http://www.ipu.org/parline-e/reports/instance/2_234.htm[EB/OL]. 2015-3.

② 各国议会联盟数据库. http://www.ipu.org/parline-e/reports/instance/2_110.htm[EB/OL]. 2015-3.

③ 各国议会联盟数据库. http://www.ipu.org/parline-e/reports/instance/2_233.htm[EB/OL]. 2015-3.

Woman),尼泊尔议会的"妇女儿童委员会"(Committee for Women and Children),乍得共和国议会的"健康、社会事务、妇女地位和儿童权利委员会"(Committee on Health, Social Affairs, the Status of Woman and the Rights of the Child),斯洛伐克议会的"人权与少数族裔委员会"(Committee on Human Rights and Minorities),波黑议会的"性别平等委员会"(Committee for Gender Equality),克罗地亚议会的"退伍军人委员会"(War Veterans Committee)等,都属于这一类别的议会人权机构。

(2)将人权保障作为其部分职能的议会人权机构

与将人权保障职能作为全部职能的议会人权机构不同,一些国家的议会人权机构除了人权保障职能外,还承担着与人权保障相关的其他职能。在这一类别中,亦可细分为两个子类别。一个子类别是同时承担人权保障职能与其他职能的议会人权机构。另一个子类别则是履行与人权保障密切相关职能的议会人权机构,但该机构在行使职能的过程中,其职责明确要求其对人权这一议题予以充分考虑或进行审查。

第一,同时履行人权保障职能与其他职能的议会人权机构。

这一子类别的议会人权机构通常会在其名称中明确标识其所履行的人权保障职能和其他职能。例如,德国国会的"人权与人道主义援助委员会"(Committee on Human Rights and Humanitarian Aid),其主要目标是致力于制止德国境内以及国际层面上对人权的威胁与侵犯,并审议保障少数族裔权利的方式以及与人道主义援助相关的议题。[①] 哥伦比亚议会中设立了"人权与听证委员会"(Committee on Human Rights and Hearings),其主要职能为:保障人权并向议会就其履职的情况作出报告;监测所有政府机构的行为并确保其行为不侵犯人权,并在政府机构侵犯人权时实施相关处罚和纪律惩戒;举行由专家、社会组织代表等人员组成的听证会,听取并向议会转交公众关于现行法律和立法案的意见、转达公众的立法动议等。[②] 安哥拉议会于1993年设立的"人权与公民申诉建议委员会"(Committee on Human Rights and Citizens' Petitions and Suggestions),该委员会的主要职责是通过审查、起草立法案以确保其本国和国际有关人权的规范得到遵守,并受理由个人或团体

[①] 德国国会网站:"人权与人道主义援助委员会". http://www.bundestag.de/htdocs_e/committees/a17/index.html[EB/OL]. 2015-4.

[②] 各国议会联盟数据库:http://www.ipu.org/parline-e/reports/instance/2_136.htm[EB/OL]. 2015-3.

提出的建议和申诉,并发布与人权保障相关的各类信息。① 匈牙利国会的"人权、少数族裔、公民事务与宗教事务委员会"(Committee on Human Rights, Minorities, Civil and Religious Affairs),其主要职能是对相关的议题提出立法建议,审议与其职权有关的政府政策和财政预算和社会福利政策,并处理匈牙利境内与境外的人权与反歧视事务。② 拉脱维亚议会的"人权与公共事务委员会"(Committee on Human Rights and Public Affairs)的主要职能是以提升人权保障为目的,向议会提出新的立法案或者向现行法律提出立法修正案,审议政府在实施法律的过程中所涉及的人权议题,审查拉脱维亚境内的人权状况等。③

第二,履行与人权保障密切相关职能的议会人权机构。

人权事务与宪法审查、司法救济、行政监察等事务密切相关,因此,有一些国家的议会内设机构虽然其职能并未直接指向人权保障或人权保障的具体领域,其名称也未包括与人权保障相关的字样,但由于这些议会内设机构的职能与人权保障密切相关,并在其职能中规定了对相关人权事务的审议,因此这类议会内设机构也属于议会人权机构的范畴。

但这一子类别的分划,或许会引发争议。事实上,除了辅助类与服务类的机构之外,大多数议会内设机构的职能都不可能被认为与人权保障毫无关联。为了避免将议会内设机构按照"与人权保障职能相关"的宽泛标准划分,而导致议会人权机构的外延无休止地扩大,本章采取以下两点对这一子类别的议会人权机构进行划分,一是其职能与人权保障职能密切相关,二是其职能明确要求其履职时必须对相关人权议题予以充分考虑或进行审查。只有这两点同时具备,才将相应的议会内设机构划入这一子类别。

例如,日本国会的"司法事务委员会"(Committee on Judicial Affairs),其职责要求在维护法治和司法秩序、审议立法案以及监督政府行为时"保障人权"。④ 新西兰议会的"司法与选举委员会"(Justice and Electoral Committee)

---

① 各国议会联盟数据库. http://www.ipu.org/parline-e/reports/instance/2_4.htm[EB/OL]. 2015-3.

② 各国议会联盟数据库. http://www.ipu.org/parline-e/reports/instance/2_67.htm[EB/OL]. 2015-3.

③ 各国议会联盟数据库. http://www.ipu.org/parline-e/reports/instance/2_83.htm[EB/OL]. 2015-3.

④ 各国议会联盟数据库. http://www.ipu.org/parline-e/reports/instance/2_82.htm[EB/OL]. 2015-4.

在审议立法案、处理申诉和其他职权内的事务时,"经常性的对所涉及的人权议题予以审议"。① 澳大利亚参议院的"规章与条例常务委员会"(Standing Committee on Regulations and Ordinances)主要职能是审查行政部门按照委托立法授权而制定的规章与条例是否符合议会制定的法律,是否不正当的侵犯了人权,以确保公民权利不会仅仅建立在不受司法审查的行政命令的基础上,并确保委托立法中不包括应由议会制定的法律。类似的议会人权机构还有比利时的"外部关系委员会"(Exterior Relations Committee)与"司法委员会"(Justice Committee),卢森堡的"法律委员会"(Legal Committee)等。

以上是对各国议会人权机构所进行的大致分类。需要指出的是,首先,不同类型的议会人权机构彼此的职能互有交叉。其次,许多国家的议会中存在一个以上的议会人权机构,在这些不同类型的人权机构之间,一般是相互合作与配合的关系。例如,比利时议会中的"司法委员会"(Justice Committee)与"外部关系委员会"(Exterior Relations Committee)的职能相互补充,前者具有监测比利时境内人权状况的职能,而后者则具有处理与比利时境外人权事务、与人权相关的国际条约的批准等事宜的职能。② 由于"司法委员会"并不是专门负责人权事务的委员会,因此其与"外部关系委员会"一样,通常是在对政府政策或议案时,处理其中所涉及的人权议题,例如被拘禁者、寻求庇护者、移民政策、未成年人犯罪等议题。"司法委员会"有权初步审议政府或议员提交的、处于其权限范围内的议案,并随后提交至议院全院审议。其中,许多立法案与人权保障关系密切。由于"外部关系委员会"主要处理比利时境外的人权事务,此类事务难以适用比利时的国内法律,因此该委员会发挥影响力的主要方式,是以决议的形式,为政府的行为设立具体的目标。③ 波黑共和国议会的"宪法与法律事务委员会"(Committee for Constitutional and Legal Matters)、"性别平等委员会"(Committee for Gender Equality)、"人权、移民、难民和庇护委员会"(Committee for Human Rights, Immigration, Refugee

---

① 各国议会联盟数据库. http://www.ipu.org/parline-e/reports/instance/2_94.htm[EB/OL]. 2015-4.

② 各国议会联盟数据库. http://www.ipu.org/parline-e/reports/instance/2_18.htm;http://www.ipu.org/parline-e/reports/instance/2_20.htm[EB/OL]. 2015-4.

③ Inter-Parliamentary Union & United Nations Development Programme, Seminar for Chairpersons and Members of Parliamentary Human Rights Bodies[R]. 2004:84.

and Asylum)之间也是互补与合作的关系。①

(四)议会人权机构的区域特征

在前文对于议会人权机构的分类中,以人权保障是否是该机构的全部职能为标准,本章将议会人权机构分为两大类。第一类以人权保障作为该机构的全部职能,通常以"人权委员会"作为其名称,相对其他议会人权机构而言,其人权保障的覆盖面较为广泛。对于第二类机构,人权保障仅是该议会人权机构的部分职能。本文对这两大类议会人权机构在各洲的分布作出了分析。

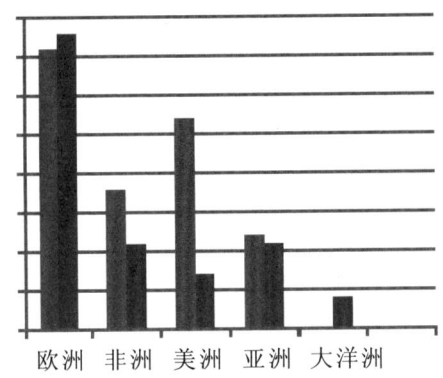

数据来源:各国议会联盟数据库 http://www.ipu.org/parline-e/parlinesearch.asp

图2 议会人权机构在各洲的类型占比

从图2中可以发现,在欧洲和大洋洲,以人权保障为部分职能的议会人权机构,其数量要多于以人权保障全部职能的议会人权委员会的数量。尤其是在大洋洲,澳大利亚议会和新西兰议会所分别设立的4个议会人权机构,均属于以人权保障为部分职能的议会人权机构(为此,图中将大洋洲作为一个区域予以单列,而未按惯常方式将其归入亚太区域)。而在非洲尤其美洲国家的议会中,以人权保障全部职能的议会人权委员会数量,则明显高于以人权保障为部分职能的议会人权机构。在亚洲,虽然前者的数量高于后者,但对比不如非洲与美洲明显。那么,我们该如何理解图表中所体现的区域特点?

如果对图中的数据进行进一步分析,可以发现,在发达国家中,其议会人

---

① 各国议会联盟数据库. http://www.ipu.org/parline-e/reports/instance/2_42.htm;http://www.ipu.org/parline-e/reports/instance/2_181.htm;http://www.ipu.org/parline-e/reports/instance/2_41.htm[EB/OL].2015-6.

权机构有相当数量属于以人权保障为部分职能的机构。在欧洲，例如卢森堡议会的"法律委员会"(Legal Committee)，瑞典议会的"外交事务委员会"(Committee on Foreign Affairs)、冰岛议会的"总务委员会"(General Affairs Committee)、法国国会的"宪法、法律、普选与行政事务委员会"(Committee on Constitutional Laws, Legislation, Universal Suffrage, Rules and General Administration of the Senate)等。在大洋洲也同样如此，例如新西兰议会的"外交、防务和贸易委员会"(Foreign Affairs, Defence and Trade Committee)与"司法与选举委员会"(Justice and Electoral Committee)，澳大利亚参议院的"规章与条例常务委员会"(Standing Committee on Regulations and Ordinances)等。而在亚洲，以人权保障为部分职能的议会人权机构也多为设立于日本、韩国等发达国家的国会之内。例如日本国会的"司法事务委员会"(Committee on Judicial Affairs)等。

可见，在欧洲和大洋洲，以人权保障为部分职能的议会人权机构，其数量要多于以人权保障为全部职能的议会人权机构。产生这类现象的原因主要是由于发达国家的人权文化较为深厚，人权保障的历史也较发展中国家更为久远，这使得在发达国家的议会中，人权保障的职能多与其他诸如法律、选举、外交等议题相结合，或要求在这些议题的审议过程中考虑人权因素。

而在非洲和美洲，尤其是在南美洲，在议会中设立专门的"人权委员会"的数量，要远高于以人权保障为部分职能的议会人权机构。其原因可能是这些国家经历过人权遭受大规模侵犯的历史，或者经历过较长时间的军事独裁制度，因此这些国家的议会通常会将人权保障的重要性提至政治议事日程，认为将人权保障作为议会议事中的一个专门议题，并交由专门的议会人权委员会处理，才能够有效地提升议员和民众的人权保障意识，避免其所经历的人权被大规模侵犯。例如，墨西哥议会的"人权委员会"(Committee on Human Rights)，其主要职能是对于人权相关的立法案进行审议，以确保议会在议事和辩论过程中能够充分履行人权保障职责。[①] 乌拉圭于1991年在其议会中设立了"人权委员会"(Human Rights Committee)，主要职能是保障乌拉圭公民的人权，防止针对妇女和儿童人权的侵犯，防止种族歧视、宗教歧视和文化

---

① 各国议会联盟数据库. http://www.ipu.org/parline-e/reports/instance/2_90.htm[EB/OL]. 2015-3.

歧视,对监狱系统以及其管理规章实施监测等。① 苏丹议会则设立了"人权委员会"(Human Rights Committee),该委员会的主要职能是审议与下列事项相关的立法案、政策和措施:一是依据苏丹宪法中的权利与自由条款、法律和国际条约所规定的义务,对人权实施保护与促进的事项,二是提升社会和公众的人权保障意识的事项,三是与苏丹国内外各人权组织进行联系与合作的事项。② 但必须指出的是,上述因素可能只是各国议会人权委员会分布差异的部分原因,毕竟议会人权机构的设立,同样不可避免地受到各国的具体政治制度和人权文化等因素的密切影响。

三、议会人权机构的职能

如果我们对各国议会人权机构的具体职能进行比较,会发现具有很大的差异性。其原因主要有三个方面:首先,作为议会的组成部分,其议会人权机构的具体职能受制于该国议会的职能。例如,英国议会的"议会至上"原则,决定了该国政府由议会产生且必须向议会负责,议会拥有对政府广泛的监督职能。而在典型的三权分立国家,议会的职能则主要以立法为主。以"议会至上"为原则的国家,议会人权机构的职能可以通过以人权标准审议立法草案、评估行政部门的行为,监督公职人员的行为,向有关国际人权机构出具该国人权事务报告等多种方式予以具体履行,其对于行政部门行为与决策的影响力,往往要大于将议会的主要职能限定于立法的国家。其次,即使在政治制度类似的国家,例如英联邦国家之间,议会人权机构的具体职能也可能由于国家政治生活与社会发展程度相差较大而有所不同。再次,在一国国内,也有可能在议会内部设立多个议会人权机构,并在各机构之间作出职能划分,其具体职能也存在着区别。但从总体上看,议会人权机构对于人权之保障,可分为促进人权和保护人权两类。无论议会人权机构的具体职能如何,均可被纳入这两个范畴之内。

(一)促进人权

"促进人权"的内涵十分广泛,根据联合国人权高专办的意见,只要包括人权宣传和人权教育、提倡尊重人权的价值观念和态度,以及鼓励旨在维护人权

---

① 各国议会联盟数据库. http://www.ipu.org/parline-e/reports/instance/2_123.htm[EB/OL].2015-4.

② 各国议会联盟数据库. http://www.ipu.org/parline-e/reports/instance/2_113.htm[EB/OL].2015-3.

不受侵犯的行动,都可以被认为在履行促进人权的职能。① 具体而言,议会人权机构促进人权的职能可分为以下几个方面。

1. 起草、审议人权立法,评估其他立法对人权产生的影响

立法是议会最主要的职能。除了个别属于非正式性质的议会人权机构或人权工作组之外,大多数国家的议会人权机构最重要、也最具共性的职能,是起草与人权保障相关的立法案,或审查其他立法案对人权保障的影响。"各国立法机关设置委员会的主要目的,是为了协助立法机关的院会或全体会议审查议案,主要是立法议案和部分监督议案"。② 但是,议会人权机构并不直接享有立法权,其行使的是对于相关立法案的起草、审议职能,或是对于人权立法的建议职能,立法权的行使仍然在于议会,通常以全院决议的方式行使。因此,议会人权机构行使的此类职能,事实上是对人权立法的一种"促进"。

土耳其议会的"人权调查委员会"(Human Rights Inquiry Committee)具有审查其国内立法是否与土耳其加入的国际人权公约义务相符合、并提出相应的立法修正案的职能。③ 加拿大议会的"人权常务委员会"具有对国际人权公约赋予加拿大的国家义务开展研究,并审查政府机制是否能有效履行这些义务的职能。④ 比利时议会的"司法委员会"有权初步审议政府或议员提交的、处于其权限范围内的议案,并随后提交至议院全院审议,其中许多立法案与人权保障关系密切,该委员会曾经审议了关于向曾经遭受过父母家庭的暴力的受害者及其配偶提供家庭居所的法案、以及为监管场所和监狱管理设立人权原则的法案。⑤

德国国会的"人权与人道主义援助委员会"与主要国际人权机构、德国联邦政府,以及其他国家的人权机构互通信息,并可将工作中所获得的信息以动议、质询和决议的形式在议会中反馈。该委员会有权审议德国联邦议会、联邦

---

① United Nations Centre For Human Rights,National Human Rights Institutions:A Hand book on the Establishment and Strengthening of National Institutions for the Promotion and Protection of Human Rights,United Nations,1995,Para 140.

② 周伟. 各国立法机关委员会制度比较研究[M]. 济南:山东人民出版社,2005:353.

③ 各国议会联盟数据库. http://www.ipu.org/parline-e/reports/instance/2_119.htm[EB/OL]. 2015-4.

④ 各国议会联盟数据库. http://www.ipu.org/parline-e/reports/instance/2_17.htm[EB/OL]. 2015-4.

⑤ Inter-Parliamentary Union & United Nations Development Programme,Seminar for Chairpersons and Members of Parliamentary Human Rights Bodies[R]. 2004:84.

政府以及议会党团列入讨论议程的立法案、动议,以及与欧盟有关的事项。该委员会将自身定义为"以人权视角回应并发表意见的议会委员会"。① 在下列事项的议决中,该委员会扮演了决定性的角色:第一,设立德国国家人权机构。第二,依据移民法案,确认不分国家和性别给予难民庇护的原则。第三,确认德国联邦议会应当持续不断地提升对人权问题的关注。第四,提升对于德国联邦政府武器出口报告的关注。②

在南非议会"提升儿童、青年和残障者地位和生活质量联合监督委员会"设立之初,该委员会便致力于跟踪其职权覆盖范围内的相关立法的实施情况。例如,南非议会在该委员会提议下修改了《抚养法》(Maintenance Act),要求无论父亲一方是否处于已婚状态,均有向子女支付抚养费的义务。在行政机关提出相关立法之前,该委员会要求必须提供了相应的实施机制,例如提供了相应的预算以及必要的人力资源。否则,该委员会将阻止议会通过这些法律。③

在巴西,如果国会"人权委员会"中的委员要求对某一立法案表达观点,可以要求委员会审议该法案。这一机制已经在数个对人权产生重要影响的法案中发挥了作用。例如在司法机关改革进程中设定针对侵犯人权犯罪行为的联邦司法管辖权的第386/96号宪法修正案、关于拥有和携带武器的第2787/97号法案,以及关于国家人权委员会(National Human Rights Council)的第4715/94号法案等。④

虽然绝大多数国家的议会人权机构都具有审查涉及人权问题的立法案或者起草与人权相关的立法案的职能,但各国的议会人权机构在行使职能时,其对立法过程的影响力是有所不同的。一些国家的议会人权机构享有立法提案权或立法建议权并就与人权相关的法律草案进行审议的权力,而另一些则享有针对立法案提出不予批准动议的权力。

---

① Inter-Parliamentary Union & United Nations Development Programme. Seminar for Chairpersons and Members of Parliamentary Human Rights Bodies[R]. 2004:73.

② Inter-Parliamentary Union & United Nations Development Programme. Seminar for Chairpersons and Members of Parliamentary Human Rights Bodies[R]. 2004:74.

③ Inter-Parliamentary Union & United Nations Development Programme. Seminar for Chairpersons and Members of Parliamentary Human Rights Bodies[R]. 2004:44.

④ Inter-Parliamentary Union & United Nations Development Programme. Seminar for Chairpersons and Members of Parliamentary Human Rights Bodies[R]. 2004:62.

例如,澳大利亚参议院的"规章与条例常务委员会"在审查中若认为某个规章或条例可能违反委托立法原则,或对公民的基本权利和自由造成了侵害,则该委员会有权提出不予批准的动议并提交至参议院,参议院则应在15日内对动议进行讨论并表决,如果超过15日参议院仍未作出决议,则该规章或条例将不予批准。自澳大利亚参议院的"规章与条例常务委员会"组建以来,该委员会严格将其考量范围限定在委托立法是否侵犯个人权利和基本自由方面,而避免对委托立法中有关政治性的事项作出判断,澳大利亚参议院对于该委员会提出的不予批准动议,尚未出现过予以否决的情况。① 英国议会的"人权联合委员会"由上下两院分别选出的议员所组成,该机构有权对所有提交至英国议会的立法案进行审查,以判断其是否符合1998年《人权法》以及英国所加入的国际人权条约,由于其为上院和下院共同设立的联合委员会,因此,其在审查范围和协调上下两院的意见方面更具优势。②

2.对人权事务提供支持

(1)参与政府人权事务相关职位的任免

议会对政府重要职位的任免权属于议会的固有职权,因此有些国家的议会使其议会人权机构参与到对政府人权事务相关职位的任命、免职与弹劾的过程之中。例如,危地马拉议会的"人权委员会"(Human Rights Committee)在组建后的六十日内,应提名三名人权检察官(Human Rights Prosecutor)候选人。若在该委员会任职期间内人权检察官的职位出现空缺,则应在十天内提名后补人选。若人权检察官的行为违反宪法或法律,该委员会可要求议会罢免人权检察官的职务。③ 阿塞拜疆议会的"人权委员会"(Committee on Human Rights)可以依据阿塞拜疆总统的建议,对法官、总审计署主席和副主席的罢免案进行审议,并提交相关报告。④ 菲律宾国会的"司法与人权委员会"(Committee on Justice and Human Rights),有权审议针对依据宪法所任

---

① 各国议会联盟数据库. http://www.ipu.org/parline-e/reports/instance/2_7.htm[EB/OL]. 2015-4.

② ROBERT. BLACKBURN. A human rights committee for the U. K. Parliament — the options[J]. European Human Rights Review,1998(5).

③ 各国议会联盟数据库. http://www.ipu.org/parline-e/reports/instance/2_68.htm[EB/OL]. 2015-4.

④ 各国议会联盟数据库. http://www.ipu.org/parline-e/reports/instance/2_35.htm[EB/OL]. 2015-3.

命官员的弹劾动议。①

(2)审议人权事务拨款并监督其使用

当代议会财政权的主要行使方式是审议财政预算以及财政审批,并监督款项的使用,议会这一权力一般体现在对政府所提交的预算报告或拨款法案之通过或否决上。有些国家的议会赋予其议会人权机构相应的职能,以使其能够为其职权范围内的人权事务提供财政支持,并对拨款的使用实施监督。在保护特定人群权利的议会人权机构中,对人权事务提供财政支持的职能体现的较为明显。例如匈牙利国会的"人权、少数族裔、公民事务与宗教事务委员会"(Committee on Human Rights, Minorities, Civil and Religious Affairs),有权审议与其职权范围内的政府政策和财政预算和社会福利政策。②隶属于克罗地亚议会"人权与少数民族权利委员会"的"少数民族权利小组委员会"(National Minority Rights Sub-Committee)也拥有为少数民族的特殊需求提供财政支持的具体职能。③

(3)参与制定国家人权行动计划

随着议会人权机构对于人权事务介入程度的逐步深入,一些国家的议会人权机构已经不再局限于对政府的人权政策提出建议或意见,而是参与到了国家人权行动计划的制定进程之中。

巴西国会关于人权议题的讨论,始于经历过军事独裁时期的国会议员以及独裁政权的受害者,经历过酷刑、流放,以及被强迫失踪者的推动,对于这些政治人物而言,人权曾经是他们用于抵抗压迫和暴力的盾牌。④ 1993年,巴西参加世界人权大会之后,人权议题的讨论得到深化,巴西国会举办了永久性质的国家论坛(Permanent National Forum)以讨论人权问题。1995年,国会第231号决议设立了隶属于众议院的"人权委员会"。该委员会每年均会选择有关人权的主题,并定期与社会组织以及人权专家举行人权会议。随着经验的不断积累,如今这类人权会议已经不再仅仅局限于咨询性质,而是参与到了巴

---

① 各国议会联盟数据库. http://www.ipu.org/parline-e/reports/instance/2_98.htm[EB/OL].2015-4.

② 各国议会联盟数据库. http://www.ipu.org/parline-e/reports/instance/2_67.htm[EB/OL].2015-4.

③ 各国议会联盟数据库. http://www.ipu.org/parline-e/reports/instance/2_55.htm[EB/OL].2015-4.

④ Inter-Parliamentary Union & United Nations Development Programme. Seminar for Chairpersons and Members of Parliamentary Human Rights Bodies[R]. 2004-61.

西国家人权行动计划的制定之中。巴西国会"人权委员会"委员奥兰多先生(Orlando Fantazzini)认为,"对于我们而言,这是向前迈出的一大步,因为我们不再会被国家(人权)政策所制约,而是成为了人权政策的制定者"。① 1999年,巴西国会的"人权委员会"成功促使了巴西政府拟定了专门针对经济、社会和文化权利的国家人权行动计划。②

立陶宛议会的"人权委员会"(Human Rights Committee)则与联合国开发计划署联合制定该国的国家人权行动计划。该计划建立了将数个议会委员会包括在内的广泛的咨议程序,议会人权委员会对于该计划的制定起到了关键作用,尤其是其确保了极为广泛的公众参与。③

3. 从事人权研究、人权宣传和人权教育活动

"仅依靠制定保护性法律和建立这种法律的执行机制不可能做到充分实现人权"。④ 因此,各国的议会人权机构均致力于发展一种尊重和遵守人权的文化,并形成具有社会共识的人权价值观。为了开展人权的教育宣传,推动人权理念在全社会形成更广泛的共识,多数国家的议会人权机构具有推动人权学术研究以及面向公众开展人权教育与宣传的职能。

例如,巴西国会的"人权委员会"与巴基斯坦议会的"人权委员会"(Functional Committee on Human Rights)等议会人权机构具有推动人权学术研究的职能。⑤ 此外,一些国家的议会人权机构将普及人权理念也纳入其职能范围,利用广播电视和出版物等各种媒体,开展人权教育与人权宣传,推进在社会各阶层普及人权理念的职能,特别是偏远地区、受教育程度不高的社区中开展人权教育。例如,柬埔寨议会的"人权、控告与调查委员会",苏丹议会的"人权委员会"(Human Rights Committee)均拥有提升社会和公众的人

---

① Inter-Parliamentary Union & United Nations Development Programme. Seminar for Chairpersons and Members of Parliamentary Human Rights Bodies[R]. 2004:66.

② Inter-Parliamentary Union & United Nations Development Programme. Seminar for Chairpersons and Members of Parliamentary Human Rights Bodies[R]. 2004:66.

③ Inter-Parliamentary Union & United Nations Development Programme. Seminar for Chairpersons and Members of Parliamentary Human Rights Bodies[R]. 2004:18.

④ United Nations Centre For Human Rights. National Human Rights Institutions: A Hand book on the Establishment and Strengthening of National Institutions for the Promotion and Protection of Human Rights[R]. United Nations,1995:139.

⑤ 各国议会联盟数据库. http://www.ipu.org/parline-e/reports/instance/2_143.htm;http://www.ipu.org/parline-e/reports/instance/2_221.htm[EB/OL]. 2015-4.

权保障意识的具体职能。①

议会人权机构可以提出对于人权保障具有重要影响力的"前期动议",即EDM(Early-Day Motion)。EDM意味着议会人权机构的成员可以运用议会的议事规则或议事程序,使议会、公众和新闻媒体关注特定人权议题。同时还可以通过书面或口头质询的方式,要求行政机关的负责人关注特定人权议题。② 正如英国议会人权工作组主席安·克鲁依德女士所言,"最重要是的,议会本身应该被视为一个引发(对人权事务)关注的平台"。③

巴西国会"人权委员会"实施的"人权大篷车"(human rights caravans)计划可谓是人权教育与宣传方面的典型事例。"人权大篷车"计划的目的是为了促进全社会共同讨论重要人权议题。例如,关于精神病患者监管场所的法案,曾在巴西国会延迟了将近10年,并被认为几乎不可能再进入票决程序。巴西国会"人权委员会"通过"人权大篷车"计划,在全国范围内使公众了解现有的精神病监管场所内部的真实情况,包括无法符合人权保障的最低标准与场所内精神病患者的人权所遭遇的侵害。"人权大篷车"计划受到了巴西社会的广泛关注,成功推动了关于精神病患者监管场所法案在议会获得最后通过。④为了提升公众对于人权保障的认知,针对电视节目中出现的侵犯人权的现象,该委员会还在电视媒体上开展了人权宣传活动。例如,针对将女性暗示为男性的性服务对象、不尊重女性人权的酒类广告,该委员会将调查报告提交至司法部、总检察长办公室、各电视台以及节目的赞助商,并在电视媒体上号召消费者抵制该酒类产品。在该委员会的努力下,一些带有侵犯人权内容的电视节目提供方已经受到了司法制裁。⑤

4. 与国际和区域人权机构、非政府组织等开展合作

许多国家的议会人权机构与其他国家的国际和区域人权机构、非政府组

---

① 各国议会联盟数据库. http://www.ipu.org/parline-e/reports/instance/2_23.htm;http://www.ipu.org/parline-e/reports/instance/2_113.htm[EB/OL].2015-4.

② Inter-Parliamentary Union & United Nations Development Programme. Seminar for Chairpersons and Members of Parliamentary Human Rights Bodies[R].2004:41.

③ Inter-Parliamentary Union & United Nations Development Programme. Seminar for Chairpersons and Members of Parliamentary Human Rights Bodies[R].2004:41.

④ Inter-Parliamentary Union & United Nations Development Programme. Seminar for Chairpersons and Members of Parliamentary Human Rights Bodies[R].2004:65.

⑤ Inter-Parliamentary Union & United Nations Development Programme. Seminar for Chairpersons and Members of Parliamentary Human Rights Bodies[R].2004:66.

织等保持着密切的工作联系,并联合上述机构和组织,按照该国所加入的国际人权公约的义务对国内人权状况实施监察和评估。

例如,南非议会的"提升妇女地位和生活质量联合监督委员会"具有监督《消除对妇女一切形式歧视公约》在南非国内实施的职能,并密切关注南非政府对《北京行动纲要》的承诺履行情况。① 巴基斯坦议会的"人权委员会"(Functional Committee on Human Rights)具有与包括联合国人权委员会在内的国际人权机构和人权组织开展合作的职能。② 墨西哥议会的"人权委员会"(Committee on Human Rights)与国际人权机构和人权组织持续保持接触。③ 阿塞拜疆议会的"人权委员会"(Committee on Human Rights)与政府、人权专员、人权研究机构和教育机构、非政府组织等开展广泛的、形式多样的合作,包括联合起草立法案、对特定立法案组织联合讨论,举行联合会议,学术培训以及讲座等。④

非洲人权与人民权利委员会主席萨利玛塔女士(Salimata Sawadogo)认为,议会人权机构和区域人权机构的合作的必要性体现在以下几个方面。第一,议会人权机构为了能够有效履行人权保障职能,其成员必须具有人权领域的相关专业知识,与区域人权机构的合作使得议员可以对国家和区域内较为突出的人权问题进行深入的了解。第二,议员作为民选代表,对于其选区人民需求的了解,可以为区域人权机构提供意见和建议,使之能对人权问题作出更具针对性的回应。第三,对于具有受理个人申诉职能的区域人权机制,议会人权机构可以通过该国的宪法机制和法律机制,以协助区域人权机构裁定的执行。第四,从更为现实的角度考量,区域人权机制往往受制于其成员国的财政和人力资源支持,而议会人权机构可以作为区域人权机制的呼吁者,促使其本

---

① 各国议会联盟数据库. http://www.ipu.org/parline-e/reports/instance/2_62.htm[EB/OL].2015-4.

② 各国议会联盟数据库. http://www.ipu.org/parline-e/reports/instance/2_221.htm[EB/OL].2015-4.

③ 各国议会联盟数据库. http://www.ipu.org/parline-e/reports/instance/2_90.htm[EB/OL].2015-4.

④ 各国议会联盟数据库. http://www.ipu.org/parline-e/reports/instance/2_35.htm[EB/OL].2015-4.

国积极为其提供资金和人力资源方面的协助。①

无论议会人权机构还是履行促进人权还是保护人权的职能时,它与国际和区域人权机构的信息互通,可以为其提供重要的参考意见。一方面,议会人权机构在获得人权机构的相关报告后,可以了解其本国立法以及政府行为是如何被公约机构评价,并可以此建议该国议会批准某一人权公约、提交新的立法案,或对现行法律提出修正案,或者建议议会对具体人权个案进行监督或进行官方或非官方性质的介入。另一方面,公约机构也可以从议会获得其需要的重要信息。联合国反酷刑委员会前主席约瑟夫(Joseph Voyame)曾经指出,在其所参与的反酷刑委员会所进行的一系列调查中,与调查地议会议员的对话与合作对双方都极具建设性。②

(二)保护人权

"保护人权"则主要是指对于即将发生或已经发生的侵犯人权的行为进行调查和处理,并对人权受到侵害者提供保护和救济。促进人权与保护人权并不是彼此独立、互不相通的两个领域,两者密切交织、相辅相成。议会人权机构在履行诸如促进人权立法等促进人权的职能时,可以被视为在立法层面对于人权的保护。同样,议会人权机构在履行诸如开展人权监测、受理个人申诉并实施救济等保护人权的职能时,也对提升公众的人权观念起着促进的作用。具体而言,议会人权机构保护人权的职能体现在以下几个方面。

1. 人权监测与人权调查

人权监测与人权调查的主要目的,是系统的评估该国国内的普遍人权状况,或者对某些重点地域或特定问题开展人权方面的评估。联合国《人权监测培训手册》列举了19项关于开展人权监测工作的原则,其中包括不造成伤害、熟悉标准、准确和精确、具有公正性、完整性、客观性和专业性等原则。③ 其中,"熟悉标准"主要是指《公民权利和政治权利国际公约》《禁止酷刑公约》《囚犯待遇最低限度标准规则》《保护所有遭受任何形式拘留或监禁的人的原则》《执法人员行为守则》等一系列国际人权公约中所确立的标准。

---

① Inter-Parliamentary Union & United Nations Development Programme. Seminar for Chairpersons and Members of Parliamentary Human Rights Bodies[R]. 2004:54.

② Inter-Parliamentary Union & United Nations Development Programme. Seminar for Chairpersons and Members of Parliamentary Human Rights Bodies[R]. 2004:50.

③ Office Of The United Nations High Commissioner For Human Rights. National Human Rights Institutions History, Principles, Roles and Responsibilities[R]. United Nations,2010:114.

在处于武装冲突的地区,人权监测和人权调查的职能对于人权保障具有更为紧迫的意义。例如,在菲律宾武装部队与莫洛伊斯兰解放阵线(Moro Islamic Liberation Front)在菲律宾南部(尤其是在棉兰老岛)的武装冲突以及与新人民军(New People's Army)在菲律宾其他地区的武装冲突过程中,为了防止可能造成的大规模人权侵犯现象,菲律宾国会的"公民权利、政治权利和人权委员会"开展了相关的人权监测。该委员会坚持认为,联合国关于国内流离失所者的原则以及国际人道法的原则必须在此类冲突中予以适用。在菲律宾政府与反政府武装的和平谈判过程中,该委员会要求各方遵守国际人权公约所确立的原则以及国际人道法的相关规定。① 该委员会还调查了菲律宾武装部队和新人民军在索索贡省(Sorsogon)和北甘马舜省(Camarines Norte)实施的侵犯人权的行为,以及菲律宾武装部队在民都洛省(Mindoro)实施的侵犯人权行为。此外,该委员会还调查了由于菲律宾国家调查局(National Bureau of Investigation)特工在宿雾市(Cebu)的行动失误,而导致五名无辜酒店工作人员丧生的事件。②

在菲律宾国会"公民权利、政治权利和人权委员会"的呼吁下,菲律宾司法部撤销了 2001 年作出的允许在巴锡兰(Basilan)群岛、苏禄(Sulu)群岛无须授权即可逮捕、搜查或扣押任何被怀疑是阿布沙耶夫武装分子或其支持者的决定。该委员会还与议会的参政与选举改革委员会(Committee on Suffrage and Electoral Reforms)合作,制止了新人民军以"准许竞选活动"(permit to campaign)为幌子、假借托收名义而进行勒索财物的行为。③

2. 实施人权监督并纠正国家机关侵犯人权的行为

国家机关的某些侵权行为不但具有隐蔽性,而且有可能对不特定多数人的权利造成侵害。议会人权机构对国家机关实行人权监督,其目的就在于发现国家机关的政策、行为可能导致或已经导致的人权侵犯,并要求其予以纠正。

议会内部的各类人权机构可以被视为是被提名或任命在特定领域审议议

---

① Inter-Parliamentary Union & United Nations Development Programme. Seminar for Chairpersons and Members of Parliamentary Human Rights Bodies[R]. 2004:33.

② Inter-Parliamentary Union & United Nations Development Programme. Seminar for Chairpersons and Members of Parliamentary Human Rights Bodies[R]. 2004:33.

③ Inter-Parliamentary Union & United Nations Development Programme. Seminar for Chairpersons and Members of Parliamentary Human Rights Bodies[R]. 2004:33.

题、进行质询或处理特定事务或法案的议员群体。在对政府行为实施监察时，大多数议会人权机构均有权要求被调查者以书面或到场就相关事项进行说明，或举行听证会进行质询。通过议会人权机构就人权事务对政府行为所进行的监督，不仅可以有效提升公众对于人权保障的认识，还可以通过议会人权机构所实施的调查、质询以及举行听证会等活动，充分拉近民众与人权议题的距离，更有利于公众对人权事务的参与。

例如，德国国会的"人权与人道主义援助委员会"的重要职能之一是监督政府与人权保障相关的行为。在监督过程中，该委员会最常使用的两种方式是提出动议和小型质询会。前一种方式要求联邦政府采取行动以解决特定的涉及人权的问题，该动议将会在委员会和联邦议会全体会议上分别讨论并表决。后一种方式通常由联邦议会的议员提出，并通过议会工作组向联邦政府提出，以获得联邦政府对于发生在特定地区的侵犯人权事件的态度。对于小型质询会，联邦政府必须在 14 日内作出回复。①

赞比亚议会在 1999 年组建"法律事务、善治、人权和性别事务委员会"（Committee on Legal Affairs, Governance, Human Rights and Gender Matters）的主要目的，就是为了加强议会对政府部门和机构的监督。因此，该委员会具有对政府行为广泛的监察权。② 该委员会有权召集政府官员对其作出汇报，有权要求相关人员到会提供证言或调阅文件。例如，要求赞比亚政府法律事务部常任秘书对政府有关人权方面的政策，以及政府在保障人权方面的履职情况对其作出汇报。③ 如果无正当理由未到场提供证言，或提供虚假证言者，将会被定性为蔑视（in contempt）委员会并受到相应处罚。④ 当议会通过该委员会提交的"采取行动报告"（Action-Taken Reports）后，报告的副本将会被封装并提交至有关政府部门，并要求其对委员会所提出的意见和建议采取相应的行动。如果政府部门认为委员会的"采取行动报告"不具备可实

---

① Inter-Parliamentary Union & United Nations Development Programme. Seminar for Chairpersons and Members of Parliamentary Human Rights Bodies[R]. 2004:74.

② 各国议会联盟数据库. http://www.ipu.org/parline-e/reports/instance/2_125.htm[EB/OL]. 2015-6.

③ Inter-Parliamentary Union & United Nations Development Programme. Seminar for Chairpersons and Members of Parliamentary Human Rights Bodies[R]. 2004:38.

④ Inter-Parliamentary Union & United Nations Development Programme. Seminar for Chairpersons and Members of Parliamentary Human Rights Bodies[R]. 2004:36.

施性,那么其应当提供具体理由。"换言之,当(行政机关与议会)的不同意见发生冲突时,赞比亚议会人权委员会的报告并不构成对行政机构的强制性要求"。①

在对政府实施人权事务的监督方面,巴西国会"人权委员会"曾经召开公开听证会以调查联邦警察总署署长所牵涉到的数起虐待案件,最终致使联邦警察总署署长辞职。② 该委员会有权进行两种形式的公开听证会,一种是巴西国会内部的听证会,例如有关人权保障法案的审议。另一种是在联邦各州举行的听证会。例如,巴西的部分州发生了儿童被邪教组织残忍阉割的案例,该委员会认为这些州的政府部门所采取的措施,并不能充分防止此类事件的再度发生。为此,该委员会通过在这些州内举行听证会的方式,对公众施加影响,并以此向这些州政府施加压力,迫使其同意由联邦政府的警务部门和司法机关对此采取行动。③ 尽管与其他国家的议会人权机构相比较,巴西国会"人权委员会"的职权已较为充分,但该委员会认为,其自身仍然存在欠缺,一是缺少合适的履行监督职能的机制,二是缺少例行巡视的机制,三是缺少专业人权知识。④ 因此,巴西国会"人权委员会"与非政府组织开展密切合作。例如,委员会曾建议总检察长对圣埃斯皮里图州(Espírito Santo)内的有组织犯罪活动采取司法行动,但遭到总检察长拒绝。随后该委员会与非政府组织联手向巴西总统施加压力,总统随后决定组建由联邦警察和总检察长办公室代表组成的任务组执行该项调查行动。⑤

3.受理个人申诉

通过对 IPU 提供的各国议会人权机构的资料进行分析,并非所有的议会人权机构都具有受理个人申诉的职能。例如,作为议会之母的英国,其议会的

---

① Inter-Parliamentary Union & United Nations Development Programme. Seminar for Chairpersons and Members of Parliamentary Human Rights Bodies[R]. 2004:37.

② Inter-Parliamentary Union & United Nations Development Programme. Seminar for Chairpersons and Members of Parliamentary Human Rights Bodies[R]. 2004:63.

③ Inter-Parliamentary Union & United Nations Development Programme. Seminar for Chairpersons and Members of Parliamentary Human Rights Bodies[R]. 2004:66.

④ Inter-Parliamentary Union & United Nations Development Programme. Seminar for Chairpersons and Members of Parliamentary Human Rights Bodies[R]. 2004:63.

⑤ Inter-Parliamentary Union & United Nations Development Programme. Seminar for Chairpersons and Members of Parliamentary Human Rights Bodies[R]. 2004:65.

"人权联合委员会"便不具有处理人权个案的职能。而巴西国会的"人权委员会"、土耳其议会的"人权调查委员会"(Human Rights Inquiry Committee)、柬埔寨议会的"人权、控告与调查委员会"(Commission on Human Rights, Complaint Reception and Investigation)、安哥拉议会的"人权、公民申诉与建议委员会"(Committee on Human Rights and Citizens' Petitions and Suggestions)等,均拥有受理个人申诉的职能。[①]

议会人权机构是否具有受理个人申诉的职能,与该国议会组建人权机构时所秉持的目标息息相关。例如,在巴西国会"人权委员会"组建之时,其宗旨便是为了调查人权被侵犯的情况,并加速推动巴西国会关于人权调查职能的框架建设。而在人权委员会设立之前,巴西国会关于侵犯人权的调查主要由国会内设的调查委员会实施的,因为当时议会中并没有其他委员会具有受理人权侵犯申诉的职能。巴西国会"人权委员会"在受理并调查个人申诉后,通常以正式信函的方式予以跟踪和监督。通常情况下,每收到一起申诉,将会发送三封正式信函,分别提交至相应级别的检察长办公室、司法机关以及行政机关。

具有受理个人申诉职能的议会人权机构在对个人申诉进行受理和调查后,多数以出具调查报告并与相关机构进行协商的方式予以处理,通常并不能作出对申诉人或被申诉人或机构具有约束力的裁决。例如,柬埔寨议会的"人权、控告与调查委员会"在受理涉及人权事务的申诉并对其进行审查后,委员会将会与控告者进行会晤并获取相关证据,并将该委员会主席与参议院议长签名的信函送达至相关的机构或部门,要求其对此寻求法律解决方法并向委员会报告。若连续两次信函均未能得到有效回复,委员会主席将提请参议院议长召集相关机构或部门举行会议,以寻求解决办法。[②] 斯里兰卡议会的"公共申诉委员会"(Committee on Public Petitions)在处理个人申诉时,所作出的调停协议对双方均不具有强制性,但协议双方如果不遵守协议,将会构成对

---

① 各国议会联盟数据库. http://www.ipu.org/parline-e/reports/instance/2_143.htm;http://www.ipu.org/parline-e/reports/instance/2_119.htm;http://www.ipu.org/parline-e/reports/instance/2_23.htm; http://www.ipu.org/parline-e/reports/instance/2_4.htm[EB/OL].2015-4.

② 各国议会联盟数据库. http://www.ipu.org/parline-e/reports/instance/2_23.htm[EB/OL].2015-4.

委员会成员特权的侵犯。① 具有受理个人申诉职能的议会人权机构之所以采取斡旋、调停、协商等方式予以处理,主要是基于议会调查权所作出的决定并不享有司法裁决的终局性,也不应对司法权或当事人的诉权造成不当干涉。

四、议会人权机构对议会人权保障的加强与拓展

自上个世纪中叶产生至今,议会人权机构经历了数十年的发展,其对议会人权保障职能带来的变化主要表现为议会人权保障职能的扩充。具体而言有两个方面。其一,是对议会原有的人权保障职能的加强;其二,是对议会人权保障职能的拓展。

(一)对议会人权保障的加强

1.加强议会人权立法与立法审查的专业性和针对性

立法活动是对复杂社会关系的调整,不仅需要充分协调各方利益,也需要对法律所涉及的专业性和技术性问题进行具体的分析和研究。对于正在制定过程之中的法律,还需要与已经颁行的法律保持衔接。"法律的每一条款,必须在准确而富有远见地洞察到它对所有其他条款的影响的情况下制定,凡制定的法律必能和以往存在的法律构成一以贯之的整体。在五方杂处的议会里,当法律逐条逐项加以表决时,要在任何程度上满足这些要求都是不可能的"。② 议会议员中固然不缺乏专业人士,但由于代议制所要求的广泛代表性,大多数议员不可能均对立法活动中涉及的立法问题和专业知识有充分的掌握。因此,随着人权立法活动的日趋专业化,议会需要在具有人权领域专业知识的机构对法案进行起草或审议。

在议会人权保障专门化的趋势出现之前,立法案也通常由相关的政府部门或相应的议会专门委员会提出,但与这些机构相比,议会人权机构通常具有专业性和针对性。首先,议会人权机构一般均由在人权保障领域具备专业知识或具有丰富人权事务处理经验的人员组成,在起草与审议人权立法案,或审查其他法律对人权的影响时,许多国家的议会人权机构还会邀请人权领域的学者、国际或区域人权机构的代表和非政府组织代表参与。其次,议会人权机构对于人权立法案或现行法律的审查,不仅更具专业性,其效能也更为明显。大多数国家的议会人权机构均是议会的常设委员会,在议会全院会议闭会期

---

① 各国议会联盟数据库. http://www.ipu.org/parline-e/reports/instance/2_112.htm[EB/OL].2015-4.

② 约翰·穆勒.代议制政府[M].段小平,译.北京:中国社会科学出版社,2007:145.

间,可以持续性的对人权相关立法进行审查。再次,议会人权机构也使得议会人权立法更具针对性。议会人权机构所具有的人权监测、人权调查、受理个人申诉等职能,使得议会人权机构能够充分了解和掌握一国国内的普遍人权状况与热点人权问题,这使得其在强化议会人权立法与立法审查职能专业化程度的同时,能够"有的放矢"。

2. 加强对行政机关的人权监督

议会的监督权与议会立法权一样,具有悠远的历史。进入20世纪之后,各国政治架构发展中的一个重要特征,是行政权力的不断扩张。由于社会生活的各个领域不断产生分化,行政机关在行使行政管理职能的过程中,不仅行政权力变得愈发强势、行政机关本身也变得愈发庞杂。如何对行政机关实施有效的监督成为了议会的迫切需要。有学者指出,"20世纪下半叶以来,议会对行政的监督成为议会改革所有问题的基础"。[1]

议会对行政机关实施监督,主要通过对行政立法的监督、质询和调查、弹劾与罢免,以及通过不信任案等机制进行。但传统的议会监督手段对人权事务的处理存在机制上的不足。例如,议会调查是议会监督的重要手段,通常由常设委员会或特别委员会予以行使,在必要时也可成立联合调查委员会对相关问题进行联合调查。但常设委员会通常只对自己对口管辖的部门进行调查,而特别调查委员会只对特定的问题进行调查且在调查结束后该委员会即宣告终止。因此,调查问题通常都是特定的,对一般性的人权问题关注不够。而议会人权机构以其自身的专业性,对议会传统监督机制进行了补足。议会人权机构的设立,使得议会在对行政机关行使监督权时,可以针对人权保障这一特定领域实施监督。尤其是对于那些曾经经历过人权被系统性的侵犯和蔑视的国家,更是如此。例如,在经历过长期种族歧视的南非,其议会人权委员会主席就曾坦言,他们面临的挑战之一,就是要致力于"将议会的议员从政客变为监督者"。[2]

3. 加强议会内部各机构保障人权的协同性

各国议会人权机构在履行其职能时,通常都会与该国议会内部的其他相关机构开展合议,如采取召开委员会联合会议等方式,以增强其决策的影响

---

[1] 周伟. 各国立法机关委员会制度比较研究[M]. 济南:山东人民出版社,2005:54.

[2] Inter-Parliamentary Union & United Nations Development Programme. Seminar for Chairpersons and Members of Parliamentary Human Rights Bodies[R]. 2004:43.

力。例如,在对持枪年龄的法案进行审议时,南非议会"提升儿童、青年和残障者地位和生活质量联合监督委员会"坚持认为,合法拥有枪支的年龄不应当被降低。但由于该委员会并不负责这一具体立法事项,因此其必须与议会中的其他委员会与议员进行协商。菲律宾国会"公民权利、政治权利和人权委员会"与菲律宾国会中的其他委员会联系十分密切,以确保其他委员会提交的立法案或实施的立法活动能够符合菲律宾宪法关于人权保障的规定。①

就议会内部而言,议会人权机构通过与议会其他机构之间的合作,不仅能够促进议会议员人权保障意识的提升,更有助于议会内部各个机构之间协同行动以保障人权,使人权保障贯穿在议会工作的各个层面,而不仅仅局限于议会人权机构本身的职权范围内。更为重要的是,议会作为一个国家的代议机关,体现的是议员身后选民的意志,议会内部各机构在保障人权方面采取协调一致的行动,将会间接增进其国内选民对于人权保障的理解,其所带来的影响甚至可能比议会人权机构承担的人权研究、教育和宣传职能更为深远。"设置具有明确人权保障职能的机构,既是一种确保人权能够被立法者予以充分重视、并融入议会所有活动中去的一种方式,同时也传递着这种政治信息"。②

(二)对议会人权保障的拓展

1. 推动人权的实现

自议会制度诞生之初直至上个世纪中后期,各国的议会人权保障所采取的方式,主要通过立法将人权法定化,并不断通过立法扩充权利的主体范围(从宽泛的意义上说,对国家权力之间的相互配置以及权力相互监督的设定也议会对人权的保障方式,但也都是通过立法的形式进行的)。但随着人权谱系的扩充以及权利实现对应的国家义务的多元化,仅仅在宪法或法律上对人权作出确认并监督议会的其他立法是否符合人权保障的标准,已不足以适应人权保障的需求。早期议会对人权的保障,主要处于"尊重""保护"的层级,即通过宪法或法律对人权作出确认。随着议会人权机构的出现,议会的人权保障职能正在逐渐向"实现"和"促进"这一层级拓展。

---

① 该委员会在《土地使用法》《移民权利修正法案》《教师权利法案》以及在防止拐卖妇女、设立少年法庭等事项上与其他委员会开展了密切合作。See Inter-Parliamentary Union & United Nations Development Programme. Seminar for Chairpersons and Members of Parliamentary Human Rights Bodies[R]. 2004:33.

② Inter-Parliamentary Union & United Nations Development Programme. Seminar for Chairpersons and Members of Parliamentary Human Rights Bodies[R]. 2004:3.

各国议会对于这种拓展的趋势已有共识。例如,立陶宛议会"人权委员会"主席达林克维丘斯(Gediminas Dalinkevicius)指出,"人权保障的立法基础已经比较完善。目前的挑战是,如何实现人权保障的立法承诺,创造人人能够享受其人权并尊重他人的人权的良好环境"。[1]

菲律宾国会"公民权利、政治权利和人权委员会"主席拉塞尔(Loretta Ann P. Rosales)也表达了类似的意见,并进一步将关注点集中在了通过议会立法和政策所决定的资源分配问题上。[2] 1987年的菲律宾宪法将人权的确认和保护范围扩大至政治、经济、社会和文化权利。其宪法第2条第10款规定,"国家应当在其发展的各个阶段不断促进社会公正"。第11款规定,"国家尊重每个人的尊严,保障人权得到充分尊重"。第13条第1款规定,"国会应最优先保护和巩固人民的尊严,通过为实现公共福祉而公平的分配财政资源和政治权力,以减少社会、经济、政治、文化上的不平等"。第13条第2款规定,"促进社会公正,应当包括致力于创造基于自主自立的经济机遇"。菲律宾国会"公民权利、政治权利和人权委员会"认为,上述宪法条款不仅扩大了"社会公正"的内涵,而且明确要求国会予以提升和维护。这些条款所涵盖的原则与内容,旨在使处于生计匮乏状态的人们在法律上拥有更充分的权利和自由。因此,它要求议会在立法时,具有一种有利于身处社会底层的民众的"立法偏向"(legal basis)[3],并要求议会将这种"立法偏向"转化为一种国家义务,即国家有义务为了实现人的尊严而减少社会、经济和政治上的不平等,并公正的分配资源。该委员会认为,包括劳工、农业、农村土地、农村住房改革、卫生资源、妇女权利保障等在内的诸多方面,均属于宪法第13条规定的"最高优先级"的领域。[4]

由于议会人权机构所具有的参与国家人权行动计划的制定,以及为人权事务提供财政援助等职能,可以有效地促进议会在人权保障领域更合理的分

---

[1] Inter-Parliamentary Union & United Nations Development Programme. Seminar for Chairpersons and Members of Parliamentary Human Rights Bodies[R]. 2004:77.

[2] Inter-Parliamentary Union & United Nations Development Programme. Seminar for Chairpersons and Members of Parliamentary Human Rights Bodies[R]. 2004:24.

[3] Inter-Parliamentary Union & United Nations Development Programme. Seminar for Chairpersons and Members of Parliamentary Human Rights Bodies[R]. 2004:30.

[4] Inter-Parliamentary Union & United Nations Development Programme. Seminar for Chairpersons and Members of Parliamentary Human Rights Bodies[R]. 2004:30.

配财政资源。例如,为了确保预算项目能够覆盖该委员会所代表的群体,并改善该群体的生活质量,南非议会"提升儿童、青年和残障者地位和生活质量联合监督委员会"会在财政部部长发表预算讲解之前,主动介入预算审查。正是在该委员会的呼吁下,南非议会设立了预算委员会,使得对预算案分配比例的讨论得以提前进行。该委员会还致力于监督预算案的实施情况。①

2. 人权国内与国际保障的协调

联合国人权事务委员会前主席德普伊(Leandro Despouy)在强调议会对于一国国内人权保障的重要地位时指出,"在国内层面上,议会是连接国际人权机制与国内立法的建筑师"。②

然而,在议会与国际或区域人权机构之间,通常并没有直接的联系与沟通的渠道。如果国际人权公约规定,缔约国应当与公约机构保持通联,则一般由缔约国自身决定具体由哪个机构执行通联,多数国家的政府选择由其外交部或外事部门具体负责。

这种情况导致了一些国家的议会与国际或区域人权机构之间联通机制的缺失。联合国人权事务委员会前主席德普伊在 IPU 举办的议会人权机构会议上,指出了如何评估这种缺失。第一,议会议员是否了解本国政府在联合国或区域人权机制内的立场或投票情况。第二,当其本国政府对人权公约的一些关键条款作出保留时,议会议员是否能够充分获得相关信息,或者对此提出有效的反对意见。第三,当政府根据人权公约要求提交定期报告时,议会的意见是否能够在报告中得到充分的表达。第四,当公约所设立的人权机构对该国提出意见或建议时,议会是否充分了解相关信息,以及是否有能力监督这些意见或建议在本国的实施。第五,对于公约人权机构所提出的意见的实施情况,本国政府是否有义务向议会报告。③

议会人权机构的促进人权立法职能、建议职能和监督职能等,均包含着将国际人权标准纳入国内法,或者确保其国内法与国际人权标准相符的具体义务,不仅有效推动了各国议会在立法过程中与国际人权标准的衔接,而且有助

---

① Inter-Parliamentary Union & United Nations Development Programme. Seminar for Chairpersons and Members of Parliamentary Human Rights Bodies[R].2004:44.

② Inter-Parliamentary Union & United Nations Development Programme. Seminar for Chairpersons and Members of Parliamentary Human Rights Bodies[R].2004:48.

③ Inter-Parliamentary Union & United Nations Development Programme. Seminar for Chairpersons and Members of Parliamentary Human Rights Bodies[R].2004:48.

于监督国际人权公约义务在各缔约国国内的履行情况。例如,在英国议会的"人权联合委员会"设立之前,英国的立法以及政府行为经常被判定为不符合《欧洲人权公约》标准,多次被欧洲人权法院裁定违反《欧洲人权公约》。① "人权联合委员会"成立后,其依据《欧洲人权公约》和1998年的英国《人权法案》,采用听证会等方式,对英国的人权状况开展持续监测并提交调查报告,在很大程度上影响了英国议会对相关法案和议题的表决。在南非,所有提交国际人权监督机构的报告必须经过议会讨论,以确保包括社会各方的意见能够被包含在报告之中。为此,议会举行公开听证和辩论,召集政府部长,并获取政府和公民各方广泛的意见。南非议会的议员作为南非的代表,广泛参与到国际人权监督程序,以确保议员能够更好地理解国际人权监督机构所作出的意见与建议,南非议会在确保这些意见和建议在南非的执行过程中,起到了关键作用。②

议会人权机构在将国际人权标准纳入国内法过程中所发挥的作用,正如联合国前任人权高级专员拉姆查兰(Bertrand Ramcharan)所言,"在将联合国宪章、世界人权宣言以及核心国际人权公约,与缔约国国内的人权保障两者之间,架起了一座'桥梁'"。③

五、议会人权保障与司法人权保障之互补

人权的实现离不开人权保障义务的履行。人权义务主体既有国家,也包括各类组织和个人。但迄今为止,国家仍然是最主要的人权义务主体。国家权力与公民权利是手段与目的的关系。"国家对于人权的尊重和保护义务不仅是一种政治道德的要求,同时也是拘束一切国家权力的规范的要求",国家的这种人权保障义务"在整个宪法规范体系中居于核心的地位"。④

与传统"守夜人"国家相比,现代国家的人权保障义务已经不再仅仅依靠限权国家权力,以保障"密尔式"的古典自由。首先,现代国家的人权保障义务

---

① ROBERT. BLACKBURN,A human rights committee for the U. K. Parliament — the options[J]. European Human Rights Review,1998(5).

② Inter-Parliamentary Union & United Nations Development Programme. Seminar for Chairpersons and Members of Parliamentary Human Rights Bodies[R]. 2004:24.

③ Inter-Parliamentary Union & United Nations Development Programme. Seminar for Chairpersons and Members of Parliamentary Human Rights Bodies[R]. 2004:15.

④ 韩大元.国家人权保护义务与国家人权机构的功能[J].法学论坛,2005(5).

已不再是一种单纯消极义务,而是消极义务与积极义务共存的多层级义务的结合,同时,也是行为义务与结果义务的结合。"国家在保护人权方面不再是消极的,而且负有积极的义务,特别是国家'保护性义务'觉醒"。① 虽然人权与国家之间具有天然的对抗性,其逻辑起点依然是对国家权力的限制,但是在现代国家,人权保障已经更多地表现为一种综合性的道德和法律要求。其次,由于国家人权保障义务是消极义务与积极义务、行为义务与结果义务的结合,国家人权保障义务之履行,必然要求国家机关之间在分权制衡的基础上进行互补。"保障人权的新要求不再强调国家权力的分权、限制,而是逐渐走向了协力合作"。②

议会人权保障专门化的趋势,并不会动摇"司法救济作为人权保障的最后一道防线"这一命题。议会人权保障建立在对司法权充分尊重的基础上,并与司法人权保障在义务层次、具体职能、保障机制等方面形成了一定的互补关系。

(一)在人权保障义务方面的互补

美国法学家路易斯·亨金(Louis Henkin)将国家的人权保障义务分为承认(recognize)、尊重(respect)、和保证(ensure)的义务,③并认为这些义务是国际人权宪章对于各国人权保障的一种要求。事实上,路易斯·亨金对于国家人权保障义务的这种分类是从一般人权开始的。④ 亨利·舒(Henry Shue)在讨论基本权利时认为,所有的基本权利,无论是安全权或是生存权,均要求采取消极措施和积极措施,并将国家对于人权的保障义务分为三类,即避免剥夺(avoid)的义务、保护(protect)的义务和向被剥夺者提供援助(aid)的义务。⑤在亨利·舒观点的基础上,联合国防止歧视及保护少数小组委员会(现称为促进和保护人权小组委员会)的特别报告员埃斯布佐恩·艾德(Asbjorn Eide)对其进行了适当改变,则将国家的人权保障义务分为尊重(respect)、保护

---

① 夏正林.宪法的人权保障机制研究[J].国家行政学院学报,2004(5).

② 夏正林.宪法的人权保障机制研究[J].国家行政学院学报,2004(5).

③ See LOUIS. HENKIN,Post-Cold War Human Rights Agenda[J]. Yale Journal of International Law,1994(1).

④ 柳华文.论国家在《经济、社会和文化权利国际公约》下义务的不对称性[M].北京:北京大学出版社,2005:16.

⑤ See Henry. Shue, Basic Rights-Subsistence Affluence and U. S. Foreign Policy[M]. London:Princeton University Press,1980:52.

(protect)和实现(fulfill)的义务。① 艾德认为,国家的人权保障义务首先是尊重的义务,即所有国家机关不得侵犯任何人的人格完整性以及个人的自由,包括个人最能满足其需求的方法和使用个人可获得的物质资源的自由。其次是保护的义务,国家必须采取必要措施,以防止其他个人或组织对人格完整性、个人自由和对物质资源享有的侵犯。最后是实现的义务,国家应当保障每一个人均能获得被国际人权公约中所确认的、但凭个人能力所不及的需求的满足。荷兰学者范·霍夫(Van Hoof)则将国家的人权保障义务分为尊重(respect)、保护(protect)、保证(ensure)和促进(promotion)的义务。范·霍夫指出,尊重的义务与传统的不干涉义务非常相似,即禁止国家侵犯权利和自由。保护的义务则要求国家采取立法等措施,防止第三方侵犯权利或自由。保证的义务则要求国家积极创造某些条件,以使得权利和自由有效地得到实现。促进的义务也是为了达到某种效果,但它涉及一定程度上有些模糊的目标,职能在逐渐或长远的时期内达成。日本的大沼保昭教授对于国家的人权保障义务也持有类似的意见。他认为,尊重的义务是指国家保持克制不予侵害个人的权利,保护的义务是指国家阻止他人对个人权利的侵害,满足或确保的义务是指对于及时通过个人的努力也不能实现的人权,国家应当采取措施予以实现,而促进的义务是指国家应采取措施在整体上促进上述人权。②

对于国家人权保障义务结构中的义务层级,无论是"尊重"和"保护"义务,或是"实现"或"促进"义务,首先需要立法机关以人权立法的形式进行确认。立法机关的立法职能要求它根据社会的变化,制定新法、修订旧法,废止不合时宜的法律,以不断满足社会发展的需求。"立法机关作为国家的权力机关,对人权保障产生直接的影响。如果立法机关不尊重人权或者立法过程中人为地限制人权的话,人权保障也就失去基本的法律依据"。③ 司法机关则通过适用法律的专门活动对人权实施保障。"司法的人权保障,实际上也为公权力设定了界限,成为制约权力的重要手段。人权保障体系的核心是在公权力与个人自由之间确定一定的界限,赋予国家理性精神,以人权的道德力量控制国家

---

① See EIDE. ASBJORN, Food Security and the Right to Food in International Law and Development[J]. Transnational Law & Contemporary Problems, 1991(2).

② 参见大沼保昭. 人权、国家与文明[M]. 王志安,译. 北京:三联书店出版社,2003:220.

③ 胡锦光、韩大元. 当代人权保障制度[M]. 北京:中国政法大学出版社,1993:267.

权力,以保持自由与秩序之间的平衡"。① 司法人权保障不仅具有国家强制力作为后盾,而且还具有终局性的特点,因此,司法能否为人权受到侵害者提供充分的救济,是一个国家人权保障程度的重要标志。

在亨利·舒与埃斯布佐恩·艾德等学者关于国家人权保障义务的论述基础上,伊达·科克(Ida Elisabeth Koch)认为,对于公民权利和政治权利以及经济社会和文化权利而言,两者的共同之处在于它们都有三个义务层次,即尊重、保护和实现的义务,但两类权利都存在三个义务层次并不代表两类权利之间没有区别,而区别就在于两类权利所对应的义务重心不同。根据伊达·科克的图示,"公民权利的重心在于人权保障义务的前两个层次,即尊重的义务和保障的义务,而社会权利的重心则在第三个层次即实现的义务层次"。②

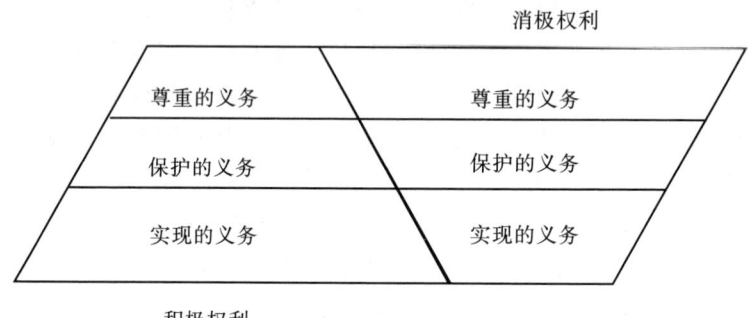

图3　消极权利与积极权利的义务层次区别

在由尊重义务向实现义务的递进过程中,国家的人权保障义务层次越高,对于资源的要求性也就越高,权利规范的模糊性也相应增加,司法机关适用法律对其进行保障的难度也相应提高。实现消极权利的重心在于前两个层级,议会通过人权立法对权利作出确认之后,司法机关则适用法律规范予以保障是对于消极权利最主要的实现方式。对于积极权利的实现,由于其重心位于第三个层级,规范模糊性所导致的可诉性问题成为了司法机关难以回避的问题,而实现积极权利所需要的资源分配涉及更多的是政治问题而非司法判断。"无论是涉及福利权的裁判,还是涉及宪法解释的裁判,法官对于公共政策和立法的影响都是有限的,大多属于间接的推动。权力分立、公共政策所赖以形

---

① 韩大元.完善人权司法保障制度[J].法商研究,2014(3).

② KOCH. IDA ELISABETH,Justifiability of Indivisible Rights[J]. Nordic Journal of International Law,2003(1).

成的预算与财政能力、民主考量以及社会权的不确定性等因素,都要求法官谨慎发挥其能动性"。① 这使得议会人权保障职能的充分履行成为了积极权利实现的关键所在。

2.在权利救济方面的互补

对于司法权而言,其核心内容是一种判断权。"司法既不能对武装力量(sword)产生影响,也不能对钱袋(purse)产生影响。可以真切地说,司法既没有强力(force),也没有意志(will),而只是判断"。② 因此,司法机关不能主动介入纠纷解决的进程,而只能应相关主体的请求而依据法律作出判断。正因为司法权的本质是一种判断,因此要求判断者保持冷静与克制,"司法权行使的被动性是来源于司法公正这一最高的价值追求"。③ 在传统的三权之中,司法权的克制体现为司法权的边界。这种边界意味着可以被司法机关所审理并作出裁决的案件范围,即案件的可裁判性,也意味着法官解释法律或"法官造法"的空间,即司法能动性及其限度。"司法能动是在司法克制框架内的自由裁量,或者说是法官基于司法克制原则的能动性"。④

司法权的这种"自我谦抑"或"自我克制",决定了司法机关在实施人权救济时,具有其自身难以规避的不足。首先,司法救济具有滞后性,司法权从来都不是主动行使的,"对于司法权而言,要使它行动,就必须推动它","但它不能自己去追捕罪犯、调查违法行为或审查事实","如果司法权主动出面以法律的检查者自居,那就有越权的嫌疑"。⑤ 由于司法权的被动性,其对人权遭受侵犯时的救济也主要以事后救济为主,从人们将司法视为人权保障的"最后一道防线"的语义中,也隐约可见这种滞后性。其次,司法救济一般属于个别救济,司法裁决在通常情况下仅对诉讼当事人产生既定的拘束力。再次,司法救济"太昂贵"。"在西方民主国家,几乎所有的法律诉讼都花费昂贵,由此引起的问题并没有通过增加法律援助的便利而获得解决"。⑥

---

① 莫诺·卡佩莱蒂.比较法视野中的司法程序[M].徐昕,王奕,译.北京:清华大学出版社,2005:20.
② 汉密尔顿.联邦党人文集[M].程逢如,等,译.北京:商务印书馆,1980:391.
③ 陈光中.依法治国与司法公正[M].上海:上海社会科学院出版社,2000:762.
④ 吴英姿.司法的限度:在司法能动与司法克制之间[J].法学研究,2009(5).
⑤ 托克维尔.论美国的民主[M].董果良,译.北京:商务印书馆,1991:111.
⑥ 亨利·埃尔曼.比较法律文化[M].贺卫方,高鸿钧,译.北京:三联书店出版社,1990:231.

与司法救济所具有的个案救济和事后救济的特点相比,议会人权机构则具有独特的优势。第一,议会人权机构具有主动开展人权监测和人权调查等职能,尤其是在对监狱拘留所等人权极易遭受侵犯的场所实施人权教育和监督,可以在人权受到侵犯之前主动采取措施,使人权免于遭受被侵犯的危险。第二,议会人权机构具有较高的可接近性与低成本性。与司法机关和法官的庄严与权威相比,议会人权机构成员十分多元化,这使得民众在接触中更容易感觉到与人权机构成员的平等。与司法机关严格且复杂的立案程序相比较,议会人权机构受理个人申诉的程序也更为便捷。多数议会人权机构在受理个人申诉时均是免费的,当事人可以免于付出在寻求司法救济时所需要的较高经济成本。第三,与司法机关的判决与裁定相比较,议会人权机构处理个人申诉的方式更为灵活,可以针对不同的情况采取其认为最为合理的方式予以结案。第四,各国议会人权机构均在不同程度上行使着促进人权立法、开展人权监测与调查、推动人权教育与普及人权理念等职能,议会人权机构不仅能够在个案中保障人权,还能够在更普遍的层面上推动人权的保障。可见,与司法机关在保障人权时所体现出的个别性、事后性等特点相比较,议会人权机构对于人权的保障则体现出了事前性、普遍性和主动性。

3. 在行政权制衡方面的互补

当代行政机关承担着"福利国家"所赋予的广泛的职权,并深度参与到社会和公众的各类活动之中,行政机关是否正确履行职责对于人权保障产生着直接且深刻的影响。但毋庸置疑的是,行政权是传统三权中最易对人权造成侵犯的权力。对于行政权而言,"它的活动带有明显的权力性"。[①] 行政权的这种"权力性"和现代社会行政权的高度扩张相结合,使得行政权被滥用而导致侵犯人权的风险更高。因此,在现代社会行政权扩张的背景下,行政机关的能动性也不可避免需要受到较多的、也较为严苛的制衡。

荷兰学者马克·赫托夫(Marc Hertogh)指出,对于行政机关行为的控制可分为"压制型控制方式"(Repressive Control)和"反射型控制方式"(Reflexive Control)。[②] "压制型控制方式"主要是依靠司法权威并通过司法强制制裁,以监督行政机关遵守法律。在这个过程中,司法机关扮演着"教谕

---

① 胡锦光,韩大元. 当代人权保障制度[M]. 北京:中国政法大学出版社,1993:270.
② 李红勃. 人权、善政、民主:欧洲法律与社会发展中的议会监察专员[J]. 比较法研究,2014(1).

者"的角色。而"反射型控制方式"主要是通过议会监察专员等机构与行政机关开展协商和对话,以一种相对温和的方式,督促行政机关依法履行职责。如果"压制型控制方式"的实施者所担任的是"警察"的角色,那么"反射型控制方式"的实施者所担任的则是"顾问"的角色。

  从前文对于议会人权机构职能的分析中可以看出,议会人权机构不仅可以向行政机关提供人权建议,还能够积极参与到国家人权行动计划的制定过程之中。同时,议会人权机构在开展人权研究、进行人权宣传和人权教育的过程中,也不断推动着社会公众与行政机关之间的沟通与互动。即使对于那些具有受理个人申诉职能的议会人权机构,其对于行政机关的监督,也通常并不以制裁为主要目的,而是以维护和保障公民权利为最终目标,并以协商、调解等多元化的纠纷解决方式处理个人申诉。因此,议会人权机构在人权保障过程中对行政机关所实施的监督和制衡,主要是一种相对柔性的控制方式,也更容易获得行政机关的配合与信任。

附录一　各国议会人权机构[*]

	国家	议会人权机构
1	ALBANIA	Committee of Human Rights and Minorities
2	ALGERIA	Committee on Juridical and Administrative Affairs and Human Rights
3	ANDORRA	Parliamentary Committee for Social Affairs
4	ANGOLA	Committee on Human Rights and Citizens' Petitions and Suggestions
5	ARGENTINA	Standing Committee on Rights and Guarantees
6	ARMENIA	Committee on human rights and public affairs
7	AUSTRALIA	Senate Standing Committee for the Scrutiny of Bills
8	AUSTRALIA	Senate Standing Committee on Regulations and Ordinances
9	AUSTRIA	Human Rights Committee
10	AZERBAIJAN	Committee on Human Rights
11	BELARUS	Standing Committee for Human Rights, National Relations and Mass Media

---

[*] 数据来源：各国议会联盟网站数据库，http://www.ipu.org/parline-e/parlinesearch.asp，访问时间：2016年1月。各国议会联盟数据库中的数据统计有误，其数据库中新加坡国会中的议会人权机构为空，但仍然纳入了统计。而笔者根据各国议会联盟于2004年在瑞士日内瓦举办的"议会人权机构研讨会"会议材料，比利时议会的人权委员会应属于比利时议会的内部人权机构，但各国议会联盟在统计中未将其计入。图表中的数据是经过笔者修正的数据。

续表

	国家	议会人权机构
12	BELGIUM	Exterior Relations Committee
13	BELGIUM	Justice Committee
14	BELGIUM	Human Rights Committee
15	BENIN	Committee on Law, Administration and Human Rights
16	BOLIVIA	Committee on Human Rights
17	BOSNIA AND HERZEGOVINA	Committee for Constitutional and Legal Matters
18	BOSNIA AND HERZEGOVINA	Committee for Human Rights, Immigration, Refugees and Asylum
19	BRAZIL	Committee on Human Rights
20	BRAZIL	Committee on the Constitution, Justice and Citizenship
21	BRAZIL	Committee on the Constitution, Justice and Citizenship
22	BULGARIA	Committee on Human Rights and Religious Affairs
23	BURKINA FASO	Committee on General, Institutional and Human Rights Affairs
24	BURUNDI	Committee on Justice and Human Rights
25	CAMBODIA	Commission on Human Rights, Complaint Reception and Investigation
26	CAMEROON	Committee on Constitutional Laws, Human Rights and Liberties, Justice, Legislation and Ordinances and Administration

续表

	国家	议会人权机构
27	CANADA	Standing Committee on Justice, Human Rights, Public Safety and Emergency Preparedness
28	CANADA	Standing Committee on Status of Women
29	CANADA	Standing Senate Committee on Human Rights
30	CANADA	Standing Senate Committee on Legal and Constitutional Affairs
31	CANADA	Subcommittee on International Human Rights
32	CENTRAL AFRICAN REPUBLIC	Committee on Petitions, Human Rights and International Humanitarian Law
33	CHAD	Committee on Communication, Fundamental Rights and Liberties
34	CHILE	Committee on Human Rights, Nationality and Citizenship
35	COLOMBIA	Committee on Human Rights and Hearings
36	COLOMBIA	Committee on Human Rights and Hearings
37	CONGO	Committee on Laws, Administration and Human Rights
38	CONGO	Legal and Administrative Affairs Committee
39	COSTA RICA	Special Committee on Human Rights
40	COTE D'IVOIRE	Committee on General and Institutional Affairs
41	CROATIA	Committee on Human and National Minority Rights
42	CROATIA	Human Rights Sub-Committee of the Committee on Human and National Minority Rights

续表

	国家	议会人权机构
43	CROATIA	National Minority Rights Sub-Committee of the Committee on Human and National Minority Rights
44	CROATIA	Petitions and Appeals Committee
45	CROATIA	War Veterans Committee
46	CYPRUS	House Standing Committee on Human Rights
47	CZECH REPUBLIC	Committee for Petitions
48	CZECH REPUBLIC	Committee on Education, Science, Culture, Human Rights and Petitions
49	CZECH REPUBLIC	Committee on Petitions-Sub-committee on Human Rights
50	CZECH REPUBLIC	Committee on Petitions-Subcommittee on National Minorities
51	DENMARK	All Standing Committees
52	DOMINICAN REPUBLIC	Commission on Human Rights
53	DOMINICAN REPUBLIC	Commission on Justice and Human Rights
54	ECUADOR	Committee on Human Rights
55	EGYPT	Committee for Human Rights
56	EGYPT	Committee on Constitutional and Legislative Affairs-Committee on Complaints and Proposals
57	EL SALVADOR	Committee on Justice and Human Rights
58	ESTONIA	Constitutional Committee / Foreign Affairs Committee

续表

	国家	议会人权机构
59	ETHIOPIA	Standing Committee on Legal and Administrative Affairs
60	FINLAND	Constitutional Law Committee
61	FRANCE	All-party Parliamentary Group of the Human Rights League
62	FRANCE	Committee on Constitutional Laws, Legislation, Universal Suffrage, Rules and General Administration of the Senate
63	GABON	Committee on Laws, Administrative Affairs and Human Rights
64	GEORGIA	Committee on Human Rights and Civil Integration
65	GERMANY	Committee on Human Rights and Humanitarian Aid
66	GHANA	Committee on Constitutional, Legal and Parliamentary Affairs
67	GHANA	Committee on Gender and Children
68	GREECE	Special Permanent Committee on Equality, Youth and Human Rights
69	GUATEMALA	Human Rights Committee of the Congress of the Republic
70	HONDURAS	Committee on Human Rights
71	HUNGARY	Committee on Human Rights, Minorities, Civil and Religious Affairs
72	ICELAND	Foreign Affairs Committee
73	ICELAND	General Affairs Committee
74	ICELAND	Icelandic Delegation to the Inter-Parliamentary Union (IPU)

续表

	国家	议会人权机构
75	ICELAND	Icelandic Delegation to the NATO Parliamentary Assembly
76	ICELAND	Icelandic Delegation to the Nordic Council
77	ICELAND	Icelandic Delegation to the OSCE Parliamentary Assembly
78	ICELAND	Icelandic Delegation to the Parliamentary Assembly of the Council of Europe (PACE)
79	ICELAND	Social Affairs and Social Security Committee
80	INDIA	SANSAD-PARLIAMENT
81	INDONESIA	Sub-Committee of Laws and Human Rights
82	IRAN (ISLAMIC REPUBLIC OF)	Committee on Article 90 of the Islamic Consultative Assembly
83	IRELAND	Foreign Affairs Sub-Committee on Human Rights
84	ISRAEL	THE KNESSET
85	JAPAN	Committee on Judicial Affairs
86	JAPAN	Committee on Judicial Affairs
87	KUWAIT	Committee on Human Rights
88	LATVIA	Committee Human Rights and Public Affairs
89	LEBANON	Committee on Human Rights
90	LITHUANIA	Commission on Youth and Sport Affairs
91	LITHUANIA	Committee on Human Rights

续表

	国家	议会人权机构
92	LITHUANIA	Petition Commission
93	LUXEMBOURG	Legal Committee
94	LUXEMBOURG	Petitions Committee
95	MEXICO	Committee on Human Rights
96	MEXICO	Committee on Human Rights
97	MONGOLIA	Subcommittee on Human Rights of the Standing Committee on Justice
98	MONTENEGRO	Committee on Human Rights and Freedoms
99	MOROCCO	Justice, Legislation and Human Rights Committee
100	NEPAL	Social Justice Committee
101	NETHERLANDS	Standing Committee on Justice
102	NEW ZEALAND	Foreign Affairs, Defence and Trade Committee
103	NEW ZEALAND	Justice and Electoral Committee
104	NICARAGUA	Committee on Peace, Defence, Internal Affairs and Human Rights
105	NIGERIA	Committee on Human Rights
106	NIGERIA	Committee on Human Rights
107	NORWAY	Standing Committee on Foreign Affairs-Standing Committee on Justice
108	PAKISTAN	Senate Functional Committee on Human Rights

续表

	国家	议会人权机构
109	PAKISTAN	Standing Committee on Law, Justice and Human Rights and Parliamentary Affairs
110	PANAMA	Committee on Human Rights
111	PARAGUAY	Commission on Human Rights
112	PARAGUAY	Committee on Human Rights
113	PARAGUAY	Committee on Indigenous People
114	PERU	Committee on Justice and Human Rights
115	PHILIPPINES	Committee on Civil, Political and Human Rights
116	PHILIPPINES	Committee on Justice and Human Rights
117	POLAND	Foreign Affairs Committee
118	POLAND	Human Rights, the Rule of Law and Petitions Committee
119	POLAND	Justice and Human Rights Committee
120	POLAND	National and Ethnic Minorities Committee
121	PORTUGAL	Committee for Constitutional Affairs, Rights, Freedoms, and Guarantees
122	REPUBLIC OF KOREA	House Steering Committee
123	REPUBLIC OF MOLDOVA	Parliamentary Committee on Human Rights
124	ROMANIA	Committee for Human Rights, Cults and National Minorities issues
125	ROMANIA	Committee on Human Rights, Cults and Minorities

续表

	国家	议会人权机构
126	RUSSIAN FEDERATION	Committee for the Commonwealth of Independent States and Russian Nationals Abroad
127	RUSSIAN FEDERATION	Constitutional Law and State Structure Committee (until January 2004, the Committee was called "The State Structure Committee")
128	RUSSIAN FEDERATION	International Affairs Committee
129	RWANDA	Committee on Unity, Human Rights and the Fight against Genocide
130	SAO TOME AND PRINCIPE	Committee on Human Rights, Citizenship and Gender Issues
131	SENEGAL	Committee on Laws, Decentralisation, Labour and Human Rights
132	SLOVAKIA	Committee on Human Rights and Minorities
134	SLOVENIA	Commission for Petitions, Human Rights and Equal Opportunities
135	SLOVENIA	Commission for Relations with Slovenes in Neighbouring and Other Countries
136	SLOVENIA	Commission for the Supervision of Intelligence and Security Services
138	SOUTH AFRICA	Joint Monitoring Committee on Improvement of Quality of Life and Status of Children, Youth and Disabled Persons
139	SOUTH AFRICA	Joint Monitoring Committee on Improvement of Quality of Life and Status of Women
140	SPAIN	Joint Committee on relations with the Ombudsman
141	SRI LANKA	Committee on Public Petitions

续表

	国家	议会人权机构
142	SUDAN	Human Rights Committee
143	SURINAME	Commission on Human Rights of the National Assembly
144	SWEDEN	Committee on Foreign Affairs
145	SWITZERLAND	Parliamentary Group for Human Rights
146	TAJIKISTAN	Committee on Constitutional Legality, Legislation and Human Rights
147	THAILAND	Committee on Human Rights, Rights and Liberties and Consumer Protection
148	THAILAND	Committee on Legal Affairs, Justice and Human Rights
149	THE FORMER YUGOSLAV REPUBLIC OF MACEDONIA	Standing Committee of Inquiry for the Protection of Citizens' Rights and Freedoms
150	TOGO	Human Rights Committee
151	TUNISIA	Political Affairs and External Relations Committee
152	TURKEY	Human Rights Inquiry Committee
153	UKRAINE	Committee on Human Rights, National Minorities and Inter-Ethnic Relations
154	UKRAINE	Ukrainian Parliament Commissioner for Human Rights
155	UNITED KINGDOM	All-Party Parliamentary Human Rights Group
156	UNITED KINGDOM	Joint Committee on Human Rights

续表

	国家	议会人权机构
157	UNITED STATES OF AMERICA	Congressional Human Rights Caucus
158	UNITED STATES OF AMERICA	Sub-Committee on International Terrorism, Non-proliferation and Human Rights of the Committee on International Relations
159	UNITED STATES OF AMERICA	Sub-Committee on the Constitution, Civil Rights and Property Rights of the Committee on the Judiciary
160	URUGUAY	Human Rights Committee
161	UZBEKISTAN	Democratic Institutions, Non-Governmental Organizations and Citizens Self-Governance Bodies
162	VENEZUELA	Committee on Internal Affairs, Justice, Human Rights and Constitutional Guarantees
163	YEMEN	Human Rights Committee
164	ZAMBIA	Committee on Legal Affairs, Governance, Human Rights and Gender Matters

第五章　政府规制网络言论的理论与实践

一、政府规制网络言论的法理依据

(一)网络言论的构成

随着社会的发展,言论自由的表现形式发生了极大变化,在广场当众演说、在出版物上发表文章、出版小册子等形式之外,增加了通过可动态展示的图像以及借助网络、电子文本而非传统媒体等方式。通过网络发表言论,是公民的一项权利,也是一项基本的人权,受到宪法和法律的保护。但是,什么样的言论构成一项网络言论,仍需要进行探讨。

"言论自由"的内涵存在不同的界定,但学术界常常将言论自由与表达自由作为同一种权利对待,有学者强调言论自由限于"表示意见"的自由;[①]有学者认为言论的内容不限于意见,在归纳不同国家宪法规定的基础上,将言论自由的含义归纳为"思想自由""沉默自由"及"表现自由",[②]还有学者认为,言论自由是公民有权通过口头、书面或音像设备自由表达自己意思和意见。[③] 在这两种观点的主要分歧在于表达的内容范围不同。还有一种观点认为,"表达自由是公民的基本自由之一。它是指公民在法律规定或认可的情况下,使用各种媒体或方式表明、显示或公开传递思想、意见、观点、主张、情感、信息、知识等内容而不受他人干涉、约束或惩罚的自主状态"。[④] 此观点可谓是最广义的"言论自由"概念,一方面,表达的方式几乎不受限制;另一方面,表达的内容不受限制,包括"思想、意见、观点、主张、情愿、信息、知识等内容"。从上述观点中可以得出下列结论:在不违反法律的前提下,通过口头、书面、声音、影像

[①] "所谓意见自由,只是表示意见的自由",参见:林纪东.比较宪法[M].台北:五南图书出版公司,1980:259.
[②] 邹瑜,顾明.法学大词典[M].北京:中国政法大学出版社,1991:793.
[③] 许崇德.法学大词典宪法学:外国部分[M].北京:高等教育出版社,1996:275.
[④] 甄树清.论表达自由[M].北京:社会科学文献出版社,2000:19.

等媒体等传送客体表达思想、意见、观点、主张、情愿、信息和知识等均属于言论自由。这是目前使用的最广义的言论自由概念。

广义的言论自由虽然具有"表明了表达自由的法律地位""说明了表达一词的含义""指明了表达的对象和目的""弄清了表达的媒介和方式""搞清了表达自由与法律的关系""采用'自由'以外的词汇,解释了自由的含义,避免了同义反复"以及"强调了自由共有的自主性特征"等优点,但该界定仍然具有存在解释困境:向谁表达?此界定采用了"表明、显示或公开传递"三个动词,三个动词间是并列关系,如果"表明""思想、意见、观点、主张、情愿、信息、知识等内容"的行为、"显示""思想、意见、观点、主张、情愿、信息、知识等内容"以及"公开传递""思想、意见、观点、主张、情愿、信息、知识等内容"的内容均属于表达自由的行为,则一个人如果在相对封闭场合内,向特定的人表明自己对他/她的爱慕之情,根据广义的言论自由概念,此情形完全属于言论自由的范围,但很明显,这种情况不能属于受宪法保障的言论自由。因此,要从法律上界定言论自由,需要对言论的表达方式和内容作出限定。

我国宪法学者将言论自由归入政治权利的范围,而政治权利的行使往往与参与国家事务、社会事务相关联,①因此,"言论自由"中的言论是具有公共性的言论,而非任何一种言论,这种公共性往往体现为所涉事项具有公共性(政治事项或社会事项),另一方面则需要具有相对公开的(即不特定的)受众。作为网络言论,既然属于言论自由的范畴,因此仍然需要满足具有受众和言论的公共性两个要素。

首先,任何一种观点、事件等信息,如果多数网络使用者能够通过网络即可获知,则该信息的提供者在提供该信息时即面对着公开的受众,则其表达之内容属于网络言论的范畴;如果网络信息的传递者,是针对特定的接受者,并未面向不特定的公众发表自己的言论,如甲向乙发邮件、即时信息等,此种言论虽然利用网络传播工具,但不属于网络言论的范畴。

其次,传播的内容方面,如果面对不特定对象的公开信息,即可认为具有公共性。因为一项信息如果在传播时即面对不特定的人,信息的传播则超出其所能控制的范围,即使传播者的本意并不在于对社会产生影响,但却在客观

---

① 如有学者认为政治权利是公民依照宪法的规定参加国家政治生活,以及在政治上有自由地表达个人见解和意愿的权利,现代国家公民就是通过将这些权利付诸实施来参加国家管理,监督国家机器的运行,从而保障自己作为个体的权利与自由,许崇德.中国宪法[M].北京:中国人民大学出版社,1996:411-416.

上发生了不以其意志为转移的社会影响,引起人们的讨论、争鸣或者传播。正如在不同的、现实的物理空间内所为的同一行为具有不同影响一样,在现实的物理空间和网络空间上传递的同一信息也会在不同的时间、对不同的人产生不同的影响。网络上传递的信息,就像把该信息的内容置于受众的注视之下一样,会对受众的情感甚至行为产生影响,而且信息在传播过程中,会被受众增加不相关(即所谓的"添油加醋")或者与原意相悖的(有意或无意的曲解)内容。因此,本章认为,通过网络传递的、多数不特定的人可以获得的信息,才能构成一项网络言论。

(二)网络言论的特点

作为一种新兴媒体,网络已经成为人们获得信息的主要渠道,成为人们表达、交流、传播思想的主要领地。据中国互联网信息中心(CNNIC)发布的第38次《中国互联网络发展状况统计报告》显示,截至2016年6月,我国网民规模达7.10亿,上半年新增网民2132万人。互联网普及率为51.7%,与2015年底相比提高了1.3个百分点,超过全球平均水平3.1个百分点,超过亚洲平均水平8.1个百分点。[①] 如此庞大的网络人群、庞大的信息源信息流,浩浩荡荡,势不可挡,它正在改变着人们的生活,同时也对传统的社会思想、习惯、风俗,带来极大的冲击。为了充分保护公民的网络言论自由权利,同时,也必须限制非法的网络言论,制止和打击利用网络损害国家利益和公共利益,侵犯公民权利的网络言论。为了更好地保护我国公民通过网络行使言论自由,就需要了解网络言论与传统的广播、报纸、出版物等媒体发表的言论以及直接通过广场演说的方式发表的言论进行比较,观察网络言论的特点和传播方式。以借助传统媒体进行的言论为参照,可以归纳出网络言论具有开放性、便捷性和虚拟性的特点。

1.网络言论的开放性

与传统言论相比,网络言论具有表达主体的开放性、谈论主题的开放性、表达时间的开放性以及表达空间的开放性等特征。

(1)网络言论主体的开放性

借助传统媒体发表言论者,需要具有一定的物质、社会条件及较大多数民众更高的文化水平,其作品在某一特定的方面具有价值,或者有助于引发人们

---

① CNNIC发布第38次《中国互联网络发展状况统计报告》[EB/OL]. http://cnnic.cn/gywm/xwzx/rdxw/2016/201608/t20160803_54389.htm,2016-08-27.

对社会事务的关注,或者有助于研究的深入,或者能够为出版者带来物质利益和其他利益。这需要表达者本身在某方面经过专业训练,或者需要具备一定的经济基础,因此利用传统媒体进行表达者的范围相对有限。

在网络条件下,借助网络进行表达的主体范围获得了极大的拓展。能读能写者通过简单学习即可利用网络将其需要表达的内容向世界公布,尤其在各网站都提供用户发言功能的背景下,每一个人都可以将不计其数的人作为自己潜在的听众作发言,体现了主体的开放性。当今我国网络的现实状况也展现了网络言论参与者越来越广泛的特点。一些网站,如天涯,里面有诸多文字,内容为诉说自己受到的不公正对待,从发言者的表述方式、所用词汇及标点符号等的使用情况看,很大比例的发言者属于文化层次较低、没有受过高等教育之人。网络言论实现了主体的开放性,使各行各业的人都可以圆自己的作家梦,而且不再是在封闭空间内孤芳自赏,取而代之的是可以向无数潜在读者展示自己的才华,同时也使人们久已形成的可以称为某种作品的判断标准发生了变化,呈现出开放性特征,换言之,原本不属于某一作品的,也可以用某一作品名之,如我国极为重要的作品形式——诗,需要强调押韵、雅致,但随着网络世界各种"诗"的出现,形成了"只需要敲了键盘就形成诗"的局面,这表明诗这一种作品的判断标准也出现了开放的特征。

(2) 谈论主题的开放性

报纸、期刊、书籍等传统出版物中涉及的主题往往存在诸多限制,这些限制可能源于出版物自己的宗旨,可能源于社会共同遵守的禁忌,也可能源于一国政府为避免某些导致社会分裂的话题而发布的禁令或审查。反观网络言论,由于借助网络发言者人数众多,导致发言所涉及的主题范围极广,即使是一些在正式出版物中不能出现的话题,在网络上也屡见不鲜;在一个主题相对确定的帖子下,也会由于参与讨论者人数众多,谈论时会偏离原贴本身确定的主题,而成为一个发散的、各种话题的集散地,而且随着帖子本身篇幅的增加,参与讨论者偏离原主题的情况越明显,涉及与原主题无关联的内容也越多。如《水泊梁山那些激情燃烧的岁月:妖言水浒之大宋盛世》,[1]作为天涯社区上点击数量破千万、超千页的发帖与回帖的作品,原帖作者之本意是将其对中国

---

[1] 《水泊梁山那些基情燃烧的岁月:妖言水浒之大宋盛世》是一网名为"暗黑山老妖"的网民创作的小说,点击量已超过一千四百七十万次(参见:水泊梁山那些基情燃烧的岁月[EB/OL]. http://bbs.tianya.cn/post-free-2182043-1.shtml. 2015-10-01).

四大名著之一的水浒的解读展示于公众之间,但里面却出现了数以万计对当下中国社会问题发表各种意见的回帖,涉及公路收费问题、教育问题、税收问题等,而这与原帖的主题并无多少关联甚至无任何关联。

(3)地域的开放性

"网上无国界"。互联网具有超越时空和地域的限制。互联网提供信息源来自五大洲四大洋,不管对方在地球的任何一个地方,只要有它的 IP 地址或域名,都可以用"超链接"进行访问,摄取自己需要的信息,不再受地域空间的限制。

(4)时间的开放性

网络条件下,信息接受者可以在自己选定的时间方便、快捷、主动地获得信息。在报纸、电视、电台等传统的信息渠道下,信息的收受者只能被动地接收固定的信息,在接收信息方面受诸多限制:获得报纸、书籍等平面媒体,信息的来源相对有限;借助电视、电视台获取相应的信息,则需要在该信息被提供的时候收看、收听相应的节目,而不具有决定何时看、看什么的权利。对于借助网络传播的言论,接受者则具有较大的主动性。一方面,可以决定获取什么信息,他/她可以在车载斗量的信息中选择自己想获得的信息,而不必完全被动地接受媒体的安排,另一方面,信息接受者在时间方面具有选择权,而不必受网络的限制。以《2014 移动互联网数据报告》提供的调查数据为例,移动互联网用户行为在时间上的特点是:用户在全天各时段的活跃表现,在中午和晚上各出现一个峰值,且使用时间碎片化明显,除凌晨外,每个时段均有用户活跃。[①] 网络使用者的时间选择充分表明网络言论在时间方面的开放性,使接收者可以根据自己的情况作出选择而不再仅仅是被动地接受其他机构的安排。

2.网络言论的便捷性

网络言论的便捷性,表现在以下几个方面:表达者可以便捷地传播自己想要表达的内容,表达者和接收者可以进行实时沟通,网络言论便于传递更多的信息。

(1)表达者可以非常方便地传播自己想要表达的内容

在报纸、期刊、书籍等传统媒体一统天下的时代,一个人要将其观点和思

---

① TalkingData 移动数据研究中心.2014 移动互联网数据报告[EB/OL]. http://www.sfw.cn/xinwen/462478.html,2015-02-10.

想向外界表达,面临诸多困难:报纸、期刊的出版都有相对固定的周期,难以紧跟时事的步伐;表达者如果想要借助书籍发表其观点和思想,需要经过较长的准备期,交给出版者后需要排版、印刷等程序。这些环节都限制了发表言论的速度。在网络环境下,网络为网民开拓了极大的自由空间,凡是拥有网络的人,都可以通过网络在网上进行信息的交流和思想的自由沟通,可以在网上撷取自己感兴趣的各种信息,在网络上自由表达自己的观点;任何一个公民不仅可以在网络上办理自己的私人事务,比如网络购物、网络聊天、网络征婚,还可以在网上对公共事务、国家大事、国际时事新闻发表看法,进行点评。不出家门口,便知天下事。网络媒体方便及时,特别是流媒体技术的出现,网民可以一边下载一边收听、收看,使实时传播成为可能,可以给用户节省大量的时间。可以借助QQ、电子邮件、BBS、博客等形式,与对方直接谈话,发表看法,互相交流心得体会,特别是实现了反馈的快速即时。尤其移动互联网的出现,使网络言论者更加方便地发表自己的观点和看法。与需要借助桌面电脑和有线网络上网的时代相比,现在越来越多的人在使用移动互联网络。据《2014移动互联网数据报告》的数据显示,2014年中国移动智能终端用户规模已达10亿(移动智能终端用户为移动端累计活跃设备总数),[①]这些移动智能终端用户如果有意于针对某一社会现象发表自己的看法,则他/她们即可极为方便地实现其想法。

(2)表达者与接收者可以便捷地进行沟通

表达者可以迅速地将其所表达的内容传递给不特定的人。表达者输入信息,点击"确认"按钮,可以第一时间发布到互联网上,在网络畅通的前提下,世界各国的人均可以立即获得该信息,实现了表达者与"聆听者"的同步,消除了以报纸、期刊、书籍等平面出版物或非出版物(如各种手抄本)为媒介发表言论时,表达者与"聆听者"间的时间差,即使表达者与接收者均极为热切地希望与对方进行沟通,就特定事项交换意见,但仍然需要考虑客观因素的影响,难以做到方便、快捷地进行。在此前提下,网络言论可以实现言论表达者与接受者之间的沟通,表达者在网络上发表自己的言论后,可以通过相应的设置,允许

---

① TalkingData移动数据研究中心.2014移动互联网数据报告[EB/OL]. http://www.sfw.cn/xinwen/462478.html,2015-02-10.由于统计方式存在差异,本报告显示的网民总数较中国互联网信息中心(CNNIC)发布的第35次《中国互联网络发展状况统计报告》显示的总数高,但由于《中国互联网络发展状况统计报告》并未明确显示使用手机上网的网民之数量,因此,此处采用《2014移动互联网数据报告》的数据。

表达的接受者对表达的内容发表意见或评论,实现双方的互动,大大地拉近了人与人之间的距离。

(3)网络言论可以方便地传递更多信息

长期以来,表达者能表达的信息限于文字、图画等形式,这也部分地影响到了传统表达自由理论中何为表达的问题。在传统表达自由理论中,存在表达与行为的二元划分。但随着社会的发展,出现了一些借以表达自己内心某种看法的行动,如美国出现的焚烧国旗行动①、撕毁征兵卡行动②等,我国国内也出现了多种表达某种思想的行为艺术。③ 这些行为无疑是具有外在表现、对外界产生影响的行为,但另一方面又是对重大公共事务看法的一种表达,且

---

① 1984年,共和党在达拉斯举行全国大会。詹森等大约100名反对里根当局的示威者,在大街上游行并高呼政治口号。当示威者来到市政厅门前,詹森接过一面美国国旗,使之浸上煤油并开始焚烧,在示威者散去后,一位旁观者收集了国旗的残体,并把它埋葬在自家后院。几名目击者在审判中证实,他们受到严重冒犯,但没有人受到任何人身伤害或威胁。此后,詹森因焚烧国旗而违反了德克萨斯州的有关法律,并被州法院判刑1年监禁和2000美元罚款。德州的刑事上诉法院推翻了定罪,并认为惩罚损坏国旗的州法违反了第1修正案。在布仁南法官(J. Brennan)的以下意见中,联邦最高法院以5∶4表决维持了这一判决。参见 Texas v. Johnson[Z]. 491U. S. 397(1989).

② 1948年,美国依普遍军事训练和服役法(*Universal Military Training and Service Act*)进行了和平时期的征兵。依军事训练和服役法之规定,任何年满18周岁的男性美国公民均应当到当地的征兵委员会登记。1965年,国会通过法律,禁止任何故意破坏征兵卡或登记证书的行为。所谓的登记卡和登记证书均为一白色小卡片,上面载有登记人的身份信息、登记日期和地点、兵役号码等。法律要求登记人应当随时携带该登记卡或登记证书并不得擅自修改上述内容,违反者可能接受伪造或欺诈的刑事指控。针对当时社会上广泛存在的公开烧毁征兵卡以抗议越南战争的现象,国会于1965年对该法进行了修改,将故意破坏征兵卡的行为规定为独立的犯罪。1966年3月31日,大卫·保尔·奥布莱恩以及他的三名同伴在南波士顿的法院台阶处,当着众人的面将征兵卡销毁,而人群中包括几名联邦调查局的探员。奥布莱恩等四人被提起刑事指控。该案最终上诉至联邦最高法院,最高法院认为该行为属于言论的范围,但该行为却不受第一修正案之保护,判决奥布莱恩有罪,参见:United States v. O'Brien[Z]. 391 U. S. 367(1968).

③ 如2009年9月,行为艺术家王军爬上高高的铁柱,用草绳将自己牢牢地绑在铁柱上,整整2个小时,任天气怎样炎热,任装了8吨水的洒水车怎样喷洒,他都一动不动。艺术家说:"这个作品很有个性,仅仅是因为我小时候很喜欢稻草人,表现的是一个从无到有的过程。"参见:http://gx.people.com.cn/n/2014/0814/c229142-21980187-2.html,2015-10-01.

这些行为可以借助网络实现更广泛的传播,则对此类做法该如何看待也成为新时代背景下需要解决的现实问题。对此现象,美国的学术界及实务界逐渐采用了"象征性表达"的概念,将兼具"言论"与"行为"双重性质的活动作为一类特殊的表达对待。在传统媒体条件下,受传播方式的限制,象征性表达的传播范围较为有限,而在网络时代,所谓象征性表达则可以较为方便地在不同区域进行传播。

3.网络言论的虚拟性

所谓虚拟性是指以网络为基础的虚拟的电子空间世界的存在状态和外在表现,它是一种没有固定形态的无形的场。它以知识、图像、声音、信息等电子文本作为自己的存在形式。网络的虚拟性,通过网络信息传播技术把真实世界和虚拟世界的界限变得模糊,它把实体的现实和创造的现实连接起来,这就从根本上改变了人的认识方式。同时,网络的虚拟性,也仍然是现实的人活动的一个组成部分,它并没有完全与人世间的人类活动相隔绝。相反,它是人类个体的脑力劳动创造出来的,它直接或者间接反映了现时人类社会政治经济生活,反映了现实人类社会中处于不同的社会制度和经济基础下的人们,以其隶属于某个社会阶层、阶级特有的政治社会观和特有的人生观来表现自己,以期达到自己的某种目的、表现自己的心声,或者完成某项任务。这种表达方式,具有成本低廉的特性,不需要固定的场地,不需要开办实体的工厂,也不需要购买固体设备,便可以利用网络技术资源来完成自己想要完成的任务。网络的虚拟性构成了一个巨大的想象空间,正像尼葛洛·庞蒂在《数字化生存》一书中所说:"在虚拟现实中你可以张开双臂,拥抱银河,在人类的血液中游泳,或者造访仙境中的爱丽丝。"① 网络言论这种虚拟性,使得网络言论的发表者可以隐姓埋名,通过电子文本加上匿名或虚拟身份表达自己,隐藏遮蔽自己的真实身份,以避免自己发表的言论而造成的实际后果。

(三)规制网络言论的理由

1.《网络空间独立宣言》之辩

曾经有极为激进的观点认为,网络天然是自由的,不受政府的任何干预。美国的约翰·佩里·巴罗于1996年2月8日发表的《网络空间独立宣言》(A

---

① 尼葛洛·庞帝.数字化生存[M].胡泳,范海燕,译.海口:海南出版社,1997:143.

Declaration of the Independence of Cyberspace)①不仅提出了网络空间独立口号,而且在该篇幅有限的宣言中提出了一些理由支持该口号。该宣言成为为网络空间独立(于政府)进行辩护的战斗檄文。在《网络空间独立宣言》中,巴罗通过以下方面试图证明网络空间独立于政府的管制:政府与网络出处不同(工业世界的政府源于肉体与钢材,而网络世界则源于人的精神世界,政府代表过去,而网络世界则代表着将来);政府未获得对网络进行管制的正当性(政府从被统治者处获得其正当权力,但未能获得网络世界的授权,网络世界未邀请政府,政府也不懂网络世界);政府不懂网络的伦理(政府不懂网络世界的文化、伦理,也不懂网络世界的代码,而借助这些代码,网络世界建立了比政府介入所能构建的更加良好的秩序),政府未参与网络世界财富的创造,网络世界的问题网络世界自行解决("政府宣称网络世界问题林立需要由它解决,政府正是利用此借口入侵网络世界的领地。而政府所宣称的许多问题并不存在。即使真正存在冲突、存在错误,网络世界本身也能识别这些争论和错误,并利用自己的方式处理之。网络世界达成了自己的'社会契约'",网络世界的治理应当依照网络世界的状况而非政府的状况进行),网络世界甚至具有优于政府管制之世界之处(网络世界无所不在无时不存但却无肉体之存在;网络世界无关种族、经济权力、武装暴力或出身状况;任何人均可以自由表达其信念而无惧受到任何强制),政府进行统治的规则在网络世界无实施的基础("政府统治之世界的法律概念,诸如财产、表达、身份、迁徙及其实施的背景,对网络世界均不适用。各种概念均依赖于物质,而在网络世界中无物质的存在")。得益于巴罗所具备的诗人与音乐人的双重功力以及参与政治事务的热情,《网络空间独立宣言》集诗歌的流畅、摇滚的铿锵有力以及战斗檄文的号召力于一身,为争取网络世界的独立与自由提供了有益的指引。但该宣言论证网络世界独立于现实社会且不接受政府规制的理由和论据并不成立。

第一,网络并非完全来源于人的精神世界,即宣言中用"MIND"所指代的世界。相反,网络世界仍然是人类创造之物,网络与人类的其他发明——交通

---

① John Perry Barlow. A Declaration of the Independence of Cyberspace[EB/OL]. https://projects.eff.org/~barlow/Declaration-Final.html,2014-09-12. 约翰·佩里·巴罗,诗人和评论家,退休的牧场主,自1998年起担任哈佛大学伯克曼互联网与社会研究中心研究员,还曾经被《时代》杂志评为摇滚音乐人中"最聪明的十位音乐人"之一。《网络空间独立宣言》是约翰·佩里·巴罗在1996年针对美国《沟通行为准则法》(*Communications Decency Act*)的制定所作的回应。

工具、武器等均是人类的工具，在此性质上二者并不存在区别，法律当然可以授权政府对影响国家利益、公共利益和他人权益的网络行为予以干预。

第二，网络上的各种言论，并非无生命的网络本身发表的言论，而是由人借助网络所为之言论，而人的行为需要遵循一定的法律规则。因此，接受法律的约束属于网络空间的必然要求。

第三，网络言论产生的影响并不仅仅局限于网络世界本身，网络言论可以对现实世界产生重大影响。随着网络的发展，人们正越来越方便地使用网络将自己的言论和思想公之于众、通过网络从事商业与贸易活动；这些网络行为，其带来的影响将不再限于网络世界，而是现实世界的重要体现，网络言论会对人们的行为（自然人以及法律拟制的人）进行评价而产生重要的社会影响，如网络广告及网络诽谤行为，前者力图提升社会评价，而后者则试图减损他人的社会评价。

第四，《网络空间独立宣言》将政府未参与网络财富之直接创造作为政府不能对网络世界进行约束的理由之一。如果该论证能够成立，则可以推导出如下结论：如果政府能够正当地对共同体进行调整，需要政府参与该共同体财富之直接创造作为前提条件；据此可以合理推断出《网络空间独立宣言》认为政府对某种现象进行规制需要以参与财富之创造为前提，而且这种参与应当是以实际行动参与其中，而并非仅仅是为社会主体创造财富的行为提供便利。此论据与事实不符，因为政府对久已存在的商业行为进行规制，但并未作为商业主体参与创造财富。

第五，《网络空间独立宣言》认为，政府宣称网络上存在的问题要么是不存在，要么是虽然存在，但网络世界可以依网络世界自身的规则加以解决。经验证明，网络上确实存在大量对社会和民众有害的言论，进而引发大量的民事纠纷，而网络世界自身的规则也未能对之进行有效的解决，仍然需要由国家机关或其他公共管理机构依照法规予以解决。

第六，《网络空间独立宣言》认为，"政府统治之世界的法律概念，诸如财产、表达、身份、迁徙及其实施的背景，对网络世界均不适用。各种概念均依赖于物质，而在网络世界中无物质的存在"。此种观点同样与实际情况不符，网络世界是人类创造之物，而人类在设计网络时难以完全摆脱现实生活的影响，设计者不论是在亦步亦趋地模仿现实生活，还是试图构建与现实世界完全相反的世界，都以现实生活作为参照。随着网络的发展，越来越多的真实世界之法律概念被网络所接受，并进而成为网络世界的基础概念。如网络世界有了财产的概念，尽管形式多样，但它成为不同网络使用者的行为自由度。尽管这些财产并不能在真实世界中使用,但它与网络使用者的行为存在紧密联系。

第七,《网络空间独立宣言》认为,"网络世界无所不在无时不存但却无肉体之存在;网络世界无关种族、经济权力、武装暴力或出身状况;任何人均可以自由表达其信念而无惧受到任何强制。"此说也与现实不符。网络世界确实无肉体存在,但如果认为网络世界无关种族、经济权力、武装暴力或出身状况则言过其实。网络是中性的,但网络使用者之间则存在各种各样的差异,而这种差异也会反映到网络使用行为上,导致借助网络所为的行为具有差异,出现了诸如种族、经济权力、语言暴力等方面的差异。

与约翰·佩里·巴罗完全排斥政府对网络空间进行管制的观点相反,法律授权政府对网络言论进行规制具有正当性。主要有三个方面的理由:为了保证网络言论能够充分、有序和合法进行,从而产生信息自由市场;为了保障公共利益;在权利与权利、权利与权力之间发生冲突时,提供解决冲突的制度资源。

2."信息自由市场"之保障与限制

思想界有一种观点,认为政府视为言论自由的潜在威胁,并通过宪法规定排除国家对出版的事前审查以削弱政府对言论自由的限制。"出版自由的影响不仅及于政治观点,而且及于老百姓的一切见解。它不仅能使国家改变法律,而且能使社会改变风气"。[①] 为了保证表达自由,思想家提出了"信息自由市场"理论。该理论将追求、发现真理作为言论自由的社会目标之一,为了能够发现真理,就不能压制意见的表达,而应当使不同的意见能够自由交锋,在自由争论中使真理得以传播。这是因为没有人能够预知何种意见是正确的。"如果一个意见是除对所有者本人而外便别无价值的个人所有物,如果在对它的享用上有所阻碍仅仅是一种对私人的损害,若问这损害所及是少数还是多数,就还有些区别。但是迫使一个意见不能发表的特殊罪恶乃是在它是对整个人类的掠夺,对后代和对现在的一代都是一样,对不同意于那个意见的人比对抱持那个意见的人甚至更甚。假如那意见是错的,那么他们是失掉一个差不多同样大的利益,那就是从真理和错误冲突中产生出来的对于真理的更加清楚的认识和更加生动的印象"。[②] 政府部门不具备足够的知识可以独掌判断何为正确何为错误的强制权力,"真理只能是从真实的、虚伪的,荒谬的或理

[①] 托克维尔.论美国的民主[M].董果良,译.北京:商务印书馆,1991:203.

[②] 约翰·密尔.论自由[M].程崇华,译.北京:商务印书馆,1959:17.

智的各种思想的斗争中产生出来。在这种思想的混合中,一般理智的人的辨别善恶的能力会选择其中的一些东西,或者抛弃另一些东西,"意见的性质是好的,还是坏的,只能依照它们同理智和正义的各项原则,甚至往往同许多特殊情况所发生的或者比较复杂或者比较不复杂的关系,才能加以断定"。甚至罗伯斯庇尔从法国的历史中指出了同一思想和观点在不同时代会有不同的命运,"同是一个作者,由于时间和地点的不同,忽而得到赞扬,忽而遭受迫害;有时人们为他塑像,有时则把他送上断头台……我们所批准的原则被我们所推翻的法庭指责为罪恶的规则的那个时代难道离开我们很远了吗……尤其需要指出的是,借口取缔滥用出版权利而为作品规定的任何刑罚,都会完全不利于真理和美德,而有利于恶习、谬误和专制政治"。① 思想、观点还是那种思想观点,而之所以有不同的命运,只取决于它们是否符合当时统治者的利益,这不利于真理的存续。而如果误杀了真理,则其可能带来的负面影响远超剥夺人的生命,"杀人只是杀死了一个理性的动物,破坏了一个上帝的圣象。许多人的生命可能只是土地的一个负担,但一本好书则等于把杰出人物的宝贵心血熏制起来,目的是为着未来的生命"。②弥尔顿还对三种为出版检查制度进行辩护的理由作出了深刻的反驳,一种观点认为如果任由人可以阅读各种观点(尤其是包括各种谬误的观点)则"可能使毒素流传",③弥尔顿认为如果此辩护理由成立,则任何出版物均不应存在,因为即使圣经中也存在"非常粗野的渎神事件以及恶人们非常不雅的肉欲",且单就事关宗教的问题上论,"宗教问题论战的书籍显然对于有学识的人比对于无知无识的人的危险更大,更值得疑虑",因为"很难举出例子说明任何一个无知识的人被英文的天主教书籍引诱坏了";第二种辩护理由则是"我们没有必要不应当让自己受到引诱"且"我们也不应当把时间浪费在没有用的东西上",弥尔顿认为"对于所有成熟的人来说,这些书籍并不是引诱或无用之物,而是有用的药剂和炼制特效药的材料,而这些又都是人生不可缺少的";且从实效的角度看,弥尔顿认为"这种法令绝达不到自身的目的",其原因之一在于检查员的特点。弥尔顿的言论自由观是资产阶级革命时期的产物,而且是以书报出版物为限制对象,并不适合现代言论自由的限制。

---

① 罗伯斯庇尔.论出版自由[M]//罗伯斯庇尔.革命法制与审判.赵涵舆,译.北京:商务印书馆,1986:54-55.
② 弥尔顿.论出版自由[M].吴之椿,译.北京:商务印书馆,1989:5.
③ 弥尔顿.论出版自由[M].吴之椿,译.北京:商务印书馆,1989:17.

卡尔·马克思同样反对通过书报检查制度的方式进行出版控制,他在《评普鲁士最近的书报检查令》(成文于1842年)一文中同样以追求真理作为社会目标之一,从多个角度论证了政府对出版控制的非正义。该文认为,书报检查令具有"哪里还存在新闻出版自由,它就取消这种自由,哪里应当实行新闻出版自由,它就通过书报检查使这种自由变成多余的东西"的效果,而"这样的法律不能认为是有利于新闻出版的",该制度将"把个别官员说成是能窥见别人心灵和无所不知的人,说成是哲学家、神学家、政治家,并把他们同德尔斐城的阿波罗相提并论",这本身就违背了该法令所提供的谦逊,而且在马克思看来,检查员也不可能具有这样的才能,因为如果这些人确实具有才能和学识,则"既然在普鲁士有这么一批政府所熟悉的万能天才(每个城市里至少有一个书报检查官),那么,这批博学多才的人物为什么不以作者的身份出现呢?要是这些因人数众多、更因博学多才而显得声势浩大的官员们一旦崛起,用自己的声势去压倒那些仅仅用某一种体裁写作,而且连用这种体裁写作的才能也未经官方验证的可怜作者们,那么,这就会比用书报检查更快地消灭报刊中的一切混乱现象",而现实是这些人仍然采用了书报检查的方式而不是用写作的方式消除想要消除的出版物,这本身也就表明了这些人员难以胜任其职责。马克思反对普鲁士书报检查制度,是因为书报检查制度侵害公正、正义和追求真理。在网络言论环境下,政府限制言论自由,正好是追求公正和正义,维护公共利益,因此,不能用此种观点反对当代政府对言论自由的限制。

所以,上述观点旨在从个人自由的角度论证政府不干预的必要性,认为只有政府不干预信息的自由流通,才能在各种观点的交锋中发现真理。而为什么特别强调需要排除政府对信息的审查和限制,不提其他社会主体对信息的压制,原因就在于在密尔、罗伯斯比尔以及卡尔·马克思生活的年代,尚无其他可以足够强大的力量,可以如政府一样对思想、表达进行限制。此种观念放到当代有失偏颇,由于网络言论的复杂性以及便捷性,政府限制言论自由是维护公共安全的重要途径,况且在当代世界,诸多组织有能力扮演政府曾经扮演的角色,即限制信息的交流,根据其好恶决定何种信息的沟通。当代世界各国均存在一些富可敌国的经济组织,建立了名副其实的经济帝国,这些经济组织在很大程度上控制了一国的经济命脉,决定着国家的趋势,如韩国的三星、现代和 LG 等五大财阀的资产总额,相当于 2012 年韩国经济产出的 57%,① 其中尤以三星集团最为强势,以致韩国有说法称,韩国人一生无法避免三件事:死亡、税收和三星,它涉及韩国生活的各个方面。另据新华网 2013 年的报道显示,美国的苹果公司当时持有现金 1470 亿美元,持有现金最多的前 50 名公司持有了 62% 的现金总量。② 这些经济组织掌握着足够强大的力量,可以强制他人按其所希望的方式行为,甚至在经济组织能够以特定方式改变他人行为能力的意义上看,它们掌握了源于经济的权力。③ 由于经济上的强势,这些公司在很大程度上决定着孤立的个人的就业、发展等方面的机会,并进而影响着社会的思想,从而间接地影响探索真理的能力和路径。在政府与经济组织二者之间作比较,当代背景下,经济组织利用其可资利用的资源为恶的可能性并不比政府的小。一方面,政府的宗旨并不在于为政府本身谋利,政府主要在于为社会发展提供制度保障、维持秩序,经济组织的目的则在于为自身谋利。二者目的的不同影响了其所采取措施的不同,经济组织就有可能在追求自己利益过程中损害社会的利益;政府在人员构成上比经济组织的人员组成更加多样性。各国在政治宣言、正式文件中均确定了主权在民或一切权力属于人民的原则,为此,各国的正式法律保障各阶层均有机会参与政府的组成、参与国家权力的行使,在这过程中,未能选派代表参与到政府之中的群体还可以通过受宪法和法律保障的机制表达自己的意见;经济组织中的决策层的组成则相对封闭,遵循经济世界的规制,即资本决定发言权,因此,部分人员即可决定公司的走向,也留下了公司为恶的可能性。对于本身存在为恶可能性且掌握极大经济权力的经济组织,尤其是掌握话语权、素有"第四种权力"之称的各种媒体,就需要有源于经济组织外部的力量对之进行监督,防止其滥用其掌握的权力。

除间接影响社会的思想,经济组织还会向社会传播其想要的思想。网络

---

① 三星财阀体制变迁录[EB/OL]. http://money.eastmoney.com/news/1583,20130820316494954.html,2015-10-14.

② 苹果所持现金总量已占美国非金融公司现金总量的百分之十[EB/OL]. http://news.xinhuanet.com/info/2013-10/02/c_132768149.htm,2014-09-29.

③ 加里·沃塞曼在《美国政治基础》一书中对权力作如下的阐述:"权力就是影响他人行为的能力。权力能让人去做本来不想做的事。它可能使用强迫(通常称为强制)、说服或奖励等手段,但它的本质是以某种方式改变他人行为的能力",见加里·沃塞曼. 美国政治基础[M]. 陆震纶,郑明哲,等,译. 北京:中国社会科学出版社,1994:4.

经营者以及其他有实力的经济组织,在向社会传播信息时会选择传播符合其主观标准和经济利益的信息,而不仅仅扮演一个传播工具的角色,在这一过程中,网络经营者同时发挥信息审查者和传播者的功能,在审查时具有很大可能性遵循极为主观的标准。网络既然有存在垄断的可能,且这种垄断既包括表达内容的垄断,还可能包括选择机会的垄断,使网络使用者的选择权受到极大限制,就需要对之网络进行规制。网络服务提供商凭借其源于技术、设备等方面的优势而形成的影响力,可能超出合理范围限制网络使用者使用哪一种设备、软件,从而达到打击竞争对手的目的,腾讯与奇虎公司的纠纷就是此种现象的体现。2010年,奇虎公司和腾讯公司之间互相指责对方不正当竞争的事件,由于该事件涉及的程序主要是奇虎公司的360杀毒软件和腾讯公司的QQ通信软件,因此该事件被简称为"3Q大战"。2010年9月,奇虎公司针对腾讯公司的聊天软件QQ发布了360隐私保护器。2010年11月3日晚,腾讯发布了"致广大QQ用户的一封信",称其作出了一个艰难的决定,在装有360软件的电脑上停止运行QQ软件。360随即推出了"WebQQ"的客户端,但腾讯随即关闭WebQQ服务,事态紧张发展。在腾讯公司作出该"艰难的决定"时,原本同时为腾讯QQ软件及奇虎公司软件用户的上亿网民同样面临着需要作一个两难的选择:保留QQ软件,则自己的电脑面临着各种病毒入侵的风险,不保留QQ软件则面临着自己少了一个方便、快捷地与其他人联系的途径。该事件最终在工业信息产业部等部门的协调下得到了解决,实现了"3Q"的和平共处,但这事件表明了网络离开了政府的规制,网民的权利将难有保障。

不同的个人、团体和组织利用网络发表言论的机会存在差异,对社会的影响有别,如何保障不同的使用者享有充分的发言权,让人们能够听到不同的观点,形成多元思想和文化市场,迫切需要政府的干预。媒体素有"无冕之王"的美誉,这充分体现了媒体对社会的重要影响。经媒体发表的观点极大地影响了社会普通民众的思维模式和行为方式,因此导致社会各界均极为重视媒体宣传(不论是思想观点还是商业宣传),而利用媒体的能力直接影响到不同群体的话语权。如果媒体在向社会不同群体或个人分配利用媒体进行政治宣传的机会时采用了歧视性的做法,则对社会和思想市场产生不利影响。不仅如此,包括网络媒体在内的各种运营媒体,经营者为了自己的利益,有可能掩盖事实真相甚至故意捏造虚假事实,欺骗他人。其中,2014年披露的21世纪网涉嫌"有偿沉默"经济犯罪案件[①]和中国中央电视台部分领导、记者、编辑经济犯罪均为其实例。21世纪网通过公关公司招揽介绍和业内新闻记者物色筛选等方式,寻找具有"上市""拟上市""重组""转型"等题材的上市公司或知名企业作为"目标"对象。对于愿意"合作"的企业,在收取高额费用后,通过夸大正面事实或掩盖负面问题进行"正面报道";对不与之合作的企业,在21世纪网等平台发布负面报道,以此要挟企业投放广告或签订合作协议,单位和个人从中获取高额广告费或好处费。另据最高人民法院官网公布,检察机关以涉嫌受贿犯罪,依法对中央电视台财经频道总监郭振玺、制片人田立武立案侦查并采取强制措施,涉案行为在于上述人员利用其所属媒体在国内媒体中不言而喻的强势地位以及经其调查发现的公司、企业的违法行为或产品缺陷等信息,向相应企业提出利益方面的要求。公安机关还通报,新快报记者陈永洲受人指使,于2012年9月至2013年8月间,在未经核实的情况下,连续发表针对中联重科的大量失实报道,多次收取他人提供的"酬劳",致使中联重科声誉严重受损,广大股民损失惨重。这些经过中国政府机关公布的案例表明,媒体在掌握着话语权的情况下,也存在滥用话语权的情况,如果任由其自由行为,则将会出现其所作的行为严重偏离媒体的宗旨,社会不仅不能从这些媒体的报道中获得探索真相、发现真理的有益信息,反而会将大众引入歧途,同时损害涉事人员、企业的利益。而媒体在如此行为时可能给社会带来的不利影响,并不亚于政府利用权力封锁消息、发布不实消息所带来的危害,对政府的此类行为需要提防,同时,对媒体可能的行为同样需要进行规制。网络之于言论,好似道路之于车辆——网络为言论提供了一种可以表达的途径。正如前网络时代的表达需要受到立法、行政以及司法的约束一样,网络言论同样需要受到约束。

3.公共利益之保障

(1)网络安全之需要

网络作为一种社会存在,与其他存在一样,面临着来自外界对它自身的破坏,同时它自己也会给人带来不安。前者,即网络本身面临的危险,包括对网络组成部分物理性质的损害,还有组成网络系统的软件受到的侵害。网络受到的物理侵害,如美国前情报人员爱德华·斯诺登就曾暴料,美国国家安全局

---

① 21世纪网"有偿沉默"利益链调查[EB/OL]. http://tech.qq.com/a/20140911/001371.htm,2015-10-01.

对中国、德国、韩国等派驻情报人员,利用物理手段对这些国家的网络系统实施秘密渗透和破坏活动。除此之外,网络安全还面临着计算机病毒的侵害,这些病毒从根本上看,是编制或者在计算机程序中插入的破坏计算机功能或者毁坏数据,影响计算机使用,并能自我复制的一组计算机指令或者程序代码,但这些病毒可以通过网络信息的方式传播。后者,即网络的不安全是网络本身的使用情况、功能等并未受到减损,而是在网络的正常使用过程中传播的一些信息给社会公众或特定的个体带来不安全感,如一些网络使用者在网上不正当地披露他人隐私、捏造事实诋毁他人,给他人造成损害。自网络进入中国后,我国就重视网络安全,于1994年通过了《中华人民共和国计算机信息系统安全保护条例》,并陆续通过了多部规范网络安全的规范性文件。网络本身的安全多年来均面临不同程序的威胁。据国家互联网应急中心(CNCERT)提供的数据,2011年12月,中国基础网络运行总体平稳,未发生较大互联网络安全事件。但境内被篡改网站数量略有上升,其中被篡改政府网站数量为163个;2012年中国境内被篡改网站数量为16388个,其中政府网站1802个;2014年中国网络漏洞事件达9068起,同比增长3倍。在严峻的安全形势下,要求政府对网络进行规制以保障网络本身的安全。2014年2月27日,我国成立了"中央网络安全与信息化领导小组",并由国家主席习近平任组长。习近平在"中央网络安全信息化领导小组"第一次会议上就指出:"没有网络安全,就没有国家安全;没有信息化,就没有现代化。"由此表明信息安全的问题已经成为一个受到高度重视的问题。法律对网络安全的保障主要在于对破坏网络本身安全的行为进行惩罚,同时也对网络信息的内容进行规制,而且保证网络信息安全基于重要地位,甚至有学者指出,"网络安全的核心要素是信息安全,就是系统数据不受干扰、非法获取或者破坏;网络安全的战略要素是内容安全,就是违法、有害的信息不得传播"。① 在此过程中,除了使用技术手段控制有害信息的传播外,还需要确立相应的标准,让网络使用者知晓不得在网络上传播的信息之类型,以及违反者承担何种责任。也正是为了保证网络自身的安全和网络上信息的安全,中国于2015年起草了《网络安全法》,并向社会公众公布,由公众讨论并提出意见以便于在此后的立法程序中参考,使该法趋于完善。

---

① 于志刚.网络安全对公共安全、国家安全的嵌入态势和应对策略[J].法学评论,2014(6).

(2) 国家安全之需要

依《中华人民共和国国家安全法》第4条之规定:"任何组织和个人进行危害中华人民共和国国家安全的行为都必须受到法律追究。本法所称危害国家安全的行为,是指境外机构、组织、个人实施或者指使、资助他人实施的,或者境内组织、个人与境外机构、组织、个人相勾结实施的下列危害中华人民共和国国家安全的行为:阴谋颠覆政府,分裂国家,推翻社会主义制度的;参加间谍组织或者接受间谍组织及其代理人的任务的;窃取、刺探、收买、非法提供国家秘密的;策动、勾引、收买国家工作人员叛变的;进行危害国家安全的其他破坏活动的"。

从本条之规定看,"窃取、刺探、收买、非法提供国家秘密"的行为属于危害国家安全的行为,进一步推则可得出结论,"国家秘密"事关国家安全。《〈中华人民共和国国家安全法〉实施细则》第8条就《国家安全法》第4条所称"危害国家安全的其他破坏活动"的范围作了列举,其中第2项规定,"捏造、歪曲事实,发表、散布文字或者言论,或者制作、传播音像制品,危害国家安全的"。在网络时代,借助网络把相关信息传播到境外、捏造、歪曲事实、发表、散布文字、言论、制作和传播音像制品具有更大的便利。

第一,网络传播信息的便利特点,需要对网络信息的发布和内容实行管理。在网络时代,如果需要传递某种信息,行为人可以有多种方式可供选择,如传统的实物信息传递(纸条、信件、胶片、录音带)、借助特殊器材(无线电发报机等)。不论是前者还是后者,都有其不便之处:利用前者,需要有实物在物理空间上的转移,难以做到快捷传递,而如果借助后者,即无线电发报机等装置,由于此类装置在多数国家均属于从严控制的设施,①能合法存在的无线电发报机数量有限,而非法装置由于数量较少,且由于其所能传递内容的方式有限,因此这些装置在传递信息方面的效果相对有限。而网络则普遍存在,如各种机关、学校、私人住宅、社会力量开办的以提供网络使用服务为手段获得经济报酬的上网场所、移动通信设备均可使用网络,且可以通过网络传递的信息

---

① 即使是在国与国交往中无线电发报机的设置也需要受到限制,1961年《维也纳外交关系公约》第27条在对代表一国的驻外国大使馆的权利和接受国的义务进行规定时即涉及无线电发报机的处理原则,该条第1款规定,"接受国应允许使馆为一切公务目的自由通讯,并予保护。使馆与派遣国政府及无论何处之该国其他使馆及领事馆通讯时,得采用一切适当方法,包括外交信差及明密码电信在内。但使馆非经接受国同意,不得装置并使用无线电发报机"。

种类繁多,包括文字、声音、图像等,这使得借助网络从事《国家安全法》中规定的与信息相关的危害国家安全的行为的可能性较大。

第二,为避免泄露国家秘密,需要对网络信息进行管理。无意之间泄露国家秘密的实例在中国并不少见。新华网曾经以"揭秘我国最著名的'照片泄密案'"为题,回顾了中国最著名的"照片泄密案"。即1964年《中国画报》封面刊出的一张照片泄露了大庆油田的秘密。大庆油田的"铁人"王进喜头戴大狗皮帽,身穿厚棉袄,顶着鹅毛大雪,握着钻机手柄眺望远方,在他身后散布着星星点点的高大井架。日本情报专家据此解开了大庆油田的秘密。作为一份由国家支持的出版社在当时尚且在无意中泄露国家秘密,更何况作为普通民众?在当下国与国之间政治、经济、军事等各方面均存在竞争,而这种竞争,信息扮演着极其重要的作用,而一些国家凭借其拥有的技术优势,在全球范围内收集其所需要的信息,其中据英国《卫报》和美国《华盛顿邮报》2013年6月6日报道,美国国家安全局和联邦调查局于2007年启动了一个代号为"棱镜"的秘密监控项目,直接进入美国国际网路公司的中心服务器里挖掘数据、收集情报,包括微软、雅虎、谷歌、苹果等在内的9家国际网络巨头皆参与其中。一方面是对信息的渴求,另一方面则是一些网络使用者为了表明自己掌握着某些不为人知的信息而在各种网络论坛上发言,尤其偏爱对"有图有真相"境界之追求,发布了较多的信息,其典型为天涯网的一些网络使用者,在国际观察、贴图专区、天涯杂谈等版块,其中不乏旁观者难辨真假的信息,而如果专业收集情报的机构,由于有其他信息为基础,可以对相关信息进行比较鉴别,将经鉴定为真的信息为基础,又可得出其他对之有用的结论。为了国家安全,需要对网络可能泄露国家秘密的信息进行清理。

(3)维持公共秩序之需要

当代世界难言太平,国外恐怖组织、极端宗教组织的跨界的破坏行为层出不穷,导致国与国之间关系紧张,某些国家以反恐为名,违反国际法原则侵犯他国领土主权,引发诸多争论;国家内部,也存在分裂和公共秩序崩溃的因素,乌克兰东部有两州举行了独立公投。固然公投全程均以和平的、依法律规定之程序进行的实例,但多数独立或投离一国加入另一国的公投引发了动乱或正在引发一国内部的分裂。如西班牙12名法官于2014年3月25日进行审议后裁定:根据西班牙宪法,西班牙自治区不可以自行公投决定是否作为西班牙一部分,①并有政府官员称"将动用全部法律力量阻止加泰罗尼亚地区举行无约束力的独立公投,包括在必要时暂停加泰罗尼亚的自治权"。② 将目光转向我国境内时,发现同样存在各种各样的不稳定因素。作为由众多民族组成的统一的国家,由于各民族之间存在经济、文化、思维方式等多方面的差异,导致特定民族的一小部分人对其他民族采取敌对态度,并在该态度的引导下采取了极端的、暴力的行为。典型者为 2014 年 3 月 1 日 21 时在云南省昆明市昆明火车站发生的一起由新疆分裂势力组织策划的无差别砍杀事件。该事件后来被正式定性"3·01"暴力恐怖袭击事件。此次暴力恐怖袭击事件外加此前发生的一些恐怖行为,引发了社会恐慌,导致人与人之间关系的冷漠与仇视。虽然并不能将影响社会稳定的原因均归咎于网络的盛行,但网络仍然成为了一些人传递仇恨、不稳定因素的工具,为共同实施犯罪行为提供了联合的方便。

第一,网络的存在,为宣扬民族、种族和宗教仇恨提供了便利。这种便利,一方面体现为其传播速度快,二是图文并茂。传统的通过文字方式传递的信息,对接受者尚且需要有识字能力的要求,不识字者难以理解其中的内容;相比于图画方式的宣传,通过网络传播的内容更加生动,具有鼓动性,宣传效果更加明显。

第二,网络是对外联络的便捷工具。大规模危及公共秩序的事件背后,往往有境外势力的身影。如 2009 年 7 月 5 日新疆乌鲁木齐市发生了打砸抢烧严重暴力犯罪事件。在该事件发生前,以热比娅为首的所谓"世界维吾尔代表大会"通过互联网等多种渠道煽动闹事"要勇敢一点""要出点大事",制造了这起由境外遥控指挥、煽动,境内具体组织实施,有预谋、有组织的暴力犯罪事件。③

人与人和谐相处,构成社会主要的秩序和重要的公共利益,在网络上传递有损民族团结的言论,如果政府不对此类行为进行规制,则公共秩序和国家利

---

① 西班牙宪法法院判定加泰罗尼亚独立公投违宪[EB/OL]. http://news.xinhuanet.com/world/2014-03/27/c_126320823.htm,2014-10-04.

② 西班牙政府:以法律程序制止加泰罗尼亚公投[EB/OL]. http://news.xinhuanet.com/world/2014-09/28/d_127042992.htm?anchor=1,2014-10-04.

③ 剥下热比娅伪善的画皮[EB/OL]. http://news.xinhuanet.com/video/2009-07/09/content_11679062.htm,2014-10-07.

益将面临严重威胁。

4. 权利冲突之解决

"人类之所以有理有权可以个别地或者集体地对其中任何分子的行动自由进行干涉,唯一的目的只是自我防御。这就是说,对于文明群体中的任一成员,所以能够施用一种权力以及其意志而不失为正当,唯一的目的只是要防止对他人的危害"。[①] 一个人行使权利的行为需要受他人权利之限制已成为世界各国宪法所确认的原则,我国现行宪法第51条就作出规定,"中华人民共和国公民在行使自由和权利的时候,不得损害国家的、社会的、集体的利益和其他公民的合法的自由和权利"。借助网络对公共事务发表自己看法的自由是受宪法保障的自由,但该权利的行使可能会产生侵犯他人权利的结果,此时会出现权利与权利间的冲突问题。而当网络上的言论对社会实际造成或有极大可能造成危害的情况时,政府或政府之外的特定组织,会对网上言论进行处理,由于这种处理可能给相应的行为人带来不利影响,此时又会出现具有暴力特征的权力与发表言论者权利之间的冲突,此时解决冲突仍然需要遵循相应的规则。在处理权力与权利、权利与权利的冲突时需要政府对网络言论进行限制。为保障他人合法权益,需要对网络言论进行规制。

网络言论所代表的言论自由,最容易与他人名誉权和隐私权发生冲突。

名誉权作为一项公民、法人享有的、受法律保护的重要权利,在《中华人民共和国民法通则》中即有规定,"公民、法人享有名誉权,公民的人格尊严受法律保护,禁止用侮辱、诽谤等方式损害公民、法人的名誉"。2011年发生的"郭美美事件"无疑是近年来对法人名誉权构成重大伤害的典型实例。2011年6月20日,微博上一个名叫"郭美美baby"的女孩引起了众人关注。她在微博上经常展示自己的生活照,从中能看到,她开玛莎拉蒂跑车、在别墅开生日会,皮包、手机、手表都是昂贵的奢侈品。而她微博认证的身份是"红十字会商业总经理",此后该博主又发微博称,"我所在的公司是与红十字会有合作关系,简称红十字商会,我们负责与人身保险或医疗器械等签广告合约,将广告放在红十字会免费为老百姓服务的医疗车上"。郭美美说的这种合作模式,让公众产生了疑问:是否有人在利用慈善牟利,为个人获取巨额的财富?在此疑问的影响下,中国红十字会声誉受到严重损害,并进而影响到了中国慈善事业的开

---

① 密尔.论自由[M].程崇华,译.北京:商务印书馆,1959:10.

展。而侵犯公民个人之名誉权的网络言论行为数量更加庞大，如"中石化'非洲牛郎门'"。①

另一种易受网络言论侵权的权利为隐私权，即权利人的私人生活安宁与私人信息秘密依法受到保护，不被他人非法侵扰、知悉、收集、利用和公开的一种人格权，而且权利主体对他人在何种程度上可以介入自己的私生活，对自己是否向他人公开隐私以及公开的范围和程度等具有决定权。而网络的存在以及在普遍具有的好奇心的驱使下，有大量人员对窥探及公开他人隐私怀有极大兴趣，如2013年在北京发生的李某某等人强奸案审理过程中部分辩护人的行为。据北京市海淀区人民法院通报，法院经审理查明，2013年2月17日零时许，被告人李某某等5人及案外人李某等，到海淀区某酒吧包间内饮酒消费，酒吧服务员张某安排被害人杨某某在该包间内一起喝酒、唱歌、玩游戏。凌晨3时30分许，杨某某在张某的陪同下随李某某等人先后来到海淀区金源时代购物中心的金鼎轩餐厅和海淀区人济山庄地下车库，后李某和张某因故先行离开，其他人乘坐魏某某（兄）驾驶的奥迪Q7离开人济山庄。后杨某某被5人带至海淀区湖北大厦。在酒店房间内，李某某、王某、魏某某（兄）、张某某、魏某某（弟）依次强行与杨某某发生性关系。由于该案涉及未成年人犯罪及被害人隐私权的双重原因，该案依法应当不公开审理，即除与该案有利害关系的人员外，其他人不得旁听庭审、媒体也不得对庭审过程进行报道。不公开审理的内容还应当包括出席庭审者不将庭审相关信息随意向外界公布。但甚至在其向法院作辩护发言之前，被告人之一的李某某聘请的辩护律师便将其在庭审中发表的辩护词借助网络向不特定人公开，使该辩护词处于任何人均可得知的状态。其披露的内容包括对被害人杨女士的身体状况医学检查报告等涉及个人隐私的内容，欲图将杨女士界定其为从事色情服务者，通过将李某某的行为描述为达成合意基础上的"嫖娼"而非违背意志的"强奸"从而达到为被告人李某某作无罪辩护的目的。但其在网络上公布辩护词的行为，给杨女士的合法权益带来了严重的伤害。该律师的行为以及本案其他被告人的辩护律师也有违反执业规则的行为受到了北京市律师协会的调查和处分。在网

---

① 据新华网报道，行为人傅某参与中石化武汉乙烯项目招标。竞标失利后，心怀不满的傅某在网上发帖，编造了中标企业利用"非洲牛郎"对负责招标的中石化女处长实施性贿赂，得以中标并获利40万美金的谣言。2013年1月起，傅某主动联系媒体"爆料"，还雇佣"水军"大肆恶意炒作。"中石化'非洲牛郎门'"当事人亲述网络谣言之害[EB/OL]. http://news.xinhuanet.com/2013-08/26/c_125242520.htm, 2014-10-05.

络空间中,有一种普遍的、影响他人隐私权的行为,即以查找相关人士身份的"人肉搜索"行为。人肉搜索从本意上看,是指在网站上提出一个问题,由人工参与解答,而不是由机器,在搜索过程中可能有不计其数的网络使用者参与了某一问题的解答。不少网站开辟包括人肉搜索内容的版块,如新浪的"新浪爱问"、百度的"百度知道",甚至以"人肉搜索"命名的网站,如"人肉搜索"网(http://renrou.baigle.com/)。在人肉搜索过程中,就会涉及寻求某一行为由谁所为的问题,成为实实在在的对人的搜索,且由于参与者人数众多,相关信息难保不会被发现,且由于我国的重名现象比较普遍,在搜索过程中会出现同名同姓者被误伤的情况。① 虽然参与搜索的网民的热情值得肯定,但这过程中,"误伤"他人则不可取。且如果搜索所得信息不实,则将可能侵犯被搜索者的名誉权,而如果信息属实,但如果被搜索人员或搜索所获得的信息与公共利益无关,且相关人员不愿相关信息为公众所知,则此类行为即属于侵犯他人隐私权的行为。由于在人肉搜索的情况下涉及个人隐私权与公众利益、公众知情权的冲突,而如何处理则非普通民众即可作出大致准确的判断的问题。在传统媒体时代,通过言论侵犯他人名誉权、隐私权的行为同样存在,但通过网络言论侵犯他人名誉权、隐私权的情形数量更多、影响范围更广。曾有学者将其称之为"群体极化"效应,即在网络和新的传播技术领域里,团体成员的观点并没有因为讨论的推进而改变,相反,而是随着讨论的推进而走得更远。与侵权行为的增加相适应的则是政府居中处理纠纷的权力随之扩大,此过程中又出现了政府权力与私人权利之间的冲突,而不论是解决权利与权利的冲突还是权力与权力的冲突均需要政府的参与。

5. 网络言论表达特性之要求

网络言论需要政府规制,而且网络言论具有自身的特征,导致以规范和限制传统媒体表达的法律难以完全适用于网络言论,因此对网络言论的规制也不能完全适用对传统言论的规制。这是因为事后追惩制将会导致不可弥补的

---

① 如《富家子飙车撞人遭人肉搜索 数个陆红英被曝光》一文报道,2009年5月7日,杭州文二西路发生一起交通肇事案,一辆红色跑车快速通过,远远地停下,随后车后面有一人重重落到左边地面。人落地的瞬间,又有一辆同样的红色跑车为绕过倒地的那人,往左打了方向,进入双黄线的左侧车道。事故致行人谭某死亡。因警方没有公布这辆红色三菱跑车的车主、肇事者母亲——陆红英的具体身份信息,以致网友对"陆红英"展开人肉搜索。[EB/OL]. http://henan.sina.com.cn/news/soc/2009-05-12/10116729.html. 2014-10-05.

损失或侵害,传统的责任承担机制难以适用于网络表达。

第一,事后追惩制将会导致不可弥补的损失或侵害。基于对表达自由的提供保障之目的,为了限止政府权力对出版自由进行控制,立法者在表达自由被限制、剥夺的后果与滥用表达自由可能导致的不良后果之间进行了权衡,认为事前限制言论会对民主政治产生重大不利,因此,采取了偏重保护表达自由的立场。事后追惩制的建立有一个假定,即由于出版物的流通需要时间,受出版物不利影响者,不论是公民个人,还是组织,均负有对其权利给予必要关注的义务,从而能够发现自身权利受到不利影响,并积极寻求法律救济。这样的假定在网络时代难以成立:信息的发出与信息的接受之间可以实现同步,且信息对他人权利造成的侵害难以弥补。以对他人的隐私权造成损害为例,侵权的材料可以向身处世界任何一个角落的人传递,而且通过网络传递的材料较传统出版物更易于保存。对隐私权而言,最好的救济办法就是制止侵害的扩大,但在此种情况下,采取从网上删除相应材料的做法其效果难言理想,即损害一经造成,就永远存在。2008年通过网络传播的香港诸多演艺界人士的、附有较多隐私信息的照片,对当事人的影响在多年之后依然存在即为例证。①

第二,传统的责任承担机制难以适用于网络言论。对传统言论、出版自由进行规制的法律中,对不同的出版物规定了不同的责任承担者。以《瑞典王国出版自由法》的规定为例,该法将出版物作了期刊与非期刊的区分,期刊上所登内容如果构成犯罪,原则上由编辑承担,非期刊则由原作者承担责任,如果作者或编辑依该法之规定都不承担责任,或者印刷品出版时作者或编辑已死亡,则应由出版者和印刷者承担责任。为了实施相关规定,该法对编辑、执行编辑的产生、权利和义务作出了规定。这些规定对网络上的内容而言,则存在实施上的困境。如果说由"印刷机生产的印刷品"的编辑、出版者、印刷者对所载内容承担刑事或民事责任,源于编辑、出版者或印刷者借助出版试图获利,而且在这过程中他们依照法律规定对所出版的材料负有依照法律之规定进行鉴别的义务,作为谋利行为附随的风险,他们应当承担责任。而在网络时代,网络上的信息数量繁多,很多在网络上出现的言论,尤其是作为各种网站

---

① 2008新年伊始,由网友"奇拿"在天涯社区发布了一系列关于陈冠希和一些女艺人之间的自拍私密照和其他图片(讳称"艳照"),在网上流得沸沸扬扬。事件发生后迅速引起了多方的关注。参见:http://baike.baidu.com/link?url=OlTGjR4QlVvGOj4jJdywev-jaMSe7_WfEGJviFbqBuG6NPGhroa8ApinjzUEM-hJtu9NA81kopDzwOXj9xu8T54iLmbLjOZb51MA83tPozy [EB/OL].2015-07-10.

重要组成部分的论坛出现的言论,会对阅读者产生一定的影响,但发表此篇言论者的身份难以确定。而如果依传统法律制度中追究责任的思路,作者难以确定时找出版者(针对非期刊)或编辑(对期刊),而网络上的言论,既不属于期刊也不属于非期刊。针对论坛上的言论,可能最接近编辑身份的就是所谓一个版块的版主,但网站论坛版块的版主往往并非网站的员工,而是一些该网站的活跃用户,基于对特定版块的兴趣而申请成为版主,作为版主并不享有特殊的权利,如果由于其担任版主的网络论坛中的言论涉及法律纠纷而要承担责任,则与权利义务对等的法律原则不符。如果由提供网络服务的主体承担责任,则又让网络服务的提供者承担了倾尽全力也难于承担的责任,违反了"法不强人所难"的原则。其中的一个例子即可展现这样的情形:当下通过手机网络进行诈骗的行为层出不穷,形式千奇百怪,如果要求中国移动网络服务的提供者承担责任,确实与法律的原则和服务商的能力不符。

  基于上述理由,需要采用不同于规制传统言论的法律原则和规则来约束网络言论。美国人约翰·佩里·巴罗的《网络空间独立宣言》宣称,政府不应当管制网络言论,因为政府与网络出处不同,政府未获得对网络进行管制的正当性,政府不懂网络的伦理,政府未参与网络市场财富的创造,网络世界的问题应由网络世界自行解决,网络世界甚至具有优于政府管制之世界,政府进行统治的规则在网络世界无实施的基础。因此其主张网络独立于现实世界、排斥政府对网络的规制。但是网络世界表明网络世界仍然是人为创制的空间,这是因为网络世界影响着现实世界,网络世界难以有效处理网络空间纠纷。因此,网络空间仍然需要受政府的规制,尤其是为了保障信息的自由传播、保障公共利益以及解决权利之间的冲突需要政府对网络言论进行规制。网络言论具有开放性、便捷性以及虚拟性等特点,导致原有规制传统言论的法律制度难以对网络言论进行有效的规制,因此需要创设相对独立的、有别于传统言论规制制度的体制。

二、我国对网络言论的全面规制

  网络言论是表达自由的重要组成部分。但任何人均不得滥用言论自由。我国政府根据本国的情况,对网络言论的消极影响作了较高的估计,通过制定法律和法规,授权政府机构依法管制网络言论,严厉打击危害国家安全和公共利益的言论。

  我国对网络言论的规制可以划分为四个阶段。第一阶段以国务院通过的《中华人民共和国计算机信息系统安全保护条例》为标志,形成了以保障互联网信息系统安全为目标的规制阶段;在保护"计算机信息系统"安全的理由下,政府对特定的使用网络的行为进行限制。第二阶段,重点规制阶段;在认识到对作为个体的网络使用者进行限制存在较大困难的基础上,将规制的重心从网络使用者的个人转移到网络本身,要求网络(含公共上网场所)记录每一个网络使用者并对其网络行为给予记录和追踪,从而对网络使用者采用间接的规制方式。第三阶段,对不同网络使用行为分别立法进行规制,如对域名、网络商业交易行为制定了不同的法律,以补充或取代此前对网络行为进行总体规制的做法。第四阶段,引入自律机制的阶段。从2001年起,网络运营商、服务提供商、设备制造商、系统集成商以及科研、教育机构共同组成了中国互联网协会,该协会由工业和信息化部为其业务主管单位,协会负责制定互联网发展的相关政策并对使用网络的行为进行规制。

(一)我国规制网络言论的法律规定

规制网络言论需要有宪法和法律依据,我国宪法对言论自由的限制性规定是制定规制言论自由的法律和法规的依据。我国规制网络言论的法律可以分为两类:一类是部分涉及规范和管制言论的法律。这些法律本身并不是专门针对网络言论的立法,也不是专门调整网络言论的立法,只是在网络言论需要法律调整时,被适用于对网络言论的规制。第二类是专门规范和管制网络言论而制定的法律。前者,如《中华人民共和国刑法》《中华人民共和国治安管理处罚法》,后者如《维护互联网安全的决定》等。

1. 法律对违法和不当网络言论范围的确定

1997年的《中华人民共和国刑法》将特定的言论表达行为规定为犯罪,并设定了相应的刑事处罚。第246条规定,"以暴力或者其他方法公然侮辱他人或者捏造事实诽谤他人,情节严重的,处三年以下有期徒刑、拘役、管制或者剥夺政治权利"。该规定适用于在网络上侮辱他人和诽谤他人的行为。

全国人民代表大会常务委员会于2000年8月23日通过了《维护互联网安全的决定》,该决定的主要内容有二:一是规定了哪些言论属于违法和不当的言论;二是对这些言论设定了法律责任。该决定试图通过刑罚和行政处罚打击危害社会、危害互联网安全的行为,从而达到"促进我国互联网的健康发展,维护国家安全和社会公共利益,保护个人、法人和其他组织的合法权益"的目的。该决定明确规定适用刑法追究网络言论者的刑事责任,其中第2条规定,"利用互联网造谣、诽谤或者发表、传播其他有害信息,煽动颠覆国家政权、推翻社会主义制度,或者煽动分裂国家、破坏国家统一""通过互联网窃取、泄露国家秘密、情报或者军事秘密""利用互联网煽动民族仇恨、民族歧视,破坏民族团结"。第 4 条规定"在互联网上建立淫秽网站、网页,提供淫秽站点链接服务,或者传播淫秽书刊、影片、音像、图片",构成犯罪的,依照刑法之规定追究刑事责任;对未构成犯罪,但属于违反(该决定通过之时有效的)《治安管理处罚条例》的行为,追究行政责任;侵犯他人合法权益,构成民事侵权的,依法承担民事责任。

在司法实践中,刑法第 225 条第 4 项关于非法经营罪的规定也被适用于网络言论。

《治安管理处罚法》对违反法律法规、危害社会秩序但尚未构成犯罪的行为应当承担的行政责任作出了规定,对借助网络言论从事违法行为的可以适用治安行政处罚。该法第 47 条规定,"煽动民族仇恨、民族歧视,或者在出版物、计算机信息网络中刊载民族歧视、侮辱内容的,处十日以上十五日以下拘留,可以并处一千元以下罚款"。

《中华人民共和国侵权责任法》对网络言论侵犯公民个人权利规定了相应的民事责任。其中,第 36 条规定,"网络用户、网络服务提供者利用网络侵害他人民事权益的,应当承担侵权责任。网络用户利用网络服务实施侵权行为的,被侵权人有权通知网络服务提供者采取删除、屏蔽、断开链接等必要措施。网络服务提供者接到通知后未及时采取必要措施的,对损害的扩大部分与该网络用户承担连带责任。网络服务提供者知道网络用户利用其网络服务侵害他人民事权益,未采取必要措施的,与该网络用户承担连带责任。"

2. 行政法规对网络言论的限制

目前,我国直接管制网络经营和网络言论的法律规范主要是行政法规。《中华人民共和国计算机信息网络国际联网管理暂行规定》(1996 年 2 月 1 日公布,1997 年 5 月 20 日修改)、《互联网信息服务管理办法》(2000 年 9 月 25 日公布)、《互联网上网服务营业场所管理条例》(2002 年 9 月 29 日公布)等行政法规对网络经营管理作出明确规定。这些规定是我国规范和限制网络言论的重要依据,其目的在于通过控制网络运营商达到删除和过滤网络言论的目标。因此,这些行政法规主要针对互联网服务经营者予以规范,而较少对互联网服务的使用者进行规范。如《互联网信息服务管理办法》第 2 条规定,"在中华人民共和国境内从事互联网信息服务活动,必须遵守本办法。本办法所称互联网信息服务,是指通过互联网向上网用户提供信息的服务活动",以及《互联网上网服务营业场所管理条例》第 2 条也明确规定了该办法适用于"互联网上网服务营业场所",并且对"互联网上网服务营业场所"的范围作出了明确界定,即"通过计算机等装置向公众提供互联网上网服务的网吧、电脑休闲室等营业性场所",而较少对互联网信息服务的使用者的行为进行规范。与主要对经营者的行为进行规范相对应的则是行政法规在罚则部分也主要是对经营者违反相应禁止性规定的行为应当承担何种责任作出规定。

3. 规章对网络使用者和网络服务商的限制

依《立法法》第 71 条之授权,国务院各部、委员会、中国人民银行、审计署和具有行政管理职能的直属机构,可以根据法律和国务院的行政法规、决定、命令,在本部门的权限范围内,制定规章。根据该法之规定,有权对网络进行规范和管制的行政机关均有制定规章之权力。依该授权之规定,有权制定与网络言论规制相关规定的机关包括工业和信息化部(信息产业部)、公安部、文化部、邮电部、教育部、国家工商行政管理局、国家药品监督管理局、国家广播电影电视总局、中国新闻出版总署、商务部、国家保密局等。如公安部根据《中华人民共和国计算机信息系统安全保护条例》第 30 条"公安部可以根据本条例制定实施办法"的授权,于 1997 年制定了《计算机信息网络国际联网安全保护管理办法》,该办法对我国互联网络言论行为的规制产生了重大影响。其中对禁止发表的言论之范围的规定成为了其他行政规章的范本,即第 4 条"任何单位和个人不得利用国际联网危害国家安全、泄露国家秘密,不得侵犯国家的、社会的、集体的利益和公民的合法权益,不得从事违法犯罪活动"的原则性规定与第 5 条的列举。①

与行政法规相比,部门规章对网络言论的规制具有以下特点:

第一,规章的规定更加具体,对言论的管制具有明确的针对性。如有专门针对互联网电子公告服务(BBS)上的行为进行规制的规章《互联网电子公告服务管理规定》、有针对互联网文化产品传播进行规制的规章《互联网文化管理暂行规定》、有针对互联网等信息网络传播视听节目进行规范和限制的《互联网等信息网络传播视听节目管理办法》,有针对特定类型的网站进行规范的规章《教育网站和网校暂行管理办法》。

第二,规章对网络服务的最终使用者进行规制的内容较多,如《互联网电

---

① 第五条 任何单位和个人不得利用国际联网制作、复制、查阅和传播下列信息:(一)煽动抗拒、破坏宪法和法律、行政法规实施的;(二)煽动颠覆国家政权,推翻社会主义制度的;(三)煽动分裂国家、破坏国家统一的;(四)煽动民族仇恨、民族歧视,破坏民族团结的;(五)捏造或者歪曲事实,散布谣言,扰乱社会秩序的;(六)宣扬封建迷信、淫秽、色情、赌博、暴力、凶杀、恐怖,教唆犯罪的;(七)公然侮辱他人或者捏造事实诽谤他人的;(八)损害国家机关信誉的;(九)其他违反宪法和法律、行政法规的。

子公告服务管理规定》中对电子公告服务使用者的行为设置了较多限制,其中第 4 条规定,"上网用户使用电子公告服务系统,应当遵守法律、法规,并对所发布的信息负责。"第 9 条规定了"任何人不得在电子公告服务系统中发布含有下列内容之一的信息:(1)反对宪法所确定的基本原则的;(2)危害国家安全,泄露国家秘密,颠覆国家政权,破坏国家统一的;(3)损害国家荣誉和利益的;(4)煽动民族仇恨、民族歧视,破坏民族团结的;(5)破坏国家宗教政策,宣扬邪教和封建迷信的;(6)散布谣言,扰乱社会秩序,破坏社会稳定的;(7)散布淫秽、色情、赌博、暴力、凶杀、恐怖或者教唆犯罪的;(8)侮辱或者诽谤他人,侵害他人合法权益的"。

4. 行政规范性文件对网络运营和网络言论的限制

有学者将其他规范性文件划分为两类:立法类的其他规范性文件,即除法律、地方性法规以外的由人大及其常委会制定的规范性文件;行政类的其他规范性文件,即行政法规和规章以外的由行政机关制定的规范性文件。① 实践中,行政类的其他规范性文件已经不再限于"行政机关制定的规范性文件",而是包括行政机关及授权组织为实施法律和执行政策,在法定权限内制定的除行政法规、部门规章和地方政府规章以外的决定、命令等在一定范围内具有普遍约束力的规则,这些规则统称为其他规范性文件。其他规范性文件的制定主体繁多,上至最高国家行政机关即国务院,下至乡镇政府以及地方政府的各工作部门。与制定主体数量繁多相对应的则是其他规范性文件的数量繁多,甚至到了难以统计的地步。其他规范性文件效力相对较低,但却在社会关系的调整、国家立法的实施、国家政策的执行方面发挥重要的作用,并且对公民的权益产生较大影响。

国务院各部门及直属机构、地方行政机关以及法律法规授权的组织制定了大量的行政规范性文件。如国家互联网信息办公室于 2014 年 8 月 7 日发布了《即时通信工具公众信息服务发展管理暂行规定》,对即时通信工具服务提供者、使用者和使用行为进行规范,对通过即时通信工具从事公众信息服务活动提出了明确要求。北京市公安局于 2002 年 11 月 4 日通过了《北京市公安局互联网上网服务营业场所安全审核程序规定》和《北京市公安局互联网上网服务营业场所安全审核标准》,北京市文化局于 2005 年 1 月 24 日通过了

---

① 吴鹏.论"其他规范性文件"的行政法法源地位[J].首都师范大学学报(社会科学版),2006(3).

《北京市互联网上网服务营业场所安全管理规范(试行)》,分别对在北京市范围内的互联网上网服务营业场所的设置、审批、安全保障等方面作出了规定。

(二)我国网络言论的审查形式

我国的网络言论审查制,是典型的全面审查体制。主要表现在:法律和法规既对网络言论表达者的规制、也有对网络服务与运营商的审查,还有对网络言论接收者的限制。这些审查与限制构成了我国对网络言论的事先审查与事后惩处相结合,而以事先审查为主的全面审查体制。

网络言论往往涉及言论表达者、网络言论媒介以及网络言论接收者,此三者缺一不可,网络是网络言论借以实现的工具,言论表达者是表达的主体,缺少了表达的主体,表达无从谈起,而如果网络言论没有接收者,则网络言论不会对表达主体之外的任何人产生任何影响,而对外界不会产生影响,则该言论将不成其为法律规制的对象。在此背景下,我国建立了针对网络言论表达者、网络以及网络言论接收者在内的网络言论审查体制,而且这种规制制度包括事前审查和事后审查两种。

1.事前审查

与西方多数国家的禁止事先审查原则不同,我国的网络言论审查,主要适用事先审查原则。

(1)通过对网络以及公共上网场所之设置的审批,建立网络言论事先审查的基础。

我国对提供互联网服务实行较为严格的准入机制。一方面,对互联网服务提供者设置审批程序;另一方面则对从事特定类型的互联网信息服务的企业实行许可证制度。《电信条例》第7条规定,"国家对电信业务经营按照电信业务分类,实行许可制度。经营电信业务,必须依照本条例的规定取得国务院信息产业主管部门或者省、自治区、直辖市电信管理机构颁发的电信业务经营许可证。未取得电信业务经营许可证,任何组织或者个人不得从事电信业务经营活动。"

《计算机信息网络联网管理暂行规定》第4条规定,"国家对国际联网实行统筹规划、统一标准、分级管理、促进发展的原则"。第8条第2项规定,"接入单位拟从事国际联网经营活动的,应当向有权受理从事国际联网经营活动申请的互联单位主管部门或者主管单位申请领取国际联网经营许可证;未取得国际联网经营许可证的,不得从事国际联网经营业务。"第3项规定,"接入单位拟从事非经营活动的,应当报经有权受理从事非经营活动申请的互联单位主管部门或者主管单位审批;未经批准的,不得接入互联网络进行国际联网。"

《互联网信息服务管理办法》与《计算机信息网络联网管理暂行规定》保持一致,将互联网信息服务区分为经营性的和非经营性的两类,其中通过互联网向上网用户有偿提供信息或者网页制作等服务活动为"经营性互联网信息服务",而"通过互联网向上网用户无偿提供具有公开性、共享性信息的服务活动"为"非经营性的互联网信息服务",并对两类不同的互联网信息服务规定了不同的事前审查机制,即该法规第 4 条规定的"对经营性互联网信息服务实行许可制度;对非经营性互联网信息服务实行备案制度"。结合《计算机信息网络联网管理暂行规定》中第 3 条和第 8 条之规定得知,境内为实现信息的国际交流,同外国的计算机信息网络相连接的计算机,其"信息网络直接进行国际联网,必须使用邮电部国家公用电信网提供的国际出入口信道";该条例第 8 条进一步规定,"接入网络必须通过互联网络进行国际联网"。

(2)对网络言论表达主体的事先审查

对网络言论表达主体的事先审查包括两个方面,一是对网络言论表达者的真实身份进行审查,二是对网络言论表达者的网络身份进行审查。前者通过实名制实现,后者则通过对网络言论者使用的网络名称的审查而实现。

第一,通过实名制对网络言论表达者的真实身份进行审查。2002 年 8 月 14 日国务院常务委员会通过、9 月 29 日颁布、11 月 15 日正式实施的《互联网上网服务营业场所管理条例》,规定"通过计算机等装置向公众提供互联网上网服务的网吧、电脑休闲室等营业性场所""应当对上网消费者的身份证等有效证件进行核对、登记,并记录有关上网信息。登记内容和记录备份保存时间不得少于 60 日,并在文化行政部门、公安机关依法查询时予以提供。登记内容和记录备份在保存期内不得修改或者删除"。此后,各地纷纷规定了网络实名制的要求。据报道,从 2003 年 8 月 1 日开始,武汉市在城区网吧全面启用网吧身份认证实名登记管理系统,所有在网吧上网的人员必须持实名卡上网。[①] 2004 年公布的《教育部、共青团中央关于进一步加强高等学校校园网络管理工作的意见》,要求"各省、自治区、直辖市党委教育工作部门、教育厅(教委)、团委,新疆生产建设兵团教育局、团委,有关部门(单位)教育司(局),教育部部属各高等学校党委","综合运用技术、行政和法律手段,全面加强高校校园网络管理",其中明确要求各高校对上网者进行实名制,即"高校要根据国家

---

① 上网实名制登录武汉 [EB/OL]. http://www.hb.xinhuanet.com/jdwt/075/,2014-01-24.

互联网管理的有关法规,切实抓好校园网站的登记、备案工作,落实用户实名登记制度,加强校内网站与网络用户的统一归口管理"。此后各高校纷纷进行本校网站 BBS 用户的实名制,非经实名认证的非本校在校生用户不得在 BBS 上发言,①还有一些学校实行实名认证与 IP 认证双认证的做法,即非经实名认证且在校园网 IP 范围内用户不得在本校 BBS 上发言。2005 年,文化部向"各省、自治区、直辖市及各计划单列市文化厅(局)、信息产业主管部门、通信管理局、新疆生产建设兵团文化局"下发了《关于网络游戏发展和管理的若干意见》,规定"PK 类练级游戏(依靠 PK 来提高级别)应当通过身份证登录,实行实名游戏制度"。2012 年通过的《全国人民代表大会常务委员会关于加强网络信息保护的决定》第 6 条规定,"网络服务提供者为用户办理网站接入服务,办理固定电话、移动电话等入网手续,或者为用户提供信息发布服务,应当在与用户签订协议或者确认提供服务时,要求用户提供真实身份信息"。经工业和信息化部第 2 次部务会议审议通过、2013 年 7 月 16 日中华人民共和国工业和信息化部令第 25 号公布的《电话用户真实身份信息登记规定》,要求"电信业务经营者为用户办理固定电话、移动电话等""固定电话装机、移机、过户,移动电话开户、过户等""入网手续,在与用户签订协议或者确认提供服务时,如实登记用户提供的真实身份信息"。

不少地方还对特定网络行为作出了实名认证的要求,如深圳市公安局通过了《关于开展网络公共信息服务场所整治工作的通知》,要求申请者必须填写真实的个人证明资料,同时对身份证号码进行校验。由杭州市第十一届人民代表大会常务委员会第十二次会议于 2008 年 12 月 23 日审议通过、由浙江省第十一届人民代表大会常务委员会第十次会议批准的《杭州市计算机信息网络安全保护管理条例》,于 2009 年 4 月 1 日公布并自 2009 年 5 月 1 日起施行。该地方性法规第 21 条第 2 项明确规定,"互联网上网服务提供单位应当建立并落实以下安全保护制度和安全保护技术措施:如实登记用户有效身份

---

① 如厦门大学名为"鼓浪听涛"的 BBS 上有"只有在校生才能通过实名认证。毕业生离校后实名权限收回""没有实名注册的用户可浏览文章,但无其他权限。实名注册后可浏览文章,发表修改文章,收发信息,收发邮件"的规定。参见[EB/OL]. http://bbs.xmu.edu.cn/frames.html?mainurl=/bbscon.php%3Fbid%3D218%26id%3D17,2014-05-03;南京大学小百合 BBS 上也有类似的要求。参见[EB/OL]. http://bbs.nju.edu.cn/bbscon?board=sysop&file=M.1307783150.A&num=8117,2014-05-03。

证明、上网时间等有关情况,登记记录应当保留六十日以上"。① 对全国各地极具示范作用的网络用户身份认证的规定,当属北京市的规定。北京市人民政府新闻办公室、北京市公安局、北京市通信管理局、北京市互联网信息办公室于 2011 年 12 月 16 日公布了《北京市微博客发展管理若干规定》,并自公布之日起施行。其中第 9 条规定,"任何组织或者个人注册微博客账号,制作、复制、发布、传播信息内容的,应当使用真实身份信息,不得以虚假、冒用的居民身份信息、企业注册信息、组织机构代码信息进行注册","网站开展微博客服务,应当保证前款规定的注册用户信息真实"。

经过多年的逐步推进,我国已经建立了全方面、多层次的使用网络需要实名认证的制度,从制度上实现了网络言论者现实身份的可识别性。

第二,通过对互联网用户账号名称(网名)的身份规定对网络言论表达者的网络身份进行审查和识别。由于网络使用者在使用网络时具有多种身份,其中包括经政府部门签发的正式文书确认的身份(即身份证件载明的身份)和在网络空间上通过网名体现出来的身份。网络使用者所使用的网上身份往往不同于其身份证件所确认的身份,而这个身份在网络世界中又具有极重要的意义,部分地发挥着识别、确认网络使用者的作用。针对有人在网络空间"假冒党政机关误导公众,如'中纪委巡视组';有的假冒媒体发布虚假新闻,如'人民日报';有的冒用他人身份,侵害个人合法权益;有的假冒名人包括外国元首,如'普京''奥巴马';有的假冒企事业单位和社会组织发布虚假信息;有的名称和头像包含淫秽色情内容,甚至公然招嫖;有的在简介中传播暴恐、聚赌、涉毒等违法信息,如'枪械军火商''乡村赌场';有的公然分裂国家,破坏民族团结;有的宣扬邪教和封建迷信"②的现实,政府部门采取了措施对网名进行了规范。国家互联网信息办公室于 2015 年 2 月 4 日发布《互联网用户账号名称管理规定》,其中第 6 条规定不得使用含有以下九种情形之一的互联网账号名称(网名),包括违反宪法或法律法规规定的、危害国家安全,泄露国家秘密,颠覆国家政权、破坏国家统一的、损害国家荣誉和利益的、损害公共利益的、煽动民族仇恨、民族歧视,破坏民族团结的、破坏国家宗教政策,宣扬邪教和封建迷信的、散布谣言,扰乱社会秩序、破坏社会稳定的、散布淫秽、色情、赌博、暴

---

① 《杭州市计算机信息网络安全保护管理条例》[EB/OL]. http://beian.netbank.cn/index.php?mod=plugin_laws&mod_action=LawView&afficheid=38,2014-01-24.

② 互联网用户账号名称管理规定 3 月 1 日施行(全文)[EB/OL]. http://news.xinhuanet.com/legal/2015-02/04/c_127457277.htm,2015-03-22.

力、凶杀、恐怖或者教唆犯罪的、侮辱或者诽谤他人,侵害他人合法权益以及含有法律、行政法规禁止的其他内容的。由于网络言论的发表者所用的网名可能本身就向外界传达某种信息,因此,对网名的审查就不仅仅限于对网络言论者(网络)身份的审查,而且具有言论内容审查的功能。

2. 网络言论内容的过滤审查

除对网络服务提供者、网络言论的表达者进行身份上的识别审查外,还对网络言论的内容进行审查,对网络言论内容的审查主要是过滤审查。即根据国家法律、法规和规范性文件的规定,通过在上网者使用的终端上安装过滤软件或在服务器上设置禁止显示的关键词,如果表达者表达的内容或网页浏览者搜索或阅读的内容中含有禁止显示的内容,则将显示网页不存在或根据法规不予显示的提示。

在上网者使用的终端上安装过滤软件的做法,以"绿坝"和"花季护航"两款软件为代表,这两款软件可以有效地识别色情图片、色情文字等不良信息,并可以对这些不良信息进行拦截屏蔽。软件同时具有控制上网时间、管理聊天交友、管理电脑游戏等辅助功能,且共同具有过滤 IP 地址的功能,软件的开发者及政府相关部门希望它们共同发挥保护未成年人健康上网的功能,后来这两款产品被合并,并更名为"绿坝·花季护航"软件。2008 年 5 月我国工业和信息化产业部斥资 4170 万元人民币的"绿坝·花季护航"软件,提供给网民免费下载、使用至 2010 年 5 月 20 日,但 2009 年 6 月 30 日晚间,工业和信息化产业部新闻发言人称由于"一些企业提出工作量大、时间仓促、准备不足,根据实际情况,可以推迟预装绿坝软件"①。

(三)政府主导与行业组织协助的规制体系

英美国家对网络言论的管制主要由行业组织通过网络伦理和言论过滤来实现,我国对网络言论的规范和限制主要由政府直接管制网络言论而实现,但也存在行业组织自发或依法律授权规范和限制网络言论的情况,形成以政府组织和主导、行业组织协助执行的网络言论规制体系。

1. 政府主导

如上文所述,政府对网络言论的规制主要采取事先审查和言论强制过滤

---

① 工业和信息化部新闻发言人就绿色上网过滤软件问题答记者问[EB/OL]. http://www.miit.gov.cn/n11293472/n11293832/n11293907/n11368223/12433840.html, 2014-06-16.

的方法,从政府主导网络言论的规制来看,其主导性首先主要表现在:

(1)全国人大及其常委会制定的法律以及行政机关制定的法规和规章是政府规制网络言论的法律依据。《中华人民共和国刑法》《全国人民代表大会常务委员会关于维护互联网安全的决定》《中华人民共和国治安管理处罚法》《中华人民共和国侵权责任法》等法律,也包括《中华人民共和国计算机信息网络国际联网管理暂行规定》《互联网信息服务管理办法》、《互联网上网服务营业场所管理条例》行政法规;还有专门针对互联网电子公告服务(BBS)上的行为进行规制的规章《互联网电子公告服务管理规定》、有针对互联网文化产品传播进行规制的《互联网文化管理暂行规定》、有针对联网等信息网络传播视听节目的行为进行规范的《互联网等信息网络传播视听节目管理办法》、有针对特定类型的网站进行规范的《教育网站和网校暂行管理办法》等部门规章。

(2)法律和法规规定对互联网服务提供者实行审批制。目前,非经政府许可,任何提供互联网服务的行为均为非法。基于对网络重要意义之深刻认识,目前就拟提供互联网服务的申请人的资质进行审查的权力专属于行政机关。

(3)违反法律法规的网络言论需要承担法律责任,法律和法规授权公安和信息管理部门对网络言论进行实时监控,对情节严重的网络言论表达者,由法定国家机关追究其民事责任、行政责任及刑事责任。

追究违法者的法律责任,是保障法律规范得以实施的重要保障。如果网络言论的表达者违反法律法规之规定,在网络发表侵犯他人民事权利的言论,造成损害的,依法需要承担民事责任时,在达成一致的前提下,可以不经过政府机关即可承担相应的民事责任、终止双方的纠纷,但如果在民事侵权后双方不能达成一致或涉及违反行政管理法规、刑事法律规范因此需要追究行政责任或刑事责任时,则需要由法院、行政机关、检察机关等分别或共同处理,尤其涉及追究刑事责任时,只能由政府进行。而实践中,政府还会根据实际情况之需要,采取专门行动,对网络言论进行规制。如2011年8月24日—11月底,公安部部署在全国范围内开展以清理整治制作贩卖枪支爆炸物品违法信息为重点的"净网行动"。2013年3月5日,全国"扫黄打非"办公室发出通知,部署从3月上旬至5月底在全国范围内开展网络淫秽色情信息专项治理的"净网"行动,以整治网络文学、网络游戏、视听节目网站等为重点,抓源头、打基础、切断利益链,网上与网下治理相结合。全国"扫黄打非"工作小组办公室、国家互联网信息办公室、工业和信息化部、公安部决定,自2014年4月中旬至11月,在全国范围内统一开展打击网上淫秽色情信息的"扫黄打非·净网2014"专项行动。各次净网行动均取得了丰硕的成果,如2011年净网行动中仅责令"拍拍网"、"一淘网"等15家网站删除涉枪涉爆违法信息就已达2.3万余条,关闭涉枪涉爆信息集中的网店及相关栏目131家,冻结发布、传播相关信息账号320多个。2013年3月5日开始净网行动后起至3月28日,各地"扫黄打非"办公室即已协调公安、互联网管理、通信管理等部门,对落伍文学、下载楼等10余个登载淫秽色情信息的网站依法予以关闭。对澄文中文网、飞华健康网等20余个网站下达整改通知,并对违法者依法给予行政处罚;对爱情公寓交友、爱书网等90余家网站管理人员进行约谈,责成迅速删除淫秽色情信息;对少数登载淫秽色情内容且涉嫌违法活动网站,山东等地已协调公安机关立案查处。①

2.行业组织之协助

行业协会对网络言论的规制,主要以中国互联网协会为主。

中国互联网协会成立于2001年5月25日,是由中国互联网行业及与互联网相关的企事业单位、社会组织自愿结成的全国性、行业性、非营利性社会组织,接受登记管理机关——中华人民共和国民政部和业务主管单位——工业和信息化部的业务指导和监督管理。互联网协会对网络言论的规制主要通过制定行业规范和对行业内部执行规范的行为进行引导、检查的方式进行。

(1)通过制定行业规范,建立网络过滤机制

表1 中国互联网协会发布的文件

(按公布的时间先后为标准排序)

序号	名称	公布时间	目的
1	《中国互联网行业自律公约》	2002年3月26日	"建立我国互联网行业自律机制,规范行业从业者行为,依法促进和保障互联网行业健康发展"
2	《中国互联网协会反垃圾邮件规范》	2003年2月25日	"保护我国电子邮件用户的正当权益,促进电子邮件服务业的健康发展,推动互联网资源和信息系统的合理利用"

---

① [EB/OL]http://baike.baidu.com/view/10360755.htm?fr=aladdin,2014-07-14.

续表

序号	名称	公布时间	目的
3	《中国互联网协会互联网公共电子邮件服务规范（试行）》	2004年9月2日	"建立电子邮件规范的服务机制，促进电子邮件的经营者和使用者的健康发展，并承诺为网民提供更好、更具有质量保证的服务"
4	《文明上网自律公约》	2006年4月19日	落实"文明办网、文明上网"的方针
5	《抵制恶意软件自律公约》	2006年12月27日	"维护互联网用户的合法权益，抵制恶意软件在网上的滥用和传播，促进我国互联网行业健康和谐发展"
6	《博客服务自律公约》	2007年8月	"规范互联网博客服务，促进博客服务有序发展，制定本公约"
7	《文明博客倡议书》	2007年8月21日	"建设文明、健康的博客文化，加强互联网信息交流和资源共享，促进博客事业和谐发展"
8	《中国互联网协会反垃圾短信息自律公约》	2008年7月17日	"有效地治理垃圾短信息及违法和不良短信息，维护用户的合法权益，建立规范的短信息服务市场秩序，促进短信息服务行业的健康稳定发展"
9	《中国互联网协会短信息服务规范（试行）》	2008年7月17日	"规范短信息服务行业经营行为，维护用户的合法权益，促进短信息服务行业健康稳定发展"

续表

序号	名称	公布时间	目的
10	《反网络病毒自律公约》	2009年7月7日	"为防范、治理网络病毒,打击制造、销售、传播恶意软件工具的地下黑客产业链,构筑良好互联网环境,维护广大互联网用户利益"
11	《中国互联网协会关于抵制非法网络公关行为的自律公约》	2011年5月16日	"营造文明诚信的网络环境,规范互联网市场经营行为和信息传播秩序,促进互联网站健康发展"
12	《互联网终端软件服务行业自律公约》	2011年6月	"规范互联网终端软件服务,保障互联网用户的合法权益,维护公平和谐的市场竞争环境,促进互联网行业的健康发展"
13	《中国互联网协会关于抵制非法网络公关行为的自律公约》	2011年8月13日	"抵制非法网络公关行为"、"营造文明诚信的网络环境,规范互联网市场经营行为和信息传播秩序,促进互联网站健康发展"
14	《中国互联网协会抵制网络谣言倡议书》	2012年4月8日	"抵制网络谣言,营造健康文明的网络环境,推动互联网行业健康可持续发展"
15	《互联网搜索引擎服务自律公约》	2012年11月1日	"规范互联网搜索引擎服务,保护互联网用户的合法权益,维护公平竞争、合理有序的市场环境,促进我国互联网搜索引擎行业健康可持续发展"

来源:中国互联网协会网站"行业自律"版块,并经筛选、整理。
(http://www.isc.org.cn/hyzl/hyzl/? page＝1、http://www.isc.org.cn/hyzl/hyzl/? page＝2)

互联网协会制定的上述文件具有以下特点：

第一，互联网协会公布的文件中，既有技术规范也有行为规范。如《中国互联网协会互联网公共电子邮件服务规范（试行）》侧重于对提供公共电子邮件服务的网络服务提供者提出技术方面的要求，该规范第七部分以"系统运营维护和客户服务质量指标"为题，对网络服务者全年无故障运营天数、计费差错率等作出较为详细的规定。在技术规范之外，还对网络服务提供者的行为提出了要求，如限制网络服务提供者向用户发送第三方广告（"除电子邮件服务商为客户提供的与电子邮件服务相关的信息、通知等外，未经客户同意，电子邮件服务商不得向客户发送第三方广告类信息"）、网络提供者负有保护用户隐私的义务（"电子邮件服务商对于客户的电子邮件地址、邮件内容、个人资料负有保密义务"）等。2002年公布的《中国互联网行业自律公约》、2003年《中国互联网协会反垃圾邮件规范》、2012年的《互联网搜索引擎服务自律公约》、2012年的《中国互联网协会抵制网络谣言倡议书》、2011年的《互联网终端软件服务行业自律公约》、2006年的《文明上网自律公约》等对包括"从事互联网运行服务、应用服务、信息服务、网络产品和网络信息资源的开发、生产以及其他与互联网有关的科研、教育、服务等活动"在内的行业的行为进行了规制，在"爱国、守法、公平、诚信"的基本原则下，提出互联网信息服务者应自觉遵守国家有关互联网信息服务管理的规定，自觉履行互联网信息服务的自律义务：

（1）不制作、发布或传播危害国家安全、危害社会稳定、违反法律法规以及迷信、淫秽等有害信息，依法对用户在本网站上发布的信息进行监督，及时清除有害信息；

（2）不链接含有有害信息的网站，确保网络信息内容的合法、健康；

（3）制作、发布或传播网络信息，要遵守有关保护知识产权的法律、法规；

（4）引导广大用户文明使用网络，增强网络道德意识，自觉抵制有害信息的传播。

2006年，中国互联网协会公布了《文明上网自律公约》，其内容是：自觉遵纪守法，倡导社会公德，促进绿色网络建设；提倡先进文化，摒弃消极颓废，促进网络文明健康；提倡自主创新，摒弃盗版剽窃，促进网络应用繁荣；提倡互相尊重，摒弃造谣诽谤，促进网络和谐共处；提倡诚实守信，摒弃弄虚作假，促进网络安全可信；提倡社会关爱，摒弃低俗沉迷，促进少年健康成长；提倡公平竞争，摒弃尔虞我诈，促进网络百花齐放；提倡人人受益，消除数字鸿沟，促进信息资源共享。

第二,互联网协会的文件以引导、柔性的方式(区别于以国家强制力为后盾的方式)实施为原则,以处以轻微不利影响之行业惩戒为例外。以《中国互联网行业自律公约》为例,该公约第 20 条为"本公约成员单位应充分尊重并自觉履行本公约的各项自律原则",强调"自愿"。但在互联网协会公布的公约之执行过程中,出现了会员单位,违反公约内容的行为时,互联网协会也可以对违反者进行处罚。如《反网络病毒自律公约》第 18 条即规定,"凡签署本公约的单位或个人应认真履行本公约约定的各项义务,违反本公约并造成不良影响的,由本公约的组织实施机构视情况给予内部警示、社会公示等处罚"。《博客服务自律公约》同样规定了"凡签署本公约的博客服务提供者应当规范履行本公约的各项内容,违反本公约并造成不良影响的,由本公约的组织实施机构视不同情况给予警示或向社会公布"的规定(第 16 条)。

第三,互联网协会约束者范围较广,包括互联网行业成员(包括从事互联网运行服务、应用服务、信息服务、网络产品和网络信息资源的开发、生产以及其他与互联网有关的科研、教育、服务等活动的行业成员)和互联网服务的使用者在内,其中以互联网行业成员为主。互联网协会的规定仅就特定的互联网行业成员适用,如《抵制恶意软件自律公约》约束软件提供者,《互联网搜索引擎服务自律公约》约束互联网搜索引擎服务提供者,《文明上网自律公约》则试图引导所有的上网者文明上网。但在互联网行业单位和网络服务使用者二者间,互联网协会将约束的重心置于前者,这是因为:首先,作为一个行业组织,互联网协会所能影响的群体,原则上仅限于该行业的组成成员,而不能延伸到非行业成员之外,仅在较为特殊的情况下可以对行业成员之外的主体施加影响。其次,对互联网行业单位进行直接的、有效的约束,虽然是间接地但也是有效地对网络服务使用者借助网络发表的言论进行约束。以《博客服务自律公约》为例,该公约用于约束博客服务提供者的行为,博客服务提供者应当具备"健全的博客信息安全保障措施,包括用户注册流程、用户信息保密措施、博客内容信息安全保障措施等"的基本要求,博客服务提供者承担对借助其所提供的博客服务发表的内容进行审查的职责,在与博客服务使用者间的使用协议中,博客服务提供者应当向博客用户提出保证自觉遵守国家有关互联网信息服务的法律、法规,文明使用网络,不传播色情淫秽信息以及其他违法和不良信息、不传播侮辱或贬损其他民族、种族、不同宗教信仰和文化传统的信息、不传播造谣、诽谤信息以及其他虚假信息,不传播侵害他人合法权益的信息以及不传播侵害他人知识产权的信息等要求(第 8 条),对违反协议者,博客服务提供者"应当及时予以督促改正,直接删除相关违法和不良信息内容或停止为其提供博客服务"(第10条),并"自觉履行对博客内容的监督管理义务,应当设立便捷的在线投诉窗口、投诉电话等渠道,受理公众对博客服务和博客内容的举报与投诉,并及时予以处理"(第14条)。如果博客服务提供者遵循《博客服务自律公约》中的审查规定,则在其网站上发表的博客将不会发生法律禁止和传播的内容。再次,要求服务商履行网络言论管理义务,具有实效性可行性。直接对网络服务使用者进行限制存在极大的困难,中国使用网络服务的人数以亿计,而这些人在网络上发表的言论数量庞大,如果直接对这些言论之表达者进行规范和限制,难以取得成效。互联网协会依照法律和法规的规定,要求网络服务商对网络上的言论承担审查、删除违法和有害言论的义务,是实现网络言论规制的有效手段。

第四,互联网协会发布的文件和规则能够得到网络服务商的接受,原因有二:一是这些文件和规则本身就是各互联网单位参与制定,以互联网协会的名义通过,而互联网协会又是由互联网行业单位共同构成的,在文件和规则的形成过程中,互联网行业单位均有机会表达自己的意志,在此基础上形成了互联网行业单位的共同意志,因此容易获得各互联网行业单位的自愿接受。二是重点网络服务商的示范作用。在目前的状况下,虽然各互联网企业的法律地位平等,但在行业内部其重要性略有区别,全部由政府出资设立及维持的互联网如中华网、人民网等无疑具有其他互联网不可比拟的重要性,它们的行为对本行业其他企业具有影响深远的示范作用。中华网、人民网在执行互联网协会文件和规则的过程中发挥了重要的示范作用,如《文明上网自律公约》就是包括中华网、人民网在内的数十家互联网成员单位共同努力下制定的。这两方面的原因促进了互联网协会的各项文件和规则获得了广泛接受。2004年的一则报道显示,"全国25个省、自治区和直辖市1800多家机构参与互联网服务自律",重点对管理制度、信息内容、BBS和个人主页、链接采取措施,主动清除了不良信息,[①]足以表明参与自律已成为互联网行业单位共同的、普遍的选择。

第五,互联网协会制定的规则与政府制定的法律规则相比较,具有两个方面的优势,一是能够紧跟网络发展和社会进步的步伐,二是实现规则的具体化,针对不同的网络服务分别制定规则。近年来,伴随着互联网技术的高速发

---

① 全国1800多家机构参与互联网服务自查自律活动[EB/OL]. http://news.xinhuanet.com/it/2004-12/30/content_2397867.htm,2015-04-26.

展,人们的生活具有越来越浓厚的互联网印迹,同时互联网上的新事物越来越多,且出现速度极快导致政府部门难以应对。由于政府制定法律规范的行为往往滞后于社会现实的发展,因此,全部由政府对网络言论制定约束规范的做法就难以适应社会发展的需要。而互联网协会在应对这些新事物时具有专业和行业优势,它可以根据互联网的新动向提出相应的对策,而且它可以针对不同的互联网服务制定专门对之适用的规则,如针对垃圾邮件泛滥的现实,形成了《中国互联网协会反垃圾邮件规范》,针对搜索服务形成了《互联网搜索引擎服务自律公约》,针对中国不时有人利用互联网带来的便利造谣生事的现实,形成了《中国互联网协会抵制网络谣言倡议书》。这些规范,对政府制定的对互联网言论进行总体规制的规范进行了具体化,对法律规范作出了适当的补充。

(2)互联网协会执行本协会通过的规则以及国家有关网络管理的法律和法规

互联网协会还承担引导各互联网行业单位遵守国家法律、组织各互联网行业单位执行国家法律等职责。

第一,执行协会通过的规则。互联网协会通过的各种规则均规定相应的执行机构,依《中国互联网协会章程》之规定,互联网协会下设会员代表大会作为其权力机构,设理事会作为其执行机构,随着形势之需要,还设置了中国互联网协会行业自律工作委员会,由其负责包括《互联网终端软件服务行业自律公约》《互联网搜索引擎服务自律公约》在内的规范之实施;设置中国互联网协会网络版权联盟负责《中国互联网网络版权自律公约》的实施;设置中国互联网协会互联网新闻信息服务工作委员会负责《互联网搜索引擎服务商抵制淫秽、色情等违法和不良信息自律规范》的实施。

第二,协助国家机关对网络进行监管。政府机关确定某一特定的执法目标后,互联网协会予以协助,如政府打击网络侵权盗版目标确立后,互联网协会即组织落实。据《关于落实 2012 年"剑网行动"开展打击网络侵权盗版》的报道显示,依《2012 年打击网络侵权盗版专项治理"剑网行动"实施方案》文件精神,中国互联网协会决定组织开展 2012 年度打击网络侵权盗版专项自查自律工作,要求各互联网行业单位针对网络文学、音乐、影视、游戏、动漫、软件等重点领域以及图书、音像制品、电子出版物、网络出版物等重点产品进行自查自纠,查找侵权盗版隐患,努力做到不传播侵权盗版信息,不为侵权盗版违法活动提供网络接入、搜索链接、存储空间、交易平台等服务,并要求各自查单位向互联网协会上报自查结果。

(3)网络服务提供者对网络言论的管理

目前,各互联网服务提供者基于履行法律规范或行业组织通过的规范之义务的目的,对网络服务者的行为进行了引导和约束。多数互联网服务提供者在为上网者提供表达平台的同时,会提醒上网者应当注意的事项。如新浪网在允许上网者对网站提供的新闻进行评论的同时,会要求上网者登录自己的账号,同时会要求上网者遵守《新浪跟帖用户自律公约》。①

中国目前已经建立了以宪法为基础,法律、行政法规、地方性法规、规章及其他规范性文件作出具体规定的法规范体系,形成了对网络言论进行全面限制的体制。其中,法律规定了违法和不当网络言论的范围及其应当承担的民事、行政和刑事责任;行政法规及位阶更低的规范在法律已有规定的前提下,对网站、网络服务提供商、网络内容提供商、网络终端用户的行为进行限制。实践中,采用网络言论的事前审查制、网络言论内容过滤审查制等限制方式,并建立了政府主导与行业组织对网络经营者和网络用户的行为进行全面规制的审查体制。

---

① 《新浪跟帖用户自律公约》全文为:一、本网站(包含移动客户端,下同)开办"跟帖评论服务",旨在为用户提供文明、理性、友善、高质量的信息分享和公共讨论的网络交流空间。跟帖评论服务,是指通过运营网络互动传播技术平台,供用户对本网站传播的各类信息发表评论意见(包括但不限于语音、文字、图片、音频、视频等信息)的服务。二、用户使用跟帖评论服务,不得逾越法律法规、社会主义制度、国家利益、公民合法权益、社会公共秩序、道德风尚和信息真实性"七条底线";应尊重其他用户合法权益及公民个人隐私,尊重社会公序良俗,遵守国家法律法规。上文提及的国家法律法规,包括但不限于《全国人民代表大会常务委员会关于维护互联网安全的决定》《全国人民代表大会常务委员会关于加强网络信息保护的决定》《最高人民法院最高人民检察院关于办理利用信息网络实施诽谤等刑事案件适用法律若干问题的解释》《互联网信息服务管理办法》《互联网新闻信息服务管理规定》以及《未成年人保护法》等。三、用户应当按照"后台实名、前台自愿"的原则,使用本网站的跟帖评论服务。对注册用户发表的跟帖评论,我们保留相应的管理权利。四、本网站视所有注册用户自动承诺不发表下列信息:(1)反对宪法确定的基本原则的;(2)危害国家安全,泄露国家秘密,颠覆国家政权,破坏国家统一的;(3)损害国家荣誉和利益的;(4)煽动民族仇恨、民族歧视,破坏民族团结的;(5)煽动地域歧视、地域仇恨的;(6)破坏国家宗教政策,宣扬邪教和迷信的;(7)贬低他人性别、种族、阶级、国别、性取向、残疾的;(8)散布谣言,扰乱社会秩序,破坏社会稳定的;(9)散布淫秽、色情、赌博、暴力、凶杀、恐怖或者教唆犯罪的。参见:http://news.sina.com.cn/comment/gongyue.html[EB/OL].2015-10-08.

第六章 日本违宪审查制度与人权保障
——以国籍法违宪审查为视角

古代中国先进的文化与社会制度对日本影响深远,但 19 世纪中叶以后,日本封闭的国门被美国人用坚船利炮打开,日本首次接触到西方工业革命的先进成果,走上了全面学习西方的"脱亚入欧"之路。在法律制度上,日本加强对欧陆法系和英美法系的学习与借鉴,产生了两部宪法:明治①时期的《大日本帝国宪法》,简称"明治宪法",主要借鉴德国模式;"二战"后的《日本国宪法》,简称"昭和宪法",亦即现行宪法,主要借鉴美国模式。②

日本宪法通过第 81 条③和第 98 条④确立了违宪审查制度,并通过战后初期各级法院(尤其是最高法院)的司法实践,采用了附随性违宪审查模式。这种模式立足于传统司法观念,以保障个人权利为首要目的,因此,又被称为私权保障型宪法。⑤虽然日本最高法院在其司法实践中因尽可能采取回避宪法判断而受到争议,但从众多判例依然可以看出其对人权保障的积极实践。2008 年,最高法院将多次被提起诉讼的"国籍确认请求事件"改为违宪判决,导致日本国会对国籍法进行修正,在取得国籍上实现了平等。这在日本各界反应非常强烈,表明违宪判决对社会所带来的巨大影响。

经过半个多世纪的运行,日本违宪审查制度日趋稳定,人权保障功能作为这个制度的终极目标,在实践中可能因历史时期的情势不同而呈现不同效果,

---

① 昭和前的年号。近代日本以来的年号:明治(1868—1911)、大正(1912—1926)、昭和(1926—1989)、平成(1989—)。

② 如无特别说明,下文提及日本宪法,均指现行宪法。

③ 日本宪法第 81 条:"最高法院为有权决定一切法律、命令、规则以及处分是否符合宪法的终审法院。"

④ 日本宪法第 98 条第 1 项:"本宪法为国家的最高法规,与本宪法条款相违反的法律、命令、诏敕以及有关国务的其他行为的全部或一部,一律无效。"

⑤ 芦部信喜.宪法[M].林来梵,凌维慈,龙绚丽,译.北京:北京大学出版社,2006:332.

但近 20 年来,却已出现相对比较积极的转型。深入研究这一转型背后蕴含的法律因素,对于同样具有东亚文化传统的中国来说,意义深远。尤其在中国特色社会主义法律体系已经得以建立的当今,[①]在如何更好地依宪治国,建立违宪审查制度方面,我们可以有所借鉴和参考。

一、日本违宪审查制度的转型

违宪审查制度是实施宪法保障的核心制度,最早可以追溯到 1803 年美国联邦法院在马伯利诉麦迪逊一案中进行的司法审查。美国"司法至上"的理念,为其建立违宪审查制度奠定了深厚的思想基础,[②]并最终形成"美国模式",与"欧陆模式"成为当今世界违宪审查制度的两种主要模式。二战后,在美国的干涉下,日本制定了新宪法,并以此为契机确立了美国式的由普通法院为主体的违宪审查制度,在保障宪法实施和公民权利方面发挥了重大的作用。由于日本既有中华法系根深蒂固的影响,又有近代欧洲大陆法以及战后美国法律模式的综合因素,日本违宪审查制度表现出许多独有的特点。

(一)日本违宪审查制度确立的背景与过程

1.明治宪法与违宪审查制度

1868 年,日本通过明治维新恢复了天皇亲政,消灭了国内的封建割据势力,建立起一个统一的中央集权国家,走上发展资本主义的道路。由于国内民主思想活跃,开设国会、实行政党政治和议会内阁制,颁布钦定宪法的主张被提上日程。通过大量的调研,在伊藤博文[③]等人的努力下,日本坚定了效仿德意志帝国宪法的决心,[④]正式制定并颁布了《大日本帝国宪法》,成为东亚第一部近代意义上的宪法。此前,土耳其奥斯曼帝国也制定了宪法,但由于并没有发挥实际功用,所以《大日本帝国宪法》是亚洲首部真正实行的近代宪法,而且在现行宪法制定前的大半个世纪里,没有经历任何修改或变动。

明治宪法并没有明文规定法院对法令具有违宪审查权,但在第 76 条规

---

① 周兆军,吴邦国.中国特色社会主义法律体系已经形成[EB/OL]. http://www.chinanews.com/gn/2011/03-10/2895965.shtml,2012-09-20.
② 朱福惠.宪法学原理[M].北京:中信出版社,2008:247.
③ 伊藤博文(1841—1909),日本近代政治家,内阁总理大臣,明治维新元老,主持日本宪法制定工作。
④ 肖传国.近代西方文化与日本明治宪法——从英法思想向普鲁士·德意志思想的演变[M].北京:社会科学文献出版社,2007.

定:"无论法律、规则、命令或使用其他任何名称者,凡与本宪法不相矛盾的现行法令,皆有遵守之效力。"从这条规定可以看出,明治宪法已经具有违宪审查的思想。然而,根据大审院的判决,①这种"违宪审查"只限于在宪法解释和司法实践中承认法院对"现行法令"的实质审查权,而对于法院审查立法机关制定的法律的权利,则只承认形式审查权。② 事实上,明治宪法规定天皇统揽大权,政府、议会和法院相对而言只处于从属地位,③这样的体制下也不可能真正存在违宪审查制。

但是,在明治宪法的起草者和学界的不懈努力下,日本当时已经产生关于司法审查的各种主张,④有的主张采用美国司法审查理论,甚至援引著名的马伯利诉麦迪逊一案,有的提出设置宪法法院的构想,为以后违宪审查制度的建立提供了必要的思想条件。

2.昭和宪法与违宪审查制度

明治宪法以神权主义色彩极其浓厚的立宪君主制为基础,随着日本资本主义和政党政治的发达,民主思想的普及,明治宪法中的立宪主义面向初显,自大正时代到昭和初期,出现了所谓的"大正民主",发挥出与英国的议会君主制同样的重要功能。⑤ 但是,由于军部势力的扩大和法西斯势力的抬头并进而掌握了政治的主导权,致使日本宪法发生了实质性的变化,战后日本的违宪审查制度随着新宪法的制定而得以建立。

1945年8月15日,日本天皇发表投降诏书,同意接受《波茨坦公告》,以美国为主的"同盟军"进驻日本。随后,以麦克阿瑟为首的联合国军总司令部在东京成立。麦克阿瑟于此前被杜鲁门总统任命为驻日盟军总司令,负责对日军事占领和日本的重建工作,被日本人视为太上皇。根据美国的占领政策,坚决要求改革日本的政治制度,废除明治宪法,制定一部新宪法,以彻底铲除日本军国主义体制,建立和平民主的新日本。日本国民也不愿意再经历专制与战争,希望按照《波茨坦宣言》构建新的政治体制,但日本政府对修改宪法却一直持消极态度。麦克阿瑟以及美国方面本来都不打算单方面地在日本实行

---

① 大审院大正二年(1913年)7月11日判决,刑事判决录[M].第19辑:790.
② 裘索.日本违宪审查制度[M].北京:商务印书馆,2008:10.
③ 明治宪法第3条规定:"天皇神圣不可侵犯",第4条规定:"天皇为国家元首,总揽统治权,依本宪法规定实行之。"
④ 赵立新.日本违宪审查制度[M].北京:中国法制出版社,2008:16-19.
⑤ 芦部信喜.宪法[M].林来梵,凌维慈,龙绚丽,译.北京:北京大学出版社,2006:22.

新的政治制度,只是希望日本自行实行民主改革,但在制定新宪法问题上,认为日本政府拿出的"松本草案"①过于保守,双方产生了分歧。于是,麦克阿瑟决定由盟军总司令部亲自起草新宪法草案,规定以国民主权为原理,放弃战争、解除军备,保障基本人权。在"盟军"和国内进步势力的压力下,日本政府以"麦克阿瑟草案"为基础,制定了"日本宪法修改草案纲要"。4月17日,日本政府以"纲要"为基础,制定"宪法修改草案",草案经议会审议通过后,经天皇裁可,于11月3日公布,并于1947年5月3日开始实施,这就是被誉为"和平宪法"的《日本国宪法》。②

《日本国宪法》在国民主权原则的指导下,确立了三权分立原则,为保证宪法的实施,第81条明确规定:"最高法院,为有权决定一切法律、命令、规则或处分是否符合宪法的终审法院。"由普通法院行使违宪审查权的制度最终在日本建立起来。

3. 日本违宪审查制度的其他依据

(1)法律依据

日本现行《刑事诉讼法》第405条第1项和第433条分别在上告和特别抗告程序中明确规定了上级法院的违宪审查权。③ 现行《民事诉讼法》第311条第1款、第312条第1款、第327条第1款、第330条、第336条第1款分别在上告法院、上告理由、特别上告、再抗告、特别上告等程序中明确规定了上级法

---

① 1945年10月11日,麦克阿瑟指示新成立的币原喜重郎内阁起草新宪法草案,成立以松本丞治国务大臣为主任的宪法调查委员会,开始着手对宪法的修改,1946年2月完成的新宪法草案。该草案没有对明治宪法进行大的修改,并且保留了战前的天皇制。因此,遭到盟军总司令部的强烈否决。

② 赵立新.日本违宪审查制度[M].北京:中国法制出版社,2008:20-22.

③ 日本《刑事诉讼法》第405条第1项规定,在下级法院判决"违反宪法或对宪法的解释有误"的情形下,当事人可以向最高法院提起上告请求;第433条规定,对于下级法院的决定或命令同样在"违反宪法或对宪法的解释有误"的情形下,当事人可以向最高法院提起特别抗告。

院的违宪审查权。① 行政诉讼中的上告制度准用《民事诉讼法》规定。关于法院的权限,《日本法院法》第 3 条第 1 项规定,"法院除日本国宪法有特别规定之外,审判一切法律上之争讼,并有其他法律所特别规定之权限。""一切法律上之争讼"自然应当理解为包含宪法诉讼,尤其是日本的司法权以具体事件性和法律上之争讼为前提。同时,《日本法院法》第 10 条在对最高法院大法庭与小法庭进行分工时,也对宪法诉讼的处理进行了规定。

(2)判例依据

宪法和法律对违宪审查制度仅仅作出原则规定,日本最高法院通过判例的方式明确了违宪审查权的两个重要问题,进一步完善了违宪审查制度:第一,明确了日本违宪审查权的性质为附随性审查。新宪法实施不久,日本最高法院在"警察预备队违宪诉讼案"的判决中表示:"只有在存在特定的当事人基于具体的法律关系的纠纷的情况下,才可以请求法院做法律判断,脱离上述具体案件说法院拥有就法律、命令等的合宪性进行抽象判断之权的主张,不具有任何宪法及法律上的根据"。② 第二,明确下级法院在审查具体案件过程中也有权进行违宪审查。宪法第 81 条规定的言下之意是下级法院也拥有违宪审查权,但日本学界曾存在不同的看法,日本最高法院通过判例作出了肯定的回答,在"违反粮食管理法案"的判决中认定:"法官在审理具体案件适用法律时,有权对于该法律是否符合宪法作出判断,这是宪法赋予法官的职权,在这一点上最高法院的法官和下级法院的法官并无区别。宪法第 81 条只是规定最高法院为行使违宪审查权的终审机关,并没有否定下级法院行使违宪审查权的意思。"③

---

① 日本《民事诉讼法》第 311 条第 1 款规定:"对于以高等法院作为第二审或第一审作出的终审判决,可以向最高法院提起上告;对以地方法院为第二审作出的判决,可以向高等法院提起上告";第 312 条第 1 款规定:"上告只限于判决中有宪法解释错误或者有其他违反宪法的事项为由,方可提起";第 327 条第 1 款规定:"对于以高等法院作为上告审作出的终局判决,限于以该判决中有宪法解释错误或者有其他违反宪法事项为由,方可向最高法院再次提起上告";第 330 条规定:"对抗告法院的裁定,限于以该裁定有宪法解释错误、其他违反宪法或者明显地影响裁定的法律违反为由,方可提起再抗告";第 336 条规定第 1 款规定:"对于不得提出不服的、地方法院和简易法院所作出的裁定或命令,以及高等法院所作出的裁定或命令,以该审判有宪法解释错误或者其他违反宪法的事项为由时,可向最高法院提出特别抗告"。
② 最高法院大法庭昭和二十七年(1952 年)10 月 8 日判决,民集 6 卷 9 号 783 页。
③ 最高法院大法庭昭和二十五年(1950 年)2 月 1 日判决,刑集 4 卷 2 号 73 页。

(二)日本违宪审查制度的特点

日本是一个擅于吸收外来文化的国家,同时又是一个擅于改造外来文化的国家,法律上的制度亦如此。日本的违宪审查制度是战后仿照美国建立起来的,具有事后审查、具体审查等特点,但即便如此,其司法审查制度明显具有不同于其他国家,甚至不同于美国的特点。

1. 违宪审查权由法官行使

美国的司法审查制由法院司法判例确立,联邦宪法及其修正案都没有对联邦法院的违宪审查作出明确规定。但日本的违宪审查制则来自于宪法第81条的明文规定,并且通过最高法院一系列的判例确立其具体内容。为保持法制的统一,违宪审查权要么由最高法院来行使,要么由宪法委员会来行使,但大部分国家的违宪审查主体都具有单一性,日本却独树一帜,并未照搬外国模式,各级法院法官均有违宪审查权就是其显著的特征。

2. 法院在违宪审查方面偏向保守

这是日本违宪审查制度实际运行的显著特征,为世所公认。最高法院接受的涉及宪法的判决数量非常多,其内容也涉及宪法问题的方方面面,但最高法院要么以"当事人不适格"或"缺乏诉益"为理由,要么以"政治问题"或"立法裁量"为理由,对于政治相关部门的决定,甚至以合宪限定解释的方法回避宪法判断,尽可能回避宪法审查。

3. 积极的合宪判决

虽然日本最高法院对作出违宪判决比较消极,但对作出合宪判决十分积极。通过判决中的宪法解释发挥了宪法审判的法创造功能和政策制定功能,从而对权力部门的行为采取了积极的追认态度,致使违宪审查的本议在某种程度上丧失。从判例来看,尽管个别法官的"反对意见"或"补充意见"也同时被列于最高法院的判决书中,但几乎涉及宪法问题领域的案件都判决政治部门的决定合宪。

(三)日本违宪审查制度的发展脉络

日本实行违宪审查制度已有近70年,在日本最高法院和下级法院都出现了许多判例。由于违宪审查的终审权在最高法院,在实践中,下级法院一旦作出违宪判决,该案件一般也都会被上诉至最高法院。因此,无论是从判决的效力来说,还是从判决的影响来说,分析最高法院的判例都有重要的现实意义。

1. 日本违宪审查制度发展的五个阶段

日本最高法院在审查普通案件上告审的过程中作出了不少宪法解释及宪法判决,通过分析日本最高法院对一些典型宪法案件的判决,可以将日本70

年来的违宪审查制度的发展分为以下五个阶段:

第一阶段:1947年(宪法开始实施)—1966年("全递东京中邮案件"[①])。这一时期,最高法院通过判例的形式将日本违宪审制的性质确定为美国式的附随性审查制度,但在宪法判断方面总体上比较消极,在涉及政治问题的"砂川案件"[②]和"苫米地案件"[③]中引入"统治行为论",以案件所涉国家机关的行为具有高度的政治性、事关国家统治为由,将其排除在违宪审查范围之外。而在涉及人权审判中,以重复抽象的"公共福祉论"的方法实施了一系列合宪性判断。

第二阶段:1967年—1973年("全农林警职法案件"[④])。与其他阶段相比较,这一阶段呈现出积极的特点:(1)以"全递东京中邮案件"判决为契机,最高法院产生了详细的宪法判断的理论,强化了保护人权的观念,该案被认为是里程碑式的判决。(2)最高法院在进行宪法判断时,以具体的比较衡量的方法替代过去的"公共福祉论",在维护人权的案件中表现出严格审查相关法律的趋势。(3)这一阶段还导入宪法判断回避原则、合宪限定解释原则、二重基准论等多样的宪法判断方法,宪法学界的理论成果也被吸收到法院的判决理由中。

第三阶段:1973年—1980年代。最高法院关于"全农林警职法案件"的判决标志着最高法院转向保守的立场。最高法院在"猿拂案件"[⑤]"堀木诉讼"[⑥]等很多关键性案件的违宪审查中采用了较为宽松的审查标准,在政治问题上开始广泛采用"立法裁量论"进行回避宪法判断,导致随意的合宪判决相当多。

第四阶段:1980年代—1990年代。这一时期的特点是,最高法院在继续坚持司法消极主义的同时,表现出了比较复杂的另一面,积极进行违宪判断却又极端谨慎。此外,由于适用的违宪审查标准过于宽松,立法裁量论被任意发

---

① 最高法院大法庭昭和四十一年(1966年)10月26日判决,刑集20卷8号901页。

② 最高法院大法庭昭和三十四年(1959年)12月16日判决,刑集13卷13号3225页。

③ 最高法院大法庭昭和三十五年(1960年)6月8日判决,民集14卷7号1206页,判时225号6页。

④ 最高法院大法庭昭和四十八年(1973年)4月25日判决,刑集27卷2号547页,判时699号22页。

⑤ 最高法院大法庭昭和四十九年(1974年)11月6日判决,刑集28卷9号393页。

⑥ 最高法院大法庭昭和五十七年(1982年)4月25日判决,民集36卷7号1235页,判时1051号29页。

挥,出现了"森川凯瑟琳案件"①等不少未经过充分论证就简单地予以驳回上告的判决。

第五阶段:1990 年代以来。这一阶段的特点是日本最高法院在违宪审查中再次强化了对人权保障的重视。日本迄今为止的 8 起法令违宪判决,②就有 5 起发生在 90 年代以来,其中有 3 起发生在本世纪。虽然这几个个位数字依然可以被当作是日本司法消极主义的力证,但也说明了违宪审查正朝着积极的方面发展,尤其是本世纪的 3 个判例均涉及人权保障。这个阶段的另一个特点是违宪审查制度改革的呼声和构想日益强烈。

2. 日本违宪审查制度的转型特征

分析上述五个阶段可以看出,日本违宪审查制度实施至今,体现出三个重要的特征:第一,司法消极主义一直占主导地位,但有从消极司法主义转向相对积极的司法主义的趋势。日本最高法院在保障人权方面所做的不懈努力,其成效已初见端倪。第二,从一味尊重国会意见转向重视人权保障。虽然违宪审查制度是公民基本权利的捍卫者,但由于东亚文化的影响,日本集体意识浓厚,如果一味地干预政治,甚至很难得到公众的支持。随着上世纪 90 年代以来,日本个人主义思潮的兴起,对人权保障的呼声不绝于耳。第三,日本最高法院试图把宪法与民族文化结合起来。天皇制度在美国是没有的,但日本在保留天皇制度的基础上实行三权分立,通过合理地限制国家权力来实际人权保障。

因此,日本违宪审查制度在其发展过程中,人权保障的功能日益凸显。虽然这与日本学者的期待还相去甚远,③但 20 世纪 60 年代以来,尤其是进入 21

---

① 最高法院平成四年(1992 年)11 月 16 日判决,裁集民事 166 号 575 页。
② 该统计数字截至 2012 年 11 月,8 起法令违宪的判决分别为:尊属杀重罚规定事件判决(最高法院大法庭昭和四十八年 4 月 4 日判决,1973 年)、药事法距离制限条项事件判决(最高法院大法庭昭和五十年 4 月 30 日判决,1975 年)、众议院定数不均衡事件判决(最高法院大法庭昭和五十一年 4 月 14 日判决,1976 年、最高法院大法庭昭和六十年 7 月 17 日判决,1985 年)、森林法共有林分割制限规定事件判决(最高法院大法庭昭和六十二年 4 月 22 日判决,1987 年)、邮便法赔偿责任制限规定事件判决(最高法院大法庭平成十四年 9 月 11 日判决,2002 年)、在外选举制度制限规定事件判决(最高法院大法庭平成十七年 9 月 14 日判决,2005 年)、国籍确认请求事件(最高法院大法庭平成二十年 6 月 4 日判决,2008 年)。
③ 例如,日本宪法学者户松秀典曾指出,几乎没有一件是具有划时代意义的,或者是在保障人权方面具有重要意义的判决。

世纪以后,日本法院关于违宪判决的案例呈现明显增加,其中有不少判例涉及基本权利保障。下面所论述的"国籍确认请求事件"的违宪审查判例在这个阶段中具有里程碑意义。

二、国籍法违宪审查案例分析[①]

日本是一个非常重视归属意识的国家,这在国籍管理规定上体现得淋漓尽致。仔细研读日本的国籍法,可以发现条条框框非常严格,体现了作为一个非移民国家的保守闭塞性。特别是《国籍法》里要求父亲婚前承认胎儿或婚后承认必须与婴儿母亲结婚的日本国籍取得要件直接关系到几万名的外国母亲的非婚生子的基本权利保障,因此屡有针对国籍法该条款提起的违宪诉讼,但日本最高法院一直都给予判决合宪。直至2008年,日本最高法院才首次就非婚生子女的歧视问题作出《国籍法》违宪的裁定,并成为日本最高法院对判决法令违宪的第八个案例。

(一)2008年国籍法违宪判决案件介绍

上告人[②]是10名8岁至14岁的男女儿童,居日本关东和中部地区。他们的父亲是日本人,母亲是菲律宾人,父母没有结婚。根据日本《国籍法》,日本男子与外国女子婚外生子时,如果男子在子女未出生时就承认[③]他们,则子女可获日本国籍;而如果男子在子女出生后承认他们,则子女不能入籍。由于10名上告人出生后才获日本生父承认,根据《国籍法》,未能加入日本籍。其中1名上告人于2003年向法院起诉,指控《国籍法》违宪;另外9名上告人于2005年提起同样的集体诉讼。东京地方法院于2005年和2006年分别判决上告人胜诉,但东京高等法院二审推翻这一判决,10名上告人随后向最高法院提起上告。最高法院大法庭认定,《国籍法》把父母婚否作为其子女获得日本国籍的依据,这种规定违背法律面前人人平等的宪法原则。最高法院裁定

---

① 该判例名为:"国籍确认请求事件",日本最高法院大法庭平成二十年(2008年)6月4日判决,民集228号101页。本章相关内容主要依据判决书进行分析,判决书原文见日本最高法院数据库[EB/OL]. http://www.courts.go.jp/hanrei/pdf/20080604174246.pdf,2012-08-21。

② 上告,在日本指民事诉讼中对二审的终审判决不服的上诉。

③ 日语原文用"认知",有的翻译成"承认""指认",但按照通译,本文统一译成"承认"。

二审判决结果无效,上告人方有资格获日本国籍。[①]

日本最高法院在判决书里就该案判决的过程进行了详细的阐述,现简要分析如下:

上告人提出在《国籍法》第 3 条第 1 款中,关于日籍父亲的非婚生子把通过父母结婚取得婚生子的身份作为取得日本国籍的要件部分违反《宪法》第 14 条第 1 款,据此主张向法务大臣提出国籍申报而取得日本国籍。

针对于此,原判决指出:即使假定《国籍法》第 3 条第 1 款中规定上述要件部分违反《宪法》第 14 条第 1 款而无效,因此认定日籍父亲的非婚生子通过承认和申报可以取得日本国籍,无非是以法律解释为名,实质性地对《国籍法》未进行规定的国籍取得要件进行创设,法院进行这样的立法超越违宪立法审查权的界限,这是不容允许的。而且,从《国籍法》第 3 条第 1 款的宗旨来看,如果规定上述要件部分违反《宪法》第 14 条第 1 款而无效的话,相当于是《国籍法》第 3 条第 1 款全部无效。这样一来,由于不应创设限于在出生后得到日籍父亲承认者取得日本国籍的制度,即使由于《国籍法》第 3 条第 1 款违反《宪法》第 14 条第 1 款而部分或全部无效,上告人也不能通过向法务大臣申报而取得日本国籍,据此,驳回上告人的请求。

该案被上告至日本最高法院。法院认定:"关于本案差别,虽然认为产生这种差别的立法目的本身有合理的根据,但是,由于我国国内外社会环境的变化等原因,与立法目的之间的合理关联性丧失,如今《国籍法》第 3 条第 1 款的规定在取得日本国籍方面,课以欠缺合理性的多余要件。并且,关于本案差别,对于只在出生后得到日籍父亲承认的非婚生子,必然出现在取得日本国籍上明显不利的、差别的对待,即使考虑赋予规定国籍取得要件的立法机关裁量权,对于这个结果,已经不能说与上述立法目的之间存有合理关联性。因此,本案差别最迟在上告人向法务大臣提出国籍取得申报时,即使考虑立法机关被赋予的裁量权,仍然欠缺与立法目的间的合理关联性。从而,在上述时点里,本案差别不得不说是没有合理理由的差别对待,产生本案差别的《国籍法》第 3 条第 1 款应当认为违反《宪法》第 14 条第 1 款。"最高法院进而就该案裁定:"日籍父亲与非日籍母亲间生下的、并且在出生后才得到父亲承认的孩子满足除通过父母结婚取得婚生子身份部分的国籍第 3 条第 1 款所规定的要件时,应当按照该款予以取得日本国籍。"

---

① 新华社. 日本最高法院裁定《国籍法》部分违宪[EB/OL]. http://old.chinacourt.org/html/article/200806/06/306079.shtml,2012-10-05.

最终，日本最高法院认定上告人根据《国籍法》第3条第1款的规定取得日本国籍，持不同见解的、请求驳回上告人请求的原审判决对《宪法》第14条第1款、第81条及《国籍法》的解释不当，因此，予以驳回。在本案中，除横尾和子、同津野修、同古田佑纪，法官甲斐中辰夫、同堀笼幸男等5位法官持有反对意见以外，全体法官意见一致，作出以下判决："撤销原判；驳回被上告人的控诉①；控诉费用和上告费用由被上告人承担。"

（二）涉及国籍法违宪审查相关案例的比较分析

日本《国籍法》制订于1950年，在本案判决前，先后曾于1952年、1984年、1993年、2004年进行修订；2012年，在日本最高法院对本案宣布违宪判决的半年后，日本国会通过了现行国籍法的最后一次修订案。在此之前，日本最高法院曾多次对"国籍确认请求事件"进行违宪审查，但直到2008年才作出违宪判决。就在2002年，日本最高法院就有一起类似的案件判为合宪。为了使案例分析更加细腻、更加有说服力，以下对这起案件进行介绍。②

原告A系菲律宾女子B与日本男子C的非婚生女，出生于1992年6月21日，于1995年4月12日由C向日本提出承认申报，但A女日本国籍未被认可。于是，A主张其因C的承认自出生时即取得日本国籍而向日本（被告）请求确认其日本国籍。日本拒不承认A取得日本国籍，致其无从享有日本国民当然享有的保护或权利，A女因此本于侵权行为，对日本提起本件请求给付抚慰金的损害赔偿诉讼。③

在上告理由中，有关国籍法第2条第1项规定违反宪法第14条的论述：上告人主张其出生后约二年九个多月之后，由其父亲承认，因此应追溯其自出生时即取得日本国籍，请求被上告人确认其具有日本国籍并支付相关待遇的抚慰金。论述要旨主张，原判决于适用国籍法第2条第1项时，否定承认的追溯效力乃因对于婚生子女与非婚生子女之间就日本国籍之取得，予以不合理的差别对待，因此，违反宪法第14条之规定。

对此，最高法院作出国籍法第2条第1项并未违反宪法第14条第1款的判决，理由如下：(1)宪法第10条规定"成为日本国民之要件，由法律规定之"，此规定应解释为国籍乃国家成员的资格，原本决定何人可具有本国国籍一事，

---

① 控诉，指对一审判决不服时，要求上一级审判机关取消或更改一审判决。
② 最高法院第二小法庭平成十四年（2002年）11月22日判决，民集208号495页。
③ 台湾"司法院"印行.日本国最高法院裁判选译[M].台北，2004:81.

属于国家固有的权限,有关国籍得丧的要件应如何制定,大多受到各国历史的发展、传统、环境等因素,有关日本国籍得丧的要件如何制定委由法律规定。因此,规定有关国籍得丧法律要件存在的差别,是否违反宪法第 14 条第 1 款,应基于该差别是否有合理依据来判断。法律上的平等,并非指保障绝对的平等,而是禁止有不具合理理由的差别而已。因为只要具有合理依据,法律上所进行的差别处理,就不违反法律上的平等规定。(2)国籍法第 2 条第 1 项有关日本国籍的出生取得规定,是采用所谓父母两系血统主义,但并非指绝对的显示人类生物学上出身的血统,而是以小孩出生时与日本人之父亲或母亲有法律上的亲子关系,借以显示其与日本国有密切联系而赋予国籍。因此,出生国籍之取得尽可能期望于小孩出生时已经确定,由于出生后是否承认,于出生时点无法确定,因此国籍法第 2 条第 1 项,并不承认小孩于出生后经日本人之父亲承认后,得溯及至出生时承认其法律上父子的关系存在,因此,对于出生后承认的情形,不承认其出生时取得日本国籍自有其合理依据。

在上告理由中,有关国籍法第 3 条规定违反宪法第 14 条的论述:上告人主张国籍法第 3 条有关婚生子女与非婚生子女之间在国籍的出生取得上予以差别对待的规定违反宪法第 14 条。

对此,最高法院不予采纳,理由如下:即使国籍法第 3 条规定的全部或一部违宪而无效,由于上告人所作生来即当然取得日本国籍的主张欠缺请求权基础,即其论述要旨只不过就不影响原判决结论的事项而作违宪的指摘。

值得注意的是,在全体法官作出一致意见判决的时候,有三位法官提出补充意见。其中,龟山继夫法官表示:"个人对于国籍法第 2 条第 1 款的规定承认自胎儿时起即被日本人之父亲承认的非婚生子女的出生取得国籍,却于国籍法第 3 条的规定于承认外,加上'父母的结婚'为出生取得国籍的要件的合理性,存有疑问,这一点在影响到结论的事件中应说加讨论"。梶谷玄法官、泷井繁男法官对国籍法第 3 条规定的合宪性问题做了重要的补充意见:"诚然,所谓子女属于婚姻家庭者,可显示出透过亲子关系,确认其与我国存在密切关系的要素。但是,今日国际化持续进行,价值观亦呈现多样化,家庭的生活状况并非一致,相对于此,与子女的关系也会产生变化,依据婚姻的形式判断其紧密性未必符合现实社会,依据双亲是否具有婚姻关系来差别对待子女是否取得国籍一事,实难以发现其合理性。""父母无婚姻关系的情形下,倘若母亲为日本人,通常其子女被认为取得日本国籍,因此,实际上国籍法本身的立场乃认为,以婚姻的外观作为国籍取得的要件并未具重要意义。因此,依据国籍法第 2 条第 1 项,即使父亲为日本人之非婚生子女,如于胎儿时即由父亲承认的,一律取得日本国籍,在这里,完全没有讨论亲子的实质结合关系的问题。此外,认为父子关系与母子关系实质上会有不同,这只是根据向来父亲与母亲在家庭中所扮演的角色来判断的结果所致,但是否可以将其视为是理所当然的事情不无疑问,现今父亲与母亲在家庭中的角色不断在变化,所以不应以此作为取得国籍要件不同的合理依据。"同时,他们还在保障人权方面的重大意义方面进行论述:"对婚生子女与非婚生子女进行不同的对待,已引起许多疑问,因此,不能因为父母于其后是否结婚等这种无法由自身之力决定的事情为由,予以差别对待。我国已于昭和五十四年(1979年)批准关于《公民权利及政治权利国际公约》第24条[①],以及于平成六年(1994年)通过关于《儿童权利公约》第2条[②],这二者都规定儿童不因其出生而受差别对待,不应无视这些规定。"最后,他们得出较为保守的结论:"对这部分非婚生子女而言,实属差别对待,但这种差别对待参照国籍法的立法目的,很难说具有充分的合理性,因此我们认为有违反宪法第14条第1款规定的重大嫌疑"。

对照两个判例,2002年的国籍法违宪审查判例(以下简称"2002年判例")中,龟山继夫法官、梶谷玄法官、泷井繁男法官的补充意见在2008年的国籍法违宪审查判例(以下简称"2008年判例")中成为很重要的论点及认证方法。

(三)国籍法违宪判决的宪法依据

1. 宪法至上原则

违宪审查的实质就在于通过宪法适用来判断国家机关的行为是否符合宪法,宪法主要通过规范国家权力来实现保障人民基本权利的目的,但宪法的制定与国家机关的产生都是人民意志的产物。立法机关代表人民行使立法权,与宪法之间的关系成为重要的问题。如果从法理上假定立法权是最高权力,

---

[①] 《公民权利和政治权利国际公约》第24条规定:"一、每一儿童应有权享受家庭、社会和国家为其未成年地位给予的必要保护措施,不因种族、肤色、性别、语言、宗教、国籍或社会出身、财产或出生而受任何歧视。二、每一儿童出生后就立即加以登记,并应有一个名字。三、每一儿童有权取得一个国籍。"

[②] 《儿童权利公约》第2条规定:"1.缔约国应遵守本公约所载列的权利,并确保其管辖范围内的每一儿童均享受此种权利,不因儿童或其父母或法定监护人的种族、肤色、性别、语言、宗教、政治或其他见解、民族、族裔或社会出身、财产、伤残、出生或其他身份而有任何差别。2.缔约国应采取一切适当措施确保儿童得到保护,不受基于儿童父母、法定监护人或家庭成员的身份、活动、所表达的观点或信仰而加诸的一切形式的歧视或惩罚"。

并以国民主权为原则排除宪法对立法权的约束,就不可能有违宪审查制度。[①]正因如此,日本新旧宪法都作出了一切法律、法令不得违反宪法的规定。本案的判决及判决本身都尊崇了这一原理,至于出现 2002 年判例与 2008 年判例截然不同的结果,是日本最高法院对宪法条文本身赋予了鲜活的生命力。例如,《宪法》第 10 条规定:"成为日本国民之要件,由法律规定之",《国籍法》据此对日本国籍的取得和丧失的要件进行规定。"《宪法》第 10 条规定应理解为,国籍作为国家成员的资格,关于它的取得和丧失要件的规定必须考虑到各国的历史情况、传统、政治、社会和经济环境等等各种要素,因此如何制定依赖立法机关的裁量判断。"这就要求立法机关必须制定符合情势的《国籍法》规定,对于已经过时的规定必须及时予以调整或删除。日本最高法院自称是"宪法的守护者",本案判例再次地说明了这一点。

2. 三权分立原则

日本宪法采取了美国严格的三权分立原理,在宪法下三权平等并存的思想,成为法院具有违宪审查权的重大理论根据。根据这种思想,司法机关负有在独立的立场上解释系争的法律,在理解为违宪的情况下还可以拒绝对该法律的适用,而且,有必要制约立法、行政的违宪行为,以确保权力相互间的抑制与均衡。立法面向未来,行政立足当前,司法解决过去。此案件的判决书都充满了对立法机关对《国籍法》的法律精神以及修订宗旨的评论,在作出违宪判决之后,认定行政机关应当授予原告以日本国籍,这都生动地体现了日本立法、司法、行政"三权"的相互制约,也体现了日本司法的独立性,这些都是违宪审查制度的重要基石。

3. 保障人权原则

这是日本宪法的三大基本原则之一,在宪法前言明确地加以宣明。[②] 对一个公民来说,国籍具有保障基本人权、赋予公共资格、享受国家福利的重要法律地位,如果没有拥有一个国家的国籍,他想享有作为这个国家公民的基本权利更是无从谈起。正是基于这样的认识,日本最高法院此次对国籍法违宪问题特别慎重,采用多种方法来论证判决主旨。在日本宪法当中,人权也并不是没有限制的,人权是对于个人而言,个人跟社会的利益经常会出现不一致,所以在一些特殊情况下,公民的基本权利自然会存在法律限制的问题。当然,

---

① 朱福惠.违宪审查制度的法理基础——论宪法对立法权的限制和约束[J].厦门大学法律评论,2003(1):257.

② 芦部信喜.宪法[M].林来梵,凌维慈,龙绚丽,译.北京:北京大学出版社,2006:31.

这个问题的合宪性是宪法学不能脱离的研究重点。在日本宪法学界,出现了一元外在制约说、一元内在制约说等两种观点以及比较衡量论、双重基准论等多种学说,①但对于基本权利的限制都是格外地谨慎。如果不作出违宪判决,那么上万人论争的非婚生子的基本权利就没法得到保障,这与宪法的保障人权原理是背道而驰的。

(四)国籍法违宪判决的效力

1.国籍法的基本原则

日本一直来采取的都是以血统主义为主、出生地主义为辅的原则。而且曾实行只要父亲是日本人,子女就可以取得日本国籍的父系血统优先主义。但随着《消除对妇女一切形式歧视公约》的批准,日本于1984年对国籍法进行修订,并于1985年开始实施,采用了双亲任何一方为日本人的情形下可取得日本国籍的双系平等主义。同时,日本不承认双重国籍,规定申请者必须没有国籍或放弃原有国籍。

2.国籍法第2条第1项的扩充解释

宪法解释指的是为保证宪法含义明确、准确和完整,便于宪法的有效实施,而对宪法规范的内涵和外延以及词语用意,依据立法精神原则及意图加以诠释或说明。② 纵观世界宪政历史,一些国家的宪法保持长期的稳定性程度令人惊叹,并为其立法者的高超技术所折服,但事实上,除了有较先进的立法技术以外,宪法解释也功不可没。二战以来,世界各国普遍强化了对基本人权保护的重视,尤其是20世纪初以来法理学的新发展引起了宪法解释方法产生了明显的变化,从传统的宪法解释方法转为现代的宪法解释方法。这二者的区别主要有形式上和实质上之分:形式上的区别表现为解释客体和解释者的积极性程度不同;实质上的区别在于,前者是从宪法文字文本中探求制宪者的意图,后者着重于保障公民的基本权利。③ 日本最高法院在一定程度上也表现出这种倾向:在2008年判例以前,法院在国籍法违宪审查中对宪法的解释着力于阐释立法者的意图,论证立法目的的正确性,即使在其他判决违宪的案件中,也从不否认立法目的,而且否认为达到立法目的的手段的合理性和必要性。2008年判例中,法

---

① 芦部信喜.宪法[M].林来梵,凌维慈,龙绚丽,译.北京:北京大学出版社,2006:85-91.

② 朱福惠.宪法学原理[M].北京:中信出版社,2008:271

③ 刘国. 宪法解释方法:传统与现代之间的区别及其法理成因[J]. 四川师范大学学报(社会科学版),2012(1):41.

院对宪法的解释不再局限对宪法条文本身的解释,而是考察当时社会、经济和文化以及当时人们的一般性共识是什么,并引用国际公约进行论证。出发点和最终落脚点都是为了保障非婚生子的基本权利不受侵害。

首先,关于国籍法第 2 条第 1 项中"出生时"的理解问题,特别是在诸如本案父亲是日籍而母亲非日籍的非婚生子的情形,这个问题的解释更加不容回避。根据政府的解释,在非婚生子还没有出生前进行承认,才能确认其出生时父亲为日本国民。政府方面的理解是紧扣字面的,认为"出生时"自然指的是孩子出生的时候,之后的承认不应具有溯及力,对于外国人的子女的国籍赋予问题是属于国家的自由裁量权,这也正是 2002 年判例的观点。但是,国籍对于保障一个人的基本人权来说至关重要,尤其是判定非婚生子的社会身份方面,必须根据严格的合理性基准来进行违宪审查。因此,对于同样的非婚生子却因不同时期进行承认而产生的差别问题应该慎之又慎。

其次,2002 年判例还认为,国籍法第 2 条第 1 项虽然采用所谓的父母两系血统主义,但不意味着只看显示人类生物学出身的血统,还将子女出生时同日籍父亲或母亲建立的密切关系来赋予国籍,这种观点在 2008 年判例得到了进一步的发扬。但是,要求无辜的孩子们承担责任违反了平等原则的宗旨,应当限制于必要的最小限度内。如果认可承认的溯及力,扩大对"出生时"父亲是日本国民这一字面解释,就不会存在违反公益的事情了。在具有溯及力说和不具溯及力说二者中,不具溯及力说很有违宪的嫌疑,法院不应采取这一说,可适用美国违宪审查中布兰戴斯法官为回避宪法判断而主张的合宪性解释规则,即布兰戴斯规则。其中特别重要的两项规则是,"即使宪法问题在诉讼记录上已被恰当地提起,但只要有能够处理案件的其他理由存在,法院便不能对宪法问题作出判断"的规则,以及"在议会制定的法制之效力成为争诉问题的情况下,即使就该法律的合宪性已有重大疑义被提起,法院也必须以此为基本原则,即:确认可以回避宪法问题那样的法律解释是否可能成立"的规则。在日本,使之成为具体问题的著名案件,是惠庭案件。①

综上,只要将国籍法第 2 条第 1 项解释为认可承认具有溯及力,就可以解决问题,但从现实上看,立法者的意思很明确,即国籍法第 3 条第 1 款是以承认的效果不具有溯及力为前提的,2002 年判例遵从了这个解释。2008 年判例立足于以下两点作出合宪判决:第一,国籍法第 2 条、第 3 条分开规定;第二,

---

① 札幌地方法院昭和三十九年(1964 年)3 月 29 日判决,下刑集 9 卷 3 号 359 页。

对国籍法第2条作出具有溯及力的判断,使之合乎宪法,并把问题集中到国籍法第3条第1款的宪法判断上去。

3.国籍法第3条第1款的合宪性问题

即使以关于"出生时"的政府解释为前提,国籍法第3条第1款的立法目的是为了事后对出生后才被承认的非婚生子权利的救济规定,但问题在于父母结婚关系的有无却产生了差别。根据国籍法血统主义的原则,只要通过承认确定了日本国民血统的孩子,就应全部得到救济。再比如,民法上的继承份额的问题也在保护法律婚主义和非婚生子之间进行调整。从国际上来看,在日本批准的《公民权利和政治权利国际公约》以及《儿童权利公约》中,也有儿童不因出身受到差别对待的规定。因此,这个差别不可不谓具有违反宪法第14条的嫌疑。

(1)违宪审查基准论

这个理论解决的主要是在宪法诉讼当中,对于人权价值的排序法院应当遵循的基准问题。根据日本法院对于法令违宪的审查程度,可以将违宪审查基准分为最小合理性审查基准、中间合理性审查基准和严格的审查基准三种类型。对于基于性别、非嫡生、非本国国籍、经济能力在则区别对待的立法,或者重要人权、社会公益等差别性立法,要加重"合理性标准"。① 在本案中,究竟采用了何种基准?从判决书中不难看出,"立法目的的合理性""难以发现与前述立法目的间的合理关联性""采用明显超过立法目的以及与它的合理关联性范围的手段"等用语说明采取的是缓和的审查基准,即"最小合理性审查基准"。但是由于国籍对于基本人权保障的重要性以及非婚生子对父亲和母亲的婚姻结合是无可奈何的,本案应当采用"严格的审查基准",至少更加严格的标准,这在判决书中田原睦夫、泉德治法官都进行了补充意见。笔者认为,作为就国籍法问题已经突破了以往所有合宪判决的理念,这虽然是一种言辞上些微的妥协,但应当也是日本语言暧昧性的侧面反映,因而"明显的不合理"这个措辞并不重要。

(2)立法事实论

此次最高法院的判决中的一大特色是,随着时代的变化,支撑法律的合宪性社会事实已经消失,即立法事实发生了明显的变化。首先,肯定了国籍法第3条第1款的历史作用和制定时的合宪性,具有合理的根据。接着,之后的社会背

---

① 胡锦光.违宪审查比较研究[M].北京:中国人民大学出版社,2006:110.

景的变化值得注意:"伴随着我国社会、经济环境等的变化,关于包含夫妻共同生活应有状态在内的家庭生活和亲子关系的意识也会变得不一样,如今非婚生子占出生数的比例增加等等,家庭生活和亲子关系的实际状态变得多样化。除了这种社会普遍观念和社会状况的变化,近年来,随着我国国际化的进展,由于国际交流的加强,日籍父亲和非日籍母亲生下的子女大大增加,父母一方为日本国民的情况下,还在有无同居等家庭生活实际状况、在对法律上的婚姻及以其为背景的亲子关系应有的状态的认识上,相比父母都是日本国民的情形更为复杂多样,其子女与我国联系的强弱无法直接从父母是否有法律上的婚姻关系来判断。这样考虑的话,日籍父亲与非日籍母亲拥有法律上的婚姻关系才能给予日本国籍,但是从同我国建立密切联系这一条件在今天未必能与家庭生活等实际情况相适应。而且,在国外,可以看到取消对非婚生子法律上差别对待的趋势,在我国批准的《公民政治权利国际公约》以及儿童权利条约中,也有儿童不因出身受到差别对待宗旨的规定。进一步说,《国籍法》第3条第1款规定设计后,关于本国国民身份父亲的非婚生子,将准正作为国籍取得要件的许多国家中,到今天为止,通过承认等就可成立与本国国民的父子关系,仅此情形就可取得本国国籍,以此为精神的法律修订正在进行中。"

如上所述,将出生后的准正申报作为日本国籍取得的要件,应该说很难找到与前述立法目的的合理关联性。在终审判决中,基本上原原本本地采纳了一审判决中关于立法事实论的阐述言辞。此外,在有关平等原则的违宪审查判例中,关注支持立法的社会背景变化也不是首次。例如,在日本刑法第200条尊属杀人罪的有关规定中,1950年判决合宪,[①]但1973年判决违宪。[②] 实质上,法院已经关注到这个规定本身背后的国民意识的变化而产生的立法事实论问题。作为宪法第14条的例外"社会普通观念上合理的差别"是被允许的,但"社会普通观念"本身是可变的。因此,立法事实的变化是2008年判例作出不同于之前的判决的一个很重要方法。

(3)部分违宪处理

最高法院对本案的判决是承认和婚姻两个要件中的其中一个违宪无效。这意味着作出了违宪判决,但并不是对第3条第1项都作出违宪裁决,而是对

---

① 有关尊属伤害致死罪见最高法院大法庭昭和二十五年(1950年)10月11日判决,刑集4卷10号2037页;有关尊属杀人罪见同年10月25日判决,刑集4卷10号2126页。
② 最高法院大法庭昭和四十八年(1973年)4月4日判决,刑集27卷3号265页。

这个规定进行"合宪性解释",从而认可原告的国籍,对原告给予实际救济。而且,只是删除违宪的规定或其一部分,而剩下的仍然有效并且进行适用。这在"在外投票部分违宪"[①]"邮政法法律部分违宪"[②]等判例中也作出过部分违宪判决,而不是对法律全文进行违宪判决。这与其说是合宪解释的限度问题,还不如说是通过将规定中的部分违宪判决,而维持剩余部分的有效性,充分考虑并尊重国会的立法权,尽可能避免产生法院对法律进行创设的争议。

通过上述分析,日本最高法院最终判决国籍法第3条第1项部分违宪,不能不说是一个历史性的进步。日本由于面积狭小、资源紧缺,所以排外意识非常强烈,国会以前对两个要件的立法规定以及日本最高法院之前的判决不能说没有充分顾及国民方面的反应。即使是2008年判例,日本各界依然存有强烈的不同意见,在这样的背景下,能有此次判决,更说明了日本最高法院再次强化了保障人权的意识,通过各个技术性手段实现人权的保障。

(4)违宪判决效力理论

违宪判决效力,指法院对判决中作出的宪法判断(尤其是违宪判断)后的法的实际效果问题。日本的宪法诉讼是附随性审查,采取的是民事、刑事和行政的任何一种诉讼形式,而且法院的宪法判断并不在判决主文中表达出来,而是在判决理由中予以阐述。这样一来,"关于宪法事件的判决,虽然平时都称作违宪判断或合宪判断,而不是直接作出的违宪判决或合宪判决。在日本这样附带的违宪审查制下,即使在判决理由中包含宪法判断的判决,其法的效力也随不同的程序法而不同。"[③]法院作出违宪判决的效力,法律和最高法院的态度并不明确,在学说上,有个别效力说和一般效力说。个别效力说认为,法院所作的违宪判决只对裁判的当事人有效。法院认为,违宪的法律并没有被撤销,从理论上说,仍然是有效的,对特定案件以外的其他国民仍具有法律约束力。一般效力说则认为,法院所做的违宪判决对一般人都具有效力,被判断为违宪的法律自然失效。在日本,个别效力说为通说。[④]

在本案中,日本最高法院用委婉的语言指出:"关于准正子,将申报取得日本国籍作为前提,谋求对由本案差别引起的、受到不合理差别对待者的救济,修正本案差别引起的违宪状态成为必要",可见,最高法院作出违宪判断,但并

[①] 最高法院大法庭平成十七年(2005年)9月14日判决,民集59卷7号2087页。
[②] 最高法院大法庭平成十四年(2001年)9月11日判决,民集56卷7号1439页。
[③] 赵立新.日本违宪审查制度[M].北京:中国法制出版社,2008:121.
[④] 李丰.日本违宪审查制度[J].党政论坛,2004,(7):47.

不意味着该法律直接随之无效。在本案差别属于违宪状态的前提下,日本最高法院进一步论证、认定了上告人可以取得日本国籍,承认了对当事人权利的救济,这也正是个别效力说的意旨。在实际运作中,当日本最高法院作出违宪判决后,国会和制定相关法令的行政机关往往通过修改或废除违宪法令的方式,表示对司法判决的尊重和避免因违宪可能产生的冲突。相应地,日本国会于 2008 年 12 月 5 日通过国籍法修正案,放宽日本男性与外国女性所生子女的入籍限制。根据国籍法修正案,日本男性与外国女性所生子女要取得日本国籍,只需父亲承认子女为亲生即可,而不必结婚。相应地,为避免进行虚伪承认以骗取日本国籍者,日本一方面加强了鉴定判定能力,另一方面在国籍法修正案对伪报者"入刑",科以刑法处罚。

三、日本法院的人权保障功能

(一)日本法院在人权保障上的地位

1. 审查主体确立的渊源

战前,日本军部对国会颐指气使,毫不尊重,使得人们对议会主义产生不信任,议会所制定的法律必定合乎民意的传统价值观也逐渐发生变化,人们不确信依法就能保护权利,反而担心权利会受到法律的侵害。而现行日本宪法是在麦克阿瑟组织草案的基础上形成的,因此包括违宪审查制度本身也深受美国宪政理念的影响。由普通法院行使违宪审查权的理论渊源是三权分立原则和以汉密尔顿为代表的联邦党人的"法院应该有审查法律的合宪性的权力"的思想。因此,美国开创了普通法院行使违宪审查权的先河,也使得三权分立原则在美国得到了更好的贯彻。[①] 日本战后的宪法模式和政治体制决定了司法机关作为违宪审查的主体。

日本宪法通过第 97、98、99 条明确规定了日本宪法的最高法地位。[②] 日本宪法第 76 条规定:"一切司法权属于最高法院及由法律规定设置的下级法院。不得设置特别法院。行政机关不得施行作为终审的判决。"因此,日本宪

---

① 朱福惠.宪法学原理[M].北京:中信出版社,2008:259.
② 宪法第 97 条规定:"本宪法对日本国民所保障的基本人权,是人类为争取自由经过多年努力的结果,这种权利已于过去几经考验,被确信为现在及将来国民之不可侵犯之永久权利。"第 98 条规定:"本宪法为国家的最高法规,与本宪法条款相违反的法律、命令、诏敕以及有关国务的其他行为的全部或一部,一律无效。"第 99 条规定:"天皇或摄政以及国务大臣、国会议员、法官以及其他公务员均负有尊重和拥护本宪法的义务。"

法赋予法院是违宪审查的主体。

2.最高法院和下级法院

日本宪法第 81 条规定:"最高法院为有权决定一切法律、命令、规则以及处分是否符合宪法的终审法院。"通过这一条文可以看出,最高法院的违宪审查权是毫无疑问的。而且,日本宪法通过"警察预备队违宪诉讼案"[1]明确是日本是附随性审查制度,判决最高法院就宪法问题具有终审权,但是不能推定最高法院当然具有抽象性违宪审查权且对宪法争议具有一审终审权。

根据宪法第 81 条同样可以推导出下级法院也具有违宪审查权,这同样在"警察预备队违宪诉讼案"[2]中得到了日本最高法院的肯定。该案判决:日本的法院具有现行制度所赋予的司法权的权限,发动司法权必须以具体的争讼事件为前提;最高法院具有对法律、命令是否违宪而进行违宪审查的权力,这种权力是在行使司法权的同时进行的,因而最高法院与下级法院都具有违宪审查权。

因此,日本违宪审查的主体是包括最高法院在内的各级法院,终审权在最高法院。

(二)日本法院的审查依据

1.宪法文本

宪法条文是任何一个国家违宪审查的最直接、最重要的依据。日本通过事件性来附带地对系争法律或行政行为进行违宪判断,一定要依据宪法的条文。这也是日本宪法诉讼的实质审查标准。基于三权分立的原则,法院尽量不会干涉立法机关的立法政策、立法目的,因此,最高法院一般对系争法令,对立法的目的不会判为违宪,而是确认达成目的的手段违宪,从而宣判法令违宪。然而,这个问题不能这么简单理解。为什么同样的国籍法合宪性审查,2002 年作出合宪判断,2008 年会作出违宪判断,而此间宪法条文和国籍法内容都根本没发生作何改变? 其实,这在美国宪法判例中也是并不少见。如,1881 年美国最高法院在"斯泼林格诉合众国"一案中,判决 1860 年所得税法为合宪,但在 1895 年"波洛克诉发墨信贷公司"一案中,却又判决同一个所得税法违宪。又如,1972 年判决某州的废除死刑的立法违宪,但到 1976 年依据宪法"不受残酷和异常刑罚"条款,却判决几个州的废除死刑立法合宪。再如,

---

[1] 最高法院大法庭昭和二十五年(1950 年)2 月 1 日判决,刑集 4 卷 2 号 73 页。
[2] 最高法院大法庭昭和二十五年(1950 年)2 月 1 日判决,刑集 4 卷 2 号 73 页。

1895年最高法院宣称"有利于实行的无罪推定是一项具有公正性的基本法律",但到1979年却认为它不适用于待裁决的挽留者。[①] 反观日本,被作出违宪的几个为数不多的法律,在之前的违宪审查中大多数都有被判决合宪的经历。这说明了日本与美国一样,都否定宪条文含义的确定性,而是通过法院的宪法解释,由法官独立来确定宪法条文的全部含义。因此,对宪法条文的解释有赖于法官的主观经验,特别是当时的社会发展状况以及国内外的情势。

宪法序言一般置于标题之后,用于宣布该宪法制定的历史过程、目的、制宪者的意志及其基本原理等等,但其具体内容,则完全取决于制宪者。关于宪法序言的法律效力问题,历来是宪法学界争论比较激烈的问题,主要有"无效力说""有效力说""部分效力说"。[②] 在日本学界,第一种学说是通说,得到大多数人的支持。这种学说认为,序言不能成为直接的裁判规范,指出法律等的违宪性必须直接指出所违反的正文中具体条款。在宪法结构中,序言处于最高位阶,其内容是通过正文的各条款加以具体化的,而序言本身,如国民主权、基本人权、和平主义等,都是抽象的原理乃至观念,缺乏具体性,因此不能直接适用。从最高法院的判例来看,虽然不是很明确,但也可以理解为采取否定论,佐藤功教授列举了一系列的判例进行论证。[③] 从新近的"裁判员法违宪审查"判例[④]来看,判决书里写道:"《宪法》的序言宣告了国政源于国民严肃依托的国民主权原理。在上述的时代背景和这个基本原理下,在具体确定司法权内容时,是否允许国民参与司法也受到关注",但这仅限于引用序言作为一种原理性进行佐证,并非直接适用,而是通过下文的对《宪法》第32条、第37条第1款以及等6章的具体条文的适用。因此,超越具体宪法条文而直接适用序言是不存在的,当然,序言是作为判决理由的一个重要的理论依据。

2. 国际条约

可不可以适用日本批准加入的国际条约来判定法律是否违宪,这也是在日本宪法学界争论不休的热点问题之一。从理论上而言,日本宪法第98条规定:"日本国缔约的条约及已确立的国际法规,应诚实遵守之",应当理解为宪法条文肯定了国际条约在日本法系中的地位。"诚实遵守之"体现的是诚信原则,这既是民法和宪法中的重要原则,也是公权力的民意基础。因此,既然日

---

① 林光华.违宪审查制度比较研究[M].北京:社会科学文献出版社,2004:154-155.
② 焦士雷.论宪法序言的效力[J].企业导报,2010(9):279.
③ 佐藤功.日本宪法序言的法律效力[J].环球法律评论,1983,(3):41.
④ 最高法院大法庭平成二十三年(2011年)11月16日判决,刑集65卷8号1285页.

本宪法已经进行了明文规定,日本已缔约的国际条约和确立的国际法规当然成为日本违宪审查的重要依据。在本次国籍法违宪审查判例中,也提到"在国外,可以看到取消对非婚生子法律上差别对待的趋势,在我国批准的《公民权利和政治权利国际公约》以及《儿童权利公约》中,也有儿童不因出身受到差别对待宗旨的规定",但这仅仅是用于"参照国际的社会环境等变化",论证"将出生后的准正申报作为日本国籍取得的要件,应该说很难找到与前述立法目的的合理关联性"。

(三)日本法院通过违宪审查所保障的基本权利

1. 日本宪法确认的人权

这在日本宪法中主要体现为"第3章 公民的权利与义务"。日本著名宪法学家芦部信喜将宪法文本上的人权概括性地分为三类:自由权,即排除国家权力对领域的介入,以保障个人自由的意思决定和活动的人权;参政权,即国民参加国家政治的权利,又称"参与国家的自由",服务于自由权之确保;社会权,即针对那些伴随着资本主义高度化而产生的失业、贫困、劳动条件恶化等弊害,为保障社会的、经济的弱者而形成的20世纪的人权。[①] 根据这种分类,笔者将日本宪法所保障的人权内容概括成下列表格:

表2 日本宪法上的人权

类别	内容		条文
概括性的基本权	生命、自由与幸福追求权		第13条
平等权	法之下的平等;男女平等		第14条、第24条
自由权	精神自由权	思想、良心的自由	第19条
		宗教信仰自由	第20条
		表达自由	第21条
		学问自由	第23条
	经济自由权	选择职业的自由;居住与迁徙的自由	第22条
		财产权	第29条
	人身自由权	主要是关于刑事程序的正当程序规定	第31—40条

---

① 芦部信喜.宪法[M].林来梵,凌维慈,龙绚丽,译.北京:北京大学出版社,2006:72-73.

续表

类别		内容	条文
国务请求权与参政权	国务请求权（受益权）	请愿权	第16条
		接受裁判的权利	第32条、第37条
		国家赔偿与补偿请求权	第17条 40条、
		选举及罢免公务员	第15条
	参政权	国民投票制	第79条、第86条、第95条
社会权	生存权		第25条
	受教育的权利		第26条
	劳动的权利		第27条、第28条

2. 法院通过合宪性审查扩大人权的保护范围

因为最高法院通过回避宪法判断、合宪性限定解释等解释技术使得大量案件被驳回或判决合宪，此外，一旦地方法院判决违宪，案件通常会上告至最高法院，所以要得出违宪的结论非常不容易。但正是附随性违宪审查制的特点，使得日本国民在具体的民事、刑事或行政案件中可以提起违宪审查，这一定程度上为当事人维护自己的基本权利提供了法律通道。从日本近年来的一些权威性判例选集来看，[①]概括性的基本权、平等权、自由权、国务请求权与参政权、社会权等方方面面的案件均有受理，因此，日本的违宪审查制度保障的人权内容呈现扩大之趋势。

日本宪法所保障的人权并不是封闭的，而是开放的。在晚近的判例中确认保障的权利并未直接规定在宪法文本之中。基于宪法对保障人权的精神和原则，日本法院出现了对幸福追求权、隐私权、肖像权、环境权等诸多权利的审查实例。[②] 关于幸福追求权的主要判例有"开设赌场权利事件"的判决[③]和"拒

---

① 芦部信喜,高桥和之,长谷部恭男.宪法判例百选Ⅰ、Ⅱ[M].东京:有斐阁,2000.
② 赵立新.日本违宪审查制度[M].北京:中国法制出版社,2008:155-161.
③ 最高法院大法庭昭和二十五年(1950年)11月25日判决,刑集4卷11号2380页。

绝发给旅行证券事件"的判决①。在后者判决中,田中、下饭坂法官在补充意见中明确指出,宪法对人权的保障只能从历史的角度予以把握,不是宪法文本列举所能网罗殆尽的,因而不能认为列举之外的权利和自由不受保障。关于隐私权的主要判例是"《宴会之后》事件"的判决②,东京地方法院在判决中指出,根据近代法的基本理念和宪法的个人尊严思想,互相尊重人格、排除对自己的不正当干涉是不言而喻的,因此,没有正当理由不允许公开他人的隐私是自然而然的,进而把隐私权作为人格权的一部分单独进行保障。关于肖像权的主要判例是"京都府学联案"的判决③,日本最高法院认为宪法第13条保障国民私生活的自由免遭警察权等公权力的侵害,作为个人私生活的部分,任何人都享有未经其同意不被摄影的权利,当然,这项保障并非是毫无限制的。

在这些判例中,法院未必都进行违宪判决,但从其判决书中可以看出,法院对这些权利的存在持肯定态度,对于文本上的权利所派生出来的人权予以肯定和保障。综上所述,法院通过合宪性审查,既保障了宪法文本已经确认的权利,又随着时代的进步,扩大对文本的解释,大大扩大了人权的保障范围。

3.法院判决法令违宪而保障人权

违宪审查制度的技术分析,是指法院对违宪审查的问题如何得出结论,对作出的结论如何表达的技术手段和形式。日本采用附随性的违宪审查制度的特点,使得人权保障的功能更容易被发挥,但法院在对具体案件的法律依据的合宪性进行审查时,也必须考虑到宪法所建立的政治基础和所依赖的政治体制,特别是在三权分立的模式下,司法的过度积极或过度消极,都会打破三权的平衡关系。基于此,为了更好地保障人权,日本法院在进行宪法判断时必须采取一定的技术手段。

(1)法令违宪的判断方法

法令违宪,顾名思义指的是对系争法令本身进行判决的宪法判断方法。在法令被判断为违宪的情况下,基本上都是通过判决的主文宣布违宪的法令对具体案件不适用的结果(如国籍法被判断为违宪的情况,宣布撤销原判,驳回上告)。在判决理由中,明确阐述法令的违宪情况,在这种情形下,作为法令违宪判断的表示方式,不仅有全面地对法令自身表示为违宪的方法,还有特定的只对具体审判案件被适用的法令是违宪的表示的方法。这种判断结果,对

---

① 最高法院大法庭昭和三十三年(1958年)9月10日判决,民集12卷13号1969页。
② 东京地方法院昭和三十九年(1964年)9月28日判决,下民集15卷9号2317页。
③ 最高法院昭和四十四年(1969年)12月24日判决,刑集23卷12号1625页。

立法机关来说,面临着对违宪法令进行修改或撤除的境地。因此,日本法院(特别是最高法院)对此持非常审慎的态度。通过分析日本最高法院为数不多的法令违宪判例可以发现,日本最高法院对所争议的法令,基本上,对立法的目的不判为违宪,而是确认达成目的的手段违宪,进而宣判法令违宪。为更加直观地理解这一点,现将日本最高法院法令违宪判例罗列如下表:

表3　日本最高法院法令违宪判例一览表

案件名	违宪法令	争议条文及论点	最高法院判决及方法	措施及影响
尊属杀重罚规定事件判决（最高法院大法庭昭和四十八年4月4日判决,1973年）	刑法	刑法第200条重罚规定与法下的平等（第14条）	加重处罚的立法目的并不违法,但处罚手段过重,作为达成立法目的的手段与目的过分失衡,属于无"合理根据"的差别对待,违宪。	1995年,刑法修改时该条款被删除
药事法距离制限条项事件判决（最高法院大法庭昭和五十年4月30日判决,1975年）	药事法	限制药店的开设距离与营业自由（第22条）	立法目的基于国民的生命和健康安全,与公共利益吻合,但所采取的措施不具有合理性,立法目的（保障公共利益）与手段（距离规制）明显失衡,违宪	删除违宪条款
众议院定数不均衡事件判决（最高法院大法庭昭和五十一年4月14日判决,1976年）	公职选举法	议员定数不均衡与法下的平等（第14条）	选区间存在4.98倍的差距,违宪。但选举有效。	判决对法定人数予以纠正

续表

案件名	违宪法令	争议条文及论点	最高法院判决及方法	措施及影响
众议院定数不均衡事件判决（最高法院大法庭昭和六十年7月17日判决，1985年）	公职选举法	议员定数不均衡与法下的平等（第14条）	选区间存在4.44倍的差距，违宪。但选举有效。	1986年进行了临时修改，1994年改为小选区代表制，但未能将最大差距控制在2倍之内
森林法共有林分割制限规定事件判决（最高法院大法庭昭和六十二年4月22日判决，1987年）	森林法	森林法第186条对财产权的限制规定与宪法对财产权的保护（第39条）	考察立法目的，"也不是与公共利益不相符合的"，但为达成立法目的而采取的限制性措施不具合理性和必要性，立法机关的判断超出合理的裁量范围，违宪	1987年，删除违宪条款
邮政法赔偿责任制限规定事件判决（最高法院大法庭平成十四年9月11日判决，2002年）	邮政法	邮政法规定的极其狭窄的赔偿范围与宪法规定的国家赔偿（第17条）	故意或重大过失，导致损害发生时，才适用国家赔偿条款，欠缺合理性，违宪	将案件退回大阪高等法院

续表

案件名	违宪法令	争议条文及论点	最高法院判决及方法	措施及影响
在外选举制度制限规定事件判决(最高法院大法庭平成十七年9月14日判决,2005年)	公职选举法	限制将近70万居住在海外的日本国民的选举权的公职选举法规定与保障普遍选举的宪法规定	判决公职选举违宪,确认海外居住者有参加下次众设计院小选区选举、参议院选区选举的权利;1996年的众议院选举没有行使选举权的人,每人赔偿5000日元(对立法不作为使用国家赔偿法第1条)	国家被迫急于国政选举前的公职选举法的修改,对今后的违宪审查制度与公职选举法都带来了很大的影响
国籍确认请求事件(最高法院大法庭平成二十年6月4日判决,2008年)	国籍法	国籍法第3条第1款与法下的平等(第14条)	国籍法关于非婚生子取得国籍的限制规定具合理性,但为达此目的所采取的手段不具合理性、必要性	2008年底,国会通过国籍法修订案,删除相关条款的违宪部分

(2)适用违宪的判断方法

适用违宪,指的是着眼于解决案件时法令的适用,主要看该次适用是否违宪,且不管法令本身是否违宪。从判例上来看,适用违宪的判断方法在日本宪法史上只占据比较小的位置,而且大多是在地方法院的判决中被展开,并且可以加以灵活使用,但最高法院采取审慎的态度,这在一定程序上限制了人权的保障。日本法院作为采用适用违宪的判断方法的判例有猿拂事件第一审判决①以及全递标语东京中邮事件第二审判决②。适用违宪的判断方法,首先尝

---

① 旭川地方法院1966年3月25日判决,下级刑集10卷3号293页。
② 东京高等法院昭和四十八年(1973年)9月19日判决,判时715号3页。

试进行合宪性解释,在判断为合宪限定解释没有成立可能的情况下,才作为下一阶段的违宪审查结果的表示方法。因此,这作为违宪审查方法是更积极的、附带性的效果也是更大的。当然,最高法院对此采取谨慎态度也是其理由,因为适用违宪的判断方法不涉及对法令本身的否定,而是仅仅判决该次适用违宪,无法解决过于宽泛的、模糊的、易于侵犯公民基本权利的类似法令的根本性缺陷。

总之,无论是法令违宪的判断方法还是适用违宪的判断方法,法院的判决一定要有充分的解释理由,考虑足以说服人的解释技术,而在法院一时作出了违宪判断之后,对于制定和执行相关法令的机关,都有义务对该法令进行认真检讨,并采取相应的措施,以回应法院的违宪判断。在这样的良性互动下,法院的违宪审查作用才能真正起到监督宪法实施的作用,才能真正保障公民的基本权利不受侵犯。

4. 基本人权限制的合宪性问题

日本宪法第 11 条规定:"本宪法对国民所保障的基本人权,作为不可侵犯的永久权利,赋予现在及将来的国民",采取了绝对保障的立场,即使通过法律、甚至修改宪法都不能侵犯。[①] 但是,这并不意味着人权是没有限制的,在下列情形下人权会受到一定的制约:(1)公共福利的制约。日本宪法并未对各种权利一一进行明文限制,而是采取将因"公共福利"而受限制的宗旨加以一般性规定的方式,主要体现在第 12 条、第 13 条、第 22 条以及第 29 条规定之中。(2)特别法律关系中的人权限制。这是区别于一般国民,以与公权力处于特殊关系中的人(例如,公务员、在监人员、公立大学的学生、外国人等)为对象,被认为允许加以的特别的人权限制。尤其值得注意的是,在限制基本人权的问题中,往往会出现类似国籍法违宪审查一案中对特定群体的基本权利限制,这自然而然引发的是平等权问题。平等权与自由权、财产权,属于法治国家所保障的三大基本权利,具有普遍价值。平等的概念以比较为前提,可以分为绝对的平等、有限制的绝对平等和相对的平等三类,其中相对的平等得到了绝大多数和判例的支持。在最高法院的一系列判例中,对相对平等理解为禁止不合理的差别。其中,对宪法第 14 条第 1 款后段所列举的事由和未列举的事由,应予以区分:对后段列举事由都认为应采取严格的审查标准,其他事由

---

① 芦部信喜.宪法[M].林来梵,凌维慈,龙绚丽译,北京:北京大学出版社,2006: 347-348.